流淌在大运河上的淮盐文化

赵鸣 魏薇 徐洪绕 张宏远／著

江苏人民出版社

**图书在版编目（CIP）数据**

流淌在大运河上的淮盐文化 / 赵鸣等著. -- 南京：江苏
人民出版社，2024.10. -- ISBN 978-7-214-29610-8

Ⅰ. F426. 82

中国国家版本馆 CIP 数据核字第 2024AG4241 号

| | |
|---|---|
| 书　　名 | 流淌在大运河上的淮盐文化 |
| 著　　者 | 赵　鸣　魏　薇　徐洪绕　张宏远 |
| 责任编辑 | 鲁从阳 |
| 装帧设计 | 书香力扬 |
| 责任校对 | 王翔宇 |
| 出版发行 | 江苏人民出版社 |
| 地　　址 | 南京市湖南路 1 号 A 楼，邮编：210009 |
| 印　　刷 | 四川科德彩色数码科技有限公司 |
| 开　　本 | 710 毫米×1000 毫米　1/16 |
| 印　　张 | 20.25 |
| 字　　数 | 400 千字 |
| 版　　次 | 2024 年 10 月第 1 版 |
| 印　　次 | 2025 年 1 月第 1 版印刷 |
| 标准书号 | ISBN 978-7-214-29610-8 |
| 定　　价 | 98.00 元 |

（江苏人民出版社图书凡印装错误可向承印厂调换）

连云港板浦尤庄出土的周代煮盐陶器残片／朱良赛、张晨 摄

盔形器，是商周时期的制盐工具

汉代盐铁

连云港板浦尤庄周代盐业遗址挖掘区域／朱良赛、张晨 摄

连云港板浦尤庄周代盐业生产遗址的盐灶／朱良赛、张晨 摄

延续千年的煎盐方式，一直持续到民国后期才消失

连云港板浦尤庄盐业生产遗址的淋卤坑和储卤坑／朱良赛、张晨 摄

宋元时期石板晒盐场景

锅鐅，清代开始，盐户的收税方式由"纳盐"变为"纳银"，使一家一户的煮盐方式成为可能，于是小型的锅鐅替代了大而笨重的盘铁

清代同仁泰盐业公司的板晒场。其门上三字为张謇手书

清末张謇集资规银 10 万两，创办同仁泰盐业公司。图为公司大门

民国时淮南盐民在亭场上摊灰淋卤

盐民们正在蓄草备煎

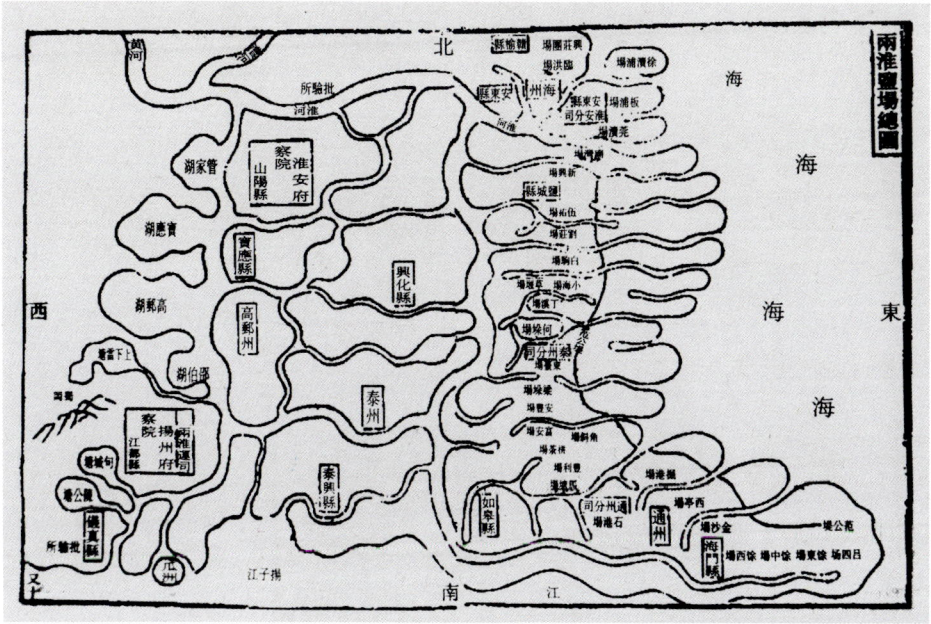

明代两淮盐业盐场分布图

淮盐生产忙碌的场景

古淮盐生产忙碌的场景

淮盐纳潮闸

原盐上廪

民国时期运盐的乡民／慕赓杨 摄

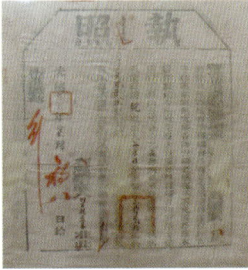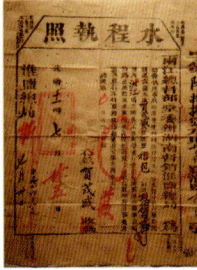

清光绪时期的两淮盐业执照　　清光绪年间两江　　大有晋盐　两淮盐运使令　　南通余中场
　　　　　　　　　　　　　　　总督颁发的淮盐盐商　垦公司信封　　　　　　　　　场长沈嵩灵布告
　　　　　　　　　　　　　　　运盐水程执照

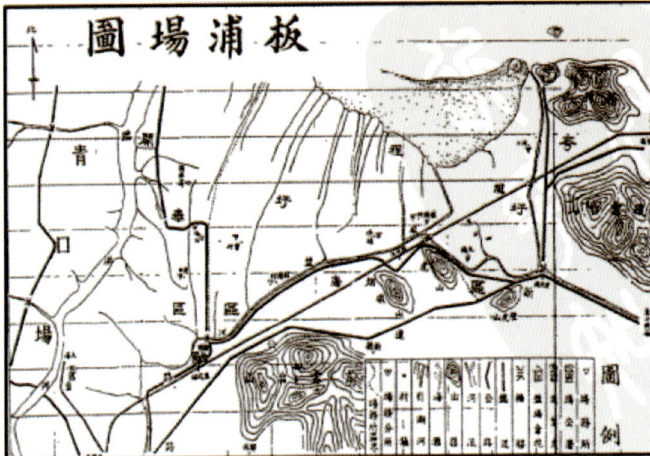

1944 年板浦场区图

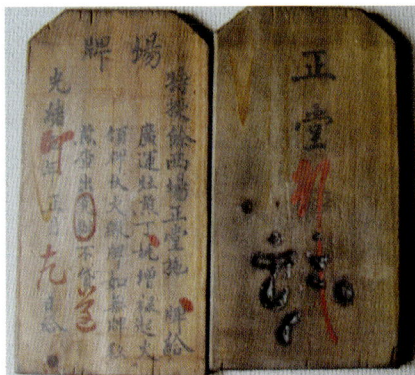

宋代创行的"火伏制度"，后代沿用到　　　　淮南大丰盐垦股份有限公司股票
民国前期，南通余西场场牌

民国时期盐田车水　　　　　　　淮盐生产推盐上廪　　　　　　　　盐民刮盐

淮北盐场济南场运盐船

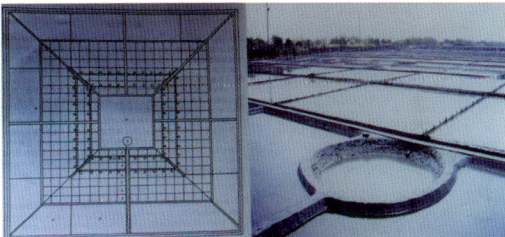

民国时期的淮北地区八卦滩　　　　　　徐圩圩子口济南场老盐田／赵鸣　摄

20 世纪 70 年代堆盐场景／赵鸣 摄

20 世纪 70 年代收盐场景

20 世纪 70 年代兴建的猴嘴台北盐场对口滩盐池／赵鸣 摄

20 世纪 80 年代新式对口滩

20 世纪 90 年代盐坨盐田日落／赵鸣 摄

20世纪初的西坝盐场稽查所办公楼

1909年3月投资兴建的西坝盐场
至大运河西岸清江浦杨庄的铁路碑刻

20世纪40年代的淮北盐场胖头河内的淮盐输运渠道——盐河

1959年淮安清江浦越闸旧貌

1949年的淮安古清江浦城墙／慕赓杨 摄

20世纪初停泊大运河沿岸的船只

20世纪20年代海州大浦
铁路与码头旧貌

大浦铁路与码头

20 世纪 30 年代停泊在连云港港口的运盐船只

20 世纪初海州盐河风貌 / 慕赓杨　摄

盐河运输 / 赵鸣　摄

扬州大运河三湾公园 / 赵鸣　摄

盐河风貌 / 慕赓杨　摄

扬州大运河万福闸 / 赵鸣　摄

# 水的文明

　　大运河是世界上开凿最早、使用最久、空间跨度和工程量最大的人工运河，代表了人类运河文明的巅峰水准。习近平总书记指出，大运河是祖先留给我们的宝贵遗产，是"流动的文化"。要"统筹保护好、传承好、利用好"切实做好大运河文化带建设。

　　江苏段作为大运河的核心段，是全线历史最悠久、文化遗存最丰富、活态利用最好的运河段。在国家《长城、大运河、长征国家文化公园建设方案》中，明确了大运河江苏段为大运河国家文化公园的重点建设区。保护好、传承好、利用好大运河文化，将大运河江苏段打造成为走在全国前列的先导段、示范段、样板段，是江苏全面贯彻落实习近平总书记重要指示精神，推动江苏在大运河文化传承保护工作走在全国前列的重要责任和时代使命。

　　自 2016 年大运河（江苏段）文化带建设启动以来，整体建设已经取得了卓越的成效。2014 年 6 月 22 日，中国大运河申遗成功，江苏沿大运河的 9 市首批入选大运河文化建设主体，成为大运河文化带的核心区。然而，历史上的大运河形成是一个不断拓展、衍生和发展的过程。从春秋战国早期的时候吴国国君阖闾开挖的胥河，再到邗沟，再至后来的通扬运河、广通渠、永济渠、通济渠、通惠河、济州河、会通河、南运河、北运河……大运河的建设跨越 2500 多年的历史长河，从南到北横穿我国长江、黄河、淮河、海河、钱塘江五大水系，沟联了半个中国。在此发展过程中，还有无数条早期不具名的小微运河融入其中，壮大了大运河沿岸的城镇群，编织出斑斓如画的中国大运河水文化网络，如同密织于人体上的血管，成为游动在我国大地上的无数条人工水龙。

在江苏，大运河不仅横穿苏南地区的苏州、无锡、常州、苏中地区扬州、泰州、镇江和苏北地区的淮安、宿迁、徐州等地，更为神奇的是，它还通过淮河、老通扬运河（运盐河）、泗水、苏北盐河、串场河、通吕运河（盐运河）、苏北灌溉总渠、通榆运河等水运支脉与全省其他五市勾连，在历史上保持着极为密切的联系，形成了江苏大运河文化的一块"水文化钢板"。随着社科研究的不断深入，2021 年 6 月，连云港、盐城、南通等市也相继正式加入大运河"朋友圈"，成为大运河国家公园和大运河文化带建设的整体组成部分，江苏实现了十三市全员"入列"，"在岗执勤"，整体奋进在大运河国家文化公园建设的进程中，为全国首个大运河文化城市全覆盖的省份。

河海交汇，日月恒升，海陆转换，沧海桑田。江苏省是全国为数不多的长江、黄河、淮河交互的地区，淮河中下游两岸和沿海地区，都曾是历史上我国淮盐的生产场所，有着 3000 年的淮盐生产历史。近期，江苏考古部门在连云港板浦尤庄周代盐业生产古遗址开展考古发掘，发现了诸多厚胎陶片、陶器立足、陶柱以及盐卤坑、盐灶等"煮海为盐"的盐业生产工具和遗址。根据碳–14 测定，这一带淮盐生产始于周朝时期，距今有 3000 年历史。这一遗址的发掘印证了《史记·货殖列传》中："彭城以东东海、吴广陵，有海盐之饶"的描述。从春秋战国时期的吴越地区所载的山海渔盐之利，至汉代吴王刘濞开始"煮海为盐"，再至海陵地区淮南盐业生产的发端，以至后来的历史中，江苏泰州、连云港、盐城、南通等城市一直是我国淮盐的重要生产基地。淮盐不仅收获了大运河沿线"一扬二益"的城市发展，也带来了我国盐商的精巧园林、淮扬典肴、评弹评话、昆曲宫调、戏曲曲艺等文化的辉煌；同时，还积淀出沿途丰硕的淮盐历史文化遗址、遗迹、小说歌谣、传说碑刻、民俗风情等资源。假如没有淮盐文化的流动，大运河这条血管不会显得如此充盈和富足。淮盐文化犹如潮流涌动、澎湃激越的鲜血，为大运河文化提供生生不竭的文化源泉。3000 年的淮盐文化历久弥坚，伴随着运盐河上的盐船穿越淮河，融入长江，北上京城，西出长安，散发出沁人心脾的芳香，流淌在千年运河上。淮盐与大运河水乳交融，存续着割舍不断的人文情缘和地域联系。

众所周知，大运河开挖之初主要是用于军事，后来作为跨越南北的交通大动脉，历史上曾起到过"半天下之财赋，悉由此路而进"的巨大作用，淮盐则是最为重要的物流商品之一，是流淌在大运河上的历史财富。它作为当时社会税赋的最主要来源，运到哪里，就会给哪里带去财富和文明。在江苏这个文化大省，随处可见淮盐文化的踪迹。名扬天下的苏州拙政园等和扬州的个园、何园、淮安的清宴园、泰州的乔园、连云港的秋园等，均出自盐商、盐官之手，保存至今，许多被列入世界文化遗产名录。中国四大菜系之一的扬州、淮安菜，背后有着多少垣商推波助澜的影子，

扬州隋大运河流布图

才得以跨出家门，走入中华佳肴的行列。盐城偏居江苏海滨一隅，没有淮盐，它的名字可能都要改写。海州在江苏古城中波澜不惊，默默无闻，因为有了淮盐，才能够开通陇海铁路，逐渐成为连通天下的东方大港，开挖直达大运河的盐河、烧香河、蔷薇河、通榆运河等，海河联运，滋润天下。甚至，我国古典名著《红楼梦》《镜花缘》《西游记》《水浒传》《二十年目睹之怪现状》等，也得益于淮盐文化的滋润以及盐商的影子，散发和透射出淮盐滋味，文采飞扬，流芳百世。江苏的扬州、泰州、盐城、镇江……的兴起，以及苏州盘门的水陆交汇、淮安的南船北马、苏北盐都板浦的繁华与兴盛都离不开淮盐的眷顾和流淌。中国盐业史不能没有淮盐，江苏大运河文化发展史也离不开淮盐。

20 世纪 90 年代台北盐场对口滩盐田（摄影：赵鸣）

流淌在大运河上的淮盐文化一脉相承，各擅其美，如同天穹里的银河，繁若星辰，星光灿烂。淮盐文化的传承利用不只是一城一地的专利，而是兄弟齐心、其利断金的共同之路。泰州的盐税文化不会因为远离"海卤"而消失，江苏盐税博物馆、盐税桥、盐税碑刻、崇儒祠、管王庙……历经千年风雨，依然如同明珠，璀璨夺目；连云港的淮盐技艺、盐业遗址、盐民习俗、盐场遗风和流淌的盐河风行千年，不断催生着新的文化内容；盐城，这个有着千年历史的城市，将因为盐永久地顶戴着盐的光环，串场河、河工遗址、中国海盐博物馆，以及西溪、安丰、草堰等古镇……一连串的名字，终将镌刻在中国盐业发展的历史长河中；南通的通吕运河沿岸早已没有盐业生产的踪迹，只留下秦灶、袁灶、姜灶等一连串几乎可以让人忽略古代盐业生产的一抹残阳，但是，她通江达海的自然位置和"中国现代工业第一城"的盛誉，特别是历史上淮盐文化的积淀，让南通在大运河与淮盐文化的传承发展中，始终占据了举足轻重的地位；淮安、扬州的中华美味、靡靡小曲、诗画园林，浸透着盐的滋味，坐在南来北往的船上，来一曲夺人魂魄的"拉魂腔"，一下子就又回到了樯帆接继，舳舻千里的繁忙漕运；仪征十二圩和镇江西津渡风采依旧，那里早已没有了当年的繁华，但是，还保留下了许多难以割舍的记忆。想当年，诺贝尔奖获得者——赛珍珠，在此一定看到了淮盐入江的盛况，她笔下的人物中，也许沾染着盐民、盐工、盐商的味道；徐州的窑湾风采依旧，镇区里的

"夜猫子"夜市，传承千年，赓续传统，绵延不绝，彰显了大运河盐工的辛劳和勤奋。苏州、无锡、常州、南京……无处不在的盐文化，如同涓涓细流，润物无声。在中国古典小说、诗歌、辞赋、曲调中，永远有说不完的话题！江苏大运河与淮盐关乎每一座城市，伴随着它的流动，淮盐文化走向四方，流淌在中华大地上。

从史学的视角审视，大运河的漕运发展，无时无刻不透射出盐运的"味道"。淮盐文化随水而动，顺大运河而流，与大运河融为一体，构建起了大运河—淮盐文化的命运共同体，成为流淌在大运河中重要的文化事项和社会组成。建设大运河文化带是一项建在当代、功在千秋的史诗工程；同样，深度挖掘和整理大运河上的淮盐文化，大力弘扬盐运文化精神，推动江苏大运河与盐文化整体协同建设与发展，构建全新的运河文化命运共同体，不仅有助于江苏主动对接国家大运河文化发展战略，加持大运河文化建设，还将向世界呈现一个国家大运河文化公园建设上不一样的现代化新样板。

作　者
2024 年 3 月 29 日

# 目 录
CONTENTS

# 《Huai Salt Culture Flowing on the Grand Canal》

3. Salt ManPoet in Ming Dynasty——Mr. Wu Jiaji

The Second Section: The Salty Literature Soaked with Various Taste

Cultural links:

1. "A Dream of Red Mansions" and Mr. CaoXueqin

2. "Journey to the West" and Mr. Wu Cheng'en

3. "The Marriage of Flowers in the Mirror" and Mr. Li Ruzhen

4. "The Scholars" and Mr. Wu Jingzi

5. "All Men Are Brothers" And Mr. Shi Naian

6. "The Romance of The Three Kingdoms" and Mr. Luo Guanzhong

The Third Section: The Same Piece of Chinese Opera Arts

Cultural Links:

1. Zhouguzi Chinese Opera

2. Wuyin Chinese Opera

3. Huaihai Chinese Opera

4. Sizhou Chinese Opera

5. Liu Qin Chinese Opera

6. Tongzi Chinese Opera

7. Xianghuo Chinese Opera

8. Huai Chinese Opera

The Fourth Section: Traditional Music and Quyi Distributing with Salty Smell

Cultural Links:

1. Wu Ge Folk Songs

2. Haimen Folk Songs

3. Yangzhou Melodious Tunes

4. Haizhou Five-major Melodious Tunes

5. Huaihai Dulcimer Storytelling

6. Drum and Gong Storytelling

The Fifth Section: The Arts and Crafts Chewing by Peoples on the Grand Canal

Cultural links:

# 第一章 ｜ 大地上的千年淮盐

民国淮南盐运销售盐入垣
（冯家道提供）

淮安大运河清江浦段
（摄影：赵鸣）

海州盐河巷
（摄影：赵鸣）

# 引子：赛珍珠笔下的大地

赛珍珠对于许多中国人来说是一个遥远而陌生的名字，然而她的《大地》曾经获得诺贝尔文学奖。她个人也是唯一一个以中国题材获奖的外国人。

这位出生于美国弗吉尼亚西部的美国人，在只有4个月大时随传教士父母赛兆祥和卡洛琳来到中国。她先后在淮安的清江浦、镇江、苏州、南京、庐山等地生活和工作了近40年，见证了清末民初的中国大地的苍凉和悲壮。

大运河边的清江浦是赛珍珠在中国的第一站。她在一本回忆录里说，那时候，她与中国其他小孩一样，"听周游四方的说书人讲故事，他们在乡村道上边走边敲小锣，到了晚上，就在乡村中打谷场说书。一些江湖戏班也常到村里来，在大庙前找个地方唱戏。这些艺人的演出，使我很早就熟悉了中国历史以及历史上的英雄豪杰"。流淌在大运河上的中国文化对她日后继承中国

淮安清江浦御码头碑亭（摄影：赵鸣）

说书人的传统，创作中国题材的小说大有裨益。正如她自己所说："由于儿童读物的匮乏，小小年纪的我只好读成年人的书，结果是，我还远远不到十岁就决定当一名小说家了。"

淮安清江浦是江苏淮盐漕运"南船北马"的关隘，从连云港板浦输出的淮盐通过盐河，运送到百里之外盐河尽头的清江浦，然后，接通大运河输往全国各地。这里舳舻百里，盐商聚集，商贸井然，街市繁华，使得赛珍珠的小说里蕴含着淮盐的影子。《大地》书中描写的阿龙从飘着牛羊肉香味的老街上娶了大户人家的女佣阿兰，而"飘着牛羊肉香味的老街"描写出清江浦牛行街的市井生活和商家繁荣。

江苏位于我国的沿海地区中部，南接长三角的吴越、楚文化圈，北吻齐鲁、燕赵文化圈，沿海的南通、盐城，连云港如同一颗颗明珠串联在我国沿海的海岸线上，珠光宝气，光彩夺目，璀璨生辉。然而，在3000年前，江苏的海岸游离于现实之外，远非现如今的状况。远在新石器时代，那时的泰州、扬州、淮安、连云港濒临大海，海澜滔天，盐蒿遍野，盐城、南通还只是苍茫滩涂一片；而到了商周时期，"煮海"作为原住民赖以生存的方式之一慢慢兴起。到了春秋战国时期，这里到处是煮海为盐的袅袅炊烟和风餐露宿的辛劳盐民。历史风貌的更迭，使得海岸飘忽不定，灶民逐渐迁徙，亭灶渐远，海卤渐淡，渐渐移出了人们的视野，呈现出现代的大地模样。于是才有赛珍珠笔下流淌出来的千年淮盐，变成世人瞩目的近代文化，散发出淮盐芬芳，赓续前行，不断得到保护传承与发扬光大。

江苏连云港沿海一望无际的盐田（摄影：赵鸣）

# 第一节　流动铺涨的海岸线

　　淮盐作为我国盐业生产中的一朵奇葩，主要产于江苏沿海区域。这里是中国四大海盐产区之一。其产量之大从税赋的地位上可见一斑，有着"煮海之利，两淮为最""淮盐课税甲天下"等美誉。

　　江苏海岸带拥有全国最为广阔的沿海滩涂，也是淮盐的主要生产区域，成就了千年淮盐。它以淮河为界，分为淮南、淮北两部分。北起苏鲁交界的绣针河口，南至长江口，这一斜形狭长的海岸带，全长 1090 千米，占全国大陆海岸线 5.3%，跨越连云港、盐城、淮安、南通 4 市的 13 个县、区，占地 653 平方千米。目前，江苏的滩涂面积为 6570 平方千米，分布在江苏广袤的沿海地区，并每年以一定的面积向外扩展。在这一区域内，主要由于古黄河

江苏历史海岸线图

的泛滥与淮河、沂水、沭水、泗水、游水几大水系的流经，通过上游水长

期挟带着的大量泥沙流经这一地区沉淀淤积，加上地球自转、潮汐的变化，使江苏大陆海岸线逐渐向海东移，淤积而成。

江苏海岸线的形成和发展，经历了一个"沧海变桑田"的演变过程，主要是由于历史上黄河尾闾长期南北摆荡，挟带着大量泥沙，一方面直接形成了苏北黄河三角洲平原；另一方面，海洋潮流和波浪的作用的参与，在河口三角洲两翼海湾里堆积成宽阔的海积平原。这里沿海滩涂发育，陆地宽广，分六个地貌区，除云台山变质岩山地外，余为海州湾北部剥蚀海积平原、海州湾淤泥质海积平原、废黄河三角洲平原、中部海积平原、长江三角洲平原等。历史上的淮盐生产主要分布在江苏沿海的南通至海州、赣榆（今天的连云港市）地区，而现代的淮北盐场基本分布于江苏沿海的海州湾淤泥质海积平原地域上。

江苏的海岸线处于不断变化中。新石器时代除了全新世高海面时期受到海水入侵外，海岸线在相当长的时间内大致稳定在现在的赣榆、板浦、阜宁、盐城至海陵（泰州）一线。在海水作用下，形成了数条沿岸古沙堤，其中以西冈、中冈、东冈最为著名，分别为 2000 年前、4600 年前、5000—7000年前江苏海岸线的自然标志。那时的南通东端的海安、如皋还处于古沙丘的形成期。2023 年 11 月勘测发掘的板浦尤庄周代盐业生产遗址、连云区云山李庄战国晚期盐业生产遗址呈现出当时淮北地区海岸的边界概貌。秦汉时期，海岸线继续呈现动态漂移的状态。而至公元 5 世纪前后，江苏海岸线才逐步确立。在隋阮升的《南兖州记》中"长百六十里，有盐亭百二十三所"的"海中州"，即为东冈的一部分。汉时盐渎（即今盐城）曾置治其上。

在江苏北部的海州，唐开元七年（719）初，东海令元暧修葺郁林观；并率民在县东北 3 里筑东捍海堰，自苍梧山至巨平山长 39 里，外挡海潮，内蓄山水，民获灌溉之利。唐开成四年（839），日本"遣唐使"船只抵达当时的海州胡洪岛，阴历四月六日由宿城村村长王良指引，过新罗人宅，再经取盐处，入住兴国禅寺；后又雇毛驴，过沙河口，南行二十里到心净寺，四月八日到南城押司采事王岸家宿；四月八日早朝吃粥之后，入县衙，东海县令李夷甫、县丞崔君原，主簿李登，县尉花达等主要官员设酒食招待他们，并派船送圆仁一行去海州州治，在小海西由海龙王庙到海州州治受到海州刺史颜措的接见。从日本僧人圆仁的《入唐求法巡礼行记》中，可见当时云台山已得到相当程度的开发，盐业生产集聚程度较高，设有聚集海盐的盐仓——

"取盐处",社会组织也相当健全,许多现代村庄已经出现。

而在唐代时期,江苏南部的海陵县盐业生产规模极度膨胀,"朝廷赋之所出,江淮居多"。唐大历年间(766—779),唐代宗李豫于大历二年(767)派淮南道黜陟使李承督建捍海堰,亦称海陵堰。该堰"自盐城入海陵","袤一百四十二里"。又因该堤建成后"遮护民田,屏蔽盐灶,其功甚大。",民间亦称之为"常丰堰"。它走向大约沿着东冈一线,始于今盐城阜宁至今泰州海陵一线。

北宋天圣初年(1023—1027)时,著名政治家、文学家范仲淹,在现在的盐垅南通所属沿海兴修了捍海堰,其大体位置也在东冈一线上。到了元朝,逐步形成了北起阜宁以北,南直抵吕泗的绵延数百里的大堤,总长291千米,也大体形成了当时江苏人工沿海海岸的位置标志。捍海长堤的修建,进一步固定了江苏沿海的海岸线铺成状况和盐业生产的区域,使得北至赣榆,南至海门的沿海盐田得到稳固,极大地促进了江苏的淮盐生产。

南宋建炎二年(1128)黄河南徙夺淮。初期,河水分流不定,泥沙多沉积于西部广大潟湖洼地和沿河低地,入海甚少,海涂淤进缓慢。至明弘治七年(1494),刘大夏筑太行堤断黄河北股支流。明万历六年(1578),潘季驯大筑黄河两岸大堤,遂使黄河全流夺

民国以前遍布淮南各盐场的范公祠,纪念宋人范仲淹倡言筑堤障海的历史功绩(冯家道提供)

淮,入海泥沙骤增,海涂淤长加快。经黄河九次南迁,尤其是在1194—1855年间,夺淮入海,大量泥沙不断使河床淤积抬高,以致围堤多次溃决并冲淤两侧地面。黄泛过程的"急沙漫淤"制约着地形与土壤上的"高砂低黏"的分布规律。形成堤内滩地、堤侧微斜平原、决口扇形平原及各种低洼平原,更使苏北海岸平均向东推进了60千米左右,至清顺治年间,盐城已距海25千米。

至清乾隆中期（1736—1795），海州和南云台山之间的对口溜水道淤平，南云台山并陆，并在山南涨出大片土地，东陬山与陆相连。此时，黄河入海口东伸30千米达贾夹堆。灌河口则推抵堆沟附近，中部海岸亦至今黄海公路一线。清道光末年，灌河南岸淤滩，潮落已接开山。北部海州湾恬风渡已成平陆，中云台与北云台之间的"五羊湖"淤平。云台山遂全部成陆。海岸已过今老海堤一线，灌河以北沿海平原形成，中部海岸东淤过二罾、笆斗山，苏北滨海平原基本形成，现代海涂开始发育。

清咸丰五年（1855），黄河于河南铜瓦厢决口，尾闾改由山东利津入渤海，江苏入海泥沙骤减。古黄河口区海岸冲淤易势，海滩日坍。宣统三年（1911）河口在盐城滨海县六洪子。民国二十三年（1934）坍退到六合庄。20世纪70年代河口又蚀至大淤尖。1855—1987年计蚀退17千米，古黄河三角洲共蚀去土地1200多平方千米。这些刷蚀泥沙，经潮流波浪搬运，于中部沿岸沉积，使双洋河口以南沙洲进一步发育、海岸继续淤进。清光绪中期，蹲门口至笆斗山和琼港至渔舍沙洲并陆，海岸已近今老海堤一线，中部现代海涂进一步淤积，演变至今。

大约到了黄河夺淮600多年时，即清乾隆二十四年（1759），根据当时的"乾隆十八排"古地图记载，江苏沿海北部至中部的灌河以北至灌河河口，再至东台河口—海安交界处一带的海岸迅速东移，淤积速度加快。北部的海州大陆与云台山相连的水道虽然已经变窄，但是仍然悬浮于海中。而江苏中部的大丰、东台以南岸线外，已形成了大小数十个沙洲，南部因受到长江主泓北趋显得影响，导致江北岸大涨，逼使海门县治屡次迁址。

从1760至1855年，从古地图显示，不论是黄河南徙夺淮，或是长江三角洲的成长，还是滨海平原的淤积，都显示出海岸向外淤积达到了前所未有的速度，大约每年平均向外推移300—

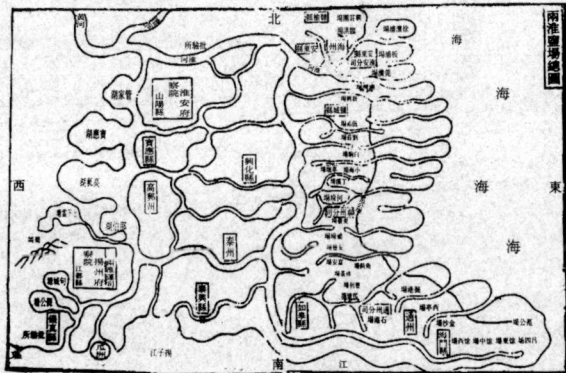

明代两淮盐业盐场分布图

400 米。特别是乾隆三十三年（1768）后，由于长江主泓进入南支，河口北部"海岸日渐涨出，沙洲延袤数十里"。

1855 年黄河回归后，致使大量泥沙来源被断绝，苏北海岸又经历了一次海岸与水下沙洲的调整。古黄河河口北部的现在连云港埒子口至烧香河一段严重蚀退，河口大约蚀退了 14 千米；而河口南部的堆积岸段，将北部侵蚀的泥沙随着潮流向南部搬运，快速沉积下来，形成了宽阔的海积平原；光绪二十二年（1896）外沙州与海门连成一片，现在盐城与南通一带的启海平原大体形成。

到了 1921 年，江苏沿海的海岸中部的射阳河、新洋港、斗龙港等大的河口逐步连成一片，并逐年缓慢向外延伸，其他岸线基本保持原状，与现在的岸线大致相当。

岸线的变迁促进了淮盐生产的变化。在明清淮盐生产的鼎盛时期，江苏的淮南与淮北区域分布着大约 30 处大小盐场，基本覆盖了苏南、苏中和苏北地域范围。随着江苏社会和经济的发展，原有的淮南盐区不再适应海水制卤的盐业生产技艺，逐步远离亭灶，海卤淡出。朝廷开始推行"退盐还垦"，使之逐步成为农业生产的种植区，淮南盐场慢慢消亡。而到了 1958 年前后，南通的盐业生产基本淡出历史。传统的两淮盐场只剩下了淮北盐场。到了 20 世纪 90 年代，盐城的盐业生产除了新滩盐场、响水盐场、射阳盐场以外，也基本退出。

废黄河以南，以 20 世纪 50 年代修筑的挡潮海堤为界，总面积达 6570 平方千米（折 978.08 万亩），居全国沿海省市之首，现在依然以每年 2 万

20 世纪 90 年代灌西新式盐滩（冯家道提供）

亩的面积增长。

江苏南部海涂的形成，与长江三角洲的形成和发育也密切相关。在全新世高海面时期，长江入海口在扬州、仪征一带；新石器时代，江口外伸至镇江附近，距今 4000 年左右。北宋天圣年间，狼山相继并陆，江口外移至狼山附近，江北口岸河嘴东伸至吕四一带，通海大片滩涂形成，而长江北泓亦因此堵塞，在掘港与吕四之间形成马蹄形三余湾。宋、元以后，三余湾不断淤积。至清光绪末年，三余湾全部成陆，现代海涂开始发育，至今仍在继续向海推进。

吕四以南海岸，由于江道主泓北趋，江岸曾一度坍塌，海岸后退，致使海门屡迁其治。通海大片土地没入海中。至清乾隆三十三年（1768），长江主流进入南支，江道南移，北岸坍塌停止，转向淤长，沿岸一带涨出许多沙洲，称外沙。至清光绪二十年（1894），沙洲日渐扩大，洲间流泓淤没，渐与海门涨接连成成片陆地。进入 20 世纪后，部分海岸又趋坍蚀，至今仍处于微蚀状态。

新中国成立后，江苏修筑了 200 多千米的捍盐大堤，以抵御海潮对盐田的危害。后来，又相继建造了 48 座沿海水闸、多处机械扬水站和淡水排洪河道，并将原有的 2000 多处旧式盐滩经技术改造变为规格化的新式盐田。到了 20 世纪 70—80 年代，江苏沿海的盐业生产基本固化在海州湾底部区域的海岸线上，形成了青口、台北、台南、徐圩、灌东、灌西、新滩、射阳等 8 大盐场。产量最高时，淮北地区的盐年产量约 300 万吨。21世纪开始，江苏沿海实施了沿海大开发战略，大量的盐田"退一转二"，从原来的盐业生产转化为工业生产土地，淮盐生产再度蚀退，江苏淮盐生产的滩涂面积大幅萎缩，淮盐发展步入调整期，生产面积和产量依然可以满足江苏盐化工和居民生活需求。淮盐的生产空间被压缩在连云港的徐圩、灌西的埒子口、燕尾港、新沂河和灌河河口一带区域，尽管如此，淮盐作为一项具有 3000 年生产开发历史的文明象征，还需要作为一个地标性的历史文化载体得以传承和铭记。

## 文化链接：

### 一、海州"捍海四堰"

连云港，古名海州，是江苏最早建造捍海堰的地区之一。从北齐至隋唐先后修筑了北齐捍海堰、隋东捍海堰、西捍海堰坝和万金坝等，并称"捍海四堰"。

史书中最早关于海塘堰坝的记载，就在《北齐书·杜弼传》中。书中记载："（杜弼）尝行海州事，在州奏通陵道并韩信故道，于州东带海而起长堰，外遏咸潮，内引淡水。"杜弼生于 490 年，卒于 559 年，在 547 年任中书令，兼任长史，因事被流徙到楚州临海镇，后又因率领镇民对抗造反的东方白额有功，被任命为海州刺史。杜弼在此任职期间，清和待民，廉洁自守，被官吏百姓怀念。他开发建造了云台山花果山下的郁林观，是国家级文物保护单位之一；同时，于 547 年和 559 年在海州任职期间修建了捍海海塘。

到了隋代，当地开建了东、西捍海堰坝和万金坝。根据《太平寰宇记》卷 22 中记载西捍海堰"在县北三里，南接谢禄山，北至石城山，南北长六十三里，高五尺。又有隋开皇九年（589）县令张孝征造"。而东捍海堰"在县东北三里，西南接苍梧山，东北至巨平山，长三十九里。隋开皇十五年（595）县令元暧造，外捍海潮，内贮山水，大获浇溉"。这两个捍海堰一个在海州城北，一个在海州城东北，都是隋朝开皇年间修建的，称作"捍海堰"。而明代《嘉庆海州直隶州志》中还记载了隋代开建的"万金坝"。这条堤坝"在东海城东北七十里，东西阔三丈，隋开皇五年（585）筑。以其利民者多，故名"。"明洪武二十七年（1394）重筑。""弘治十六年（1503）知州才宽大修。万历初，徽商程继敬出资重修石坝，有碑记在郑公祠。"

在历史上，海州地区濒临大海，修筑堰坝的存续历史在江苏最为悠久。除了以上陈述的"捍海四堰"以外，海州地区还修筑了数十条堤堰，如新坝、洪门堰坝、官河坝、永安堤、银山坝、王公堰、大村坝等。从近期发掘的盐业古遗址可以看出，至少 3000 年前的商周开始，在连云港沿海就存有煮海为盐的生产活动痕迹。而这"捍海四堰"的修筑主要是用来拦挡海潮、护佑百姓耕种免于海潮侵扰，带来旱涝保收的稳定耕种环境和制盐场所便利，保障盐业、农业生产，对于沿海地区的盐业生产和百姓生活带来了极大的裨益。

## 二、唐代常丰堰

常丰堤，又称李堤，是唐代淮南西道黜陟使李承因为"心忧海潮侵袭"而下令修建的堤坝。该堤坝修筑完成后保障了堤内滨海百姓生活，改善了农田、盐业生产，使得堤坝内耕种有序，"谷物常丰"，因此，又被称为"常丰堤"。

初唐时期，江苏一带海面上升，淮河和长江三角洲不断向东推进，海水时高时低、时进时退，对海边煮盐以及离海较远的农业生产造成很大威胁。这期间淮河一带人口增长，经济繁荣。据史书记载，当时的海岸边，亭台楼阁全被冲毁，沿海田舍被吞没一空，当地百姓生活贫困潦倒，困顿不堪，难以为继。特别是在台风季节，这里常有海潮漫溢，卤水充斥，淹没良田，毁坏盐灶。

唐代，中国政区史上道和府建制开始设立。唐贞观元年（627）太宗分天下为十道；贞观十四年（640）为十五道；淮南道是其中之一。唐大历年间（766—779）楚、扬二州设屯，各道设黜陟使。广德元年（763）安史之乱结束后，李承（722—783）出任淮南西道黜陟使。他是唐代赵郡高邑人，出生于官僚世家，其祖父曾任唐朝礼部侍郎，其父为国子司业。

李承出任淮南西道黜陟使后，遂于唐代大历二年（767）奏请朝廷，主张修捍海堰以御海潮，以便楚州（辖今淮安、盐城两地区）之境内"束水不致伤盐，隔外潮不伤稼"。唐代宗李豫准奏修筑堰坝，"自盐城入海陵"，"袤一百四十二里"，并派遣李承督建捍海堰（亦称海陵堰）。

该堰址北起楚州沟墩（今阜宁沟墩）南至海陵（今大丰刘庄镇北）大体依沙堤一线沿东冈而筑，四年建成；最终修建起了北起盐城阜宁，南至海陵，长达 142 里的常丰堤。因为建这座捍海堰是皇家拨款，所以又称"皇堤"。后人赞美李承的治堰功绩，亦称之为"李堤"。

《旧唐书》115 卷《李承传》中对李堤评价颇高，说，"李承，赵郡高邑人……为淮南西道黜陟使，奏置常丰堰于楚州以御海潮，灌屯田瘠卤，收常十倍"至今收其利。其实，李承早在唐大历年间（766—779）到海门余东地区视察，提倡围垦筑堤，设灶煮盐，以后余东一带移民增多，逐渐成为淮南产盐区。百姓把李承在此设灶煮盐的地方称为"李灶"。"李堤"筑好之后，后世多有修缮增筑。南唐李升、北宋开宝九年（976）王文佑加修过常丰堰，并由此延伸到东台安丰镇。后至唐朝末期，社会动乱加剧，国力受损，该堤维护不力。

在李堤建成后的二三百年间，江淮地区人民免受海潮袭击，保护农田。其中北宋《胡公神道碑铭》记载："兹邑之田特为膏腴，春耕秋获，笑歌满野，民多富实……"特别是为盐场煮盐创造了良好的条件，盐税收入大增。唐大历末年（779）通天下之财计收入1200万贯，而盐利过半，达600余万贯。由此可见，李承兴建的捍海堰，既发展了农业，也在中国盐业史上留下了浓墨重彩的一笔。

清时，扬州两淮盐运使司（冯家道提供）

## 三、宋代范公堤

范公堤，本名捍海堤，是江苏沿海一条重要的地貌界线，标志着当时苏中、苏北海岸的所在。北宋天圣二年（1024），范仲淹主持修建了从楚州、盐城经泰州海陵、如皋至通州海门的捍海堰，俗称范公堤。该堤屡圮屡筑，后世续有增长。目前，该堤北起今江苏省阜宁县，南抵今启东市的吕四港镇，长近300千米。

北宋天圣初年，范仲淹出任泰州西溪盐官，并多次上书朝廷，建议修捍海堰。在宋仁宗允准后，于天圣二年（1024），汇集了通、泰、楚、海四州四万多民众，在数百里的海岸上修筑捍海堰坝，并采纳范仲淹方案，将堰址稍向西移，以避潮势。修筑该堤坝前后历时四载，最终修成。当时的堰长25696.6丈（合71千米），堰基宽3丈（合10米），高1丈5尺（合5米），顶宽1丈（合3.3米）。范公堤筑成后，周边百姓受益显著，拦洪水不伤害盐业，挡潮水不伤害庄稼，"功成滨海泄卤，皆为良田"。外出逃荒的两千余民户回归家乡，百姓得以安其生，农灶两受其利，春耕夏种，取卤煎盐，使得这一带沿海地区农业、盐业都得到了均衡发展。

明清两代以及民国时期，该堤又经延伸修造。清雍正十二年（1734），河督高斌于栟茶、角斜续修范公堤。民国二十年（1931）洪灾后，刘庄、白驹至海安一段范公堤 100 余里均加宽至 4—9 米，最后使得这道堤东濒黄海，北起阜宁，南到启东，途经大丰、东台、如东、海安一带，延伸至全长近 300 千米。

捍海堰修完后，堤东逐渐淤积成平陆百余里。堤外煎盐，堤内种粮，并用筑堤之土挖掘出一条与堤坝平行的、贯穿南北的运盐河——串场河。这条河被誉为苏北人民的母亲河，至今依然奔流不息，滋养着两岸的芸芸众生。百姓为感范仲淹恩德，在捍海堰旁修建了生祠，以志纪念。在盐城、阜宁曾建有"范公祠"；在东台西溪建有"三贤祠"，供奉范仲淹、张纶和胡令仪。而泰州也专门将"范堤烟柳"列为海陵八景之一，为的就是让百姓记住范仲淹为官一任、请命筑堤抗海潮的丰功伟绩。

## 四、宋代沈公堤

沈堤是南通通州境内宋代建造的一项巨大海塘工程，位于南通区域内，始于南通的余西古镇，与"范公堤"接轨。

明万历（1573—1619）《通州志·古迹》记载："沈公堤在县治东北，宋至和中海门知州沈兴宗（沈起），以海涨病民，筑堤七十里，西接范堤以障卤潮。"王安石在《海门知州沈兴宗兴水利记》中说："既堤海七十里，以除水患，遂大浚渠川，引取江水以灌义宁等数乡农田。'沈公堤'自吕四至余西，连接范堤"。

唐代之后，江苏南通地区因黄河改道和海潮侵蚀，带动淤泥流动，泥沙逐步淤积而浮出水面，成为淮南盐业生产基地。北宋时的范公堤修成后，堤坝内人民可以安身立命、生活状态逐步改善。宋至和年间（1054—1055）海门知县沈起自吕四盐场至余西，开始修筑全程 70 里的堤堰，延接"范公堤"，史称"沈公堤"。后来，该堤坝侧又开挖了通州至吕四的大运河支脉——通吕运河，亦被称为南通的"运盐河"。"范公堤"与"沈公堤"连结点在余西场东北方向"龙游沟"之北端，此地古名余庆（庆余），因镇内"龙游沟"使得城郭设路形似龙，所以，又名龙城（地），是"范公堤"之最南端。"龙游沟"由此弯弯曲曲向南延伸，直至古长江边，即今之海界河，历史上曾是古海漕遗迹。

# 第二节 煮海到晒制的革命

淮盐有着悠久的传承历史。《尚书·禹贡》中有"海岱为青州……厥贡盐缔"之说。《盐铁论》中提到"朐卤之盐",便是指江苏北部海州地区的生产的盐。《南齐书·州郡志》说:"郁州(今云台山)在海中,……土有田畴渔盐之利。"《新唐书·食货志》:"海州山海之利,盐、茶为大端。"

古代的两淮,依照淮河大致的南北流向分为"淮东""淮西",按照现时的地域划分就是淮南、淮北,泛指苏北、皖北、河南、湖北的广大地区。后来,还逐步形成了淮南盐以煮为主、淮北盐以晒制为主的产盐格局。

远古时期居住在黄海海滨的华夏先人最早发现了与人类生存发展息息相关的食盐(冯家道提供)

淮盐生产经历了一个漫长的发展过程,从"煮海为盐""煎卤成盐""淋卤板晒",再到"滩晒制盐",伴随着社会科技的进步不断发展至今,留下科学合理的生产流程和管理控制方式。

海盐生产的起源可以追溯到新石器时代。相传黄帝时期,"古者夙沙初作煮海盐",发明了煮海为盐的生产技艺。夙沙于偶然之间,发现将放入罐里的海水熬干了,留下一层白白的细末,并试着用烤熟的猪肉蘸着细末吃，发现肉又特别香。从此，他试用海水熬盐，使得煮海盐业技艺慢慢在世间流传，海盐走入人类社会生活，并成了必不可少的物品。由此记载表明夙沙氏煮海为盐之事应是发生在五六千年前的黄帝、神农时代，即中国古代农耕生活的开始时期。

近年来，随着我国沿海海盐业考古的不断深入和推进，至少从商周时期起，我国的煮海为盐的生产就已经展开。2007 年 4 月全国第三次文物普查工作期间，在山东渤海沿岸寿光大荒北央、广饶南河崖、寿光双王城、沾化杨家窑等寿光、广饶、滨海、昌邑等地区发现大量商代、西周、东周及宋元等不同时期的盐业遗址，数量多达 700 余处。其中 5 个遗址或遗址群列为第七批国家重点文物保护单位。2008 年调查与发掘的寿光

盐铁，是我国唐宋时期沿海地区煮盐的主要器具。这块北宋时期的盐鐅出土于连云港市东海尹湾乡，现存于连云港市博物馆（摄影：赵鸣）

双王城盐业遗址群揭露了比较完整的商周时期的制盐作坊遗址，被评为当年度的全国十大考古新发现之一，也是迄今为止我国最大的海盐生产场所。山东沾化县杨家盐业遗址群是黄河三角洲地区目前发现的最大盐业遗址群，具有重要的保护、研究价值。在江苏沿海北部，连云港与山东毗邻，自古为淮盐的重要生产地，其历史亦可追溯至商周、春秋战国时期。盐业生产顺延山东海盐生产脉络。根据在江苏连云港海州板浦尤庄、连云区云山李庄盐场遗址的发掘的盐卤池、盐灶等煮盐遗址考古发掘测定，至少从周代至春秋战国时期，这里的先民们开始了"煮海为盐"的生产活动。而《史记》记载，早在公元前514 年的春秋时代，吴王阖闾在淮河以东开始生产海盐了，制作海盐是采取"煮海"的方式来完成。到了战国时期，淮北盐场先后为郑、吴、齐、越、楚国所属，盐业生产开始兴盛起

来。在20世纪90年代发掘出土的尹湾汉墓简牍上明确记载汉代朐县境内有伊卢、北蒲、郁州三座盐邑。早期的煮盐方式就是直接将海水汲入"牢盆"，即如同锅一样的器皿中，用柴草在下面烧，让海水煎熬蒸发，器皿里便留下又白又细的盐。锅台就是"灶"，盐民也就被称为"灶民"。当时生产海盐，费时费力。"煮海"的工具主要是铁盘，又称"铁𫓧"。

淮北地区蓄草备煎（赵鸣提供）

"煮盐"是最早的制盐之法。唐代以前，几乎是由煮盐一统天下，以致可以用"煮"代称盐。《管子·轻重甲》云："齐有渠展之盐，燕有辽东之煮。"此处的"煮"即指盐。《汉语大字典》"煮"字条云："煮，煮盐"，即依据此。从"煮海为盐"到"煮卤成盐"的发展没有明确的历史边界，或是说两者在互鉴互学中融合前行。

煮盐必须先制卤，然后再将制出的卤水放在锅内用火熬煮成盐。古代煮盐有漏水煮盐法和晒水煮盐法两种方法。漏水煮盐法是在海边潮水可到之处，铺满细沙，使沙能充分吸收潮水。待风吹日晒干后，便成卤沙。再用海水淋浇卤沙成卤滴入小池，取得卤水。而后，再将卤水盛进盔型容器内进行烧煮成盐。晒水煮盐法，即在海边建筑围堤，内筑简易储水蒸发池，引潮水入池晒至相当浓度入锅煮之成盐，这也是后来晒制盐的滥觞。从目前我国盐业考古发掘来看，山东的海盐可能采用漏水煮盐法；而江苏淮盐可能采用晒水煮盐法生产。

唐宋时期，海盐生产逐步从"煮海为盐"过渡到"煎卤成盐"。唐代，灶民开始开沟引潮，铺设亭场，晒灰淋卤。待淋出的卤浓度达到一定程度后，再用锅煮，煎熬成盐。这时我国的煮盐产量达到鼎盛时期。至东晋、宋代，煮盐工艺已经很成熟，生产海盐基本采用开辟亭场、摊灰（或刮泥）淋卤、"煎卤成盐"的流程方式。宋代陈椿作的《熬波图》，把海盐生产环节绘制成 52 幅图画，每图都有文字说明和诗歌题咏，目前仅

宋元以来贮卤井砖（冯家道提供）

余 47 幅。《宋代盐业经济史》根据这 47 幅图的内容，归纳为十道工序。

当时的盐民需要选择靠海卤气旺盛的滩涂开辟亭场，经过翻耕、夯实、碾平的工序；再在四周开挖水沟，分块摊晒浸透海水的草灰；待灰转黑，远望有光时，集中至灰坑中取卤。咸卤流入灰坑的卤井，井满后储于卤池。卤足草备，即可举火开煎。这时的煎盐工具也由铁盘发展成铁锅，一锅大约成盐 50 公斤。举火后，盐工将 24 小时称之为"一火伏"，每次举火都需要烧制十几个"火伏"。由于卤水中盐的浓度比较高，煮的时间大大地缩短，海盐生产的劳动生产率也逐步提高。

元代，淮盐生产已经居全国之首。当时两淮海盐产量为 320 万石，两淮的盐税占全国盐税的 50%，而全国盐税又占国家赋税的 80%。历史上旧有"煮海之利，重在东南，而两淮为最"之说。唐代诗人李白、杜甫在两淮地区游历时留下了踪迹，从李白"吴盐如花皎白雪"到杜甫"万斛之舟行若风"的绝句中可以看出淮盐粒大色白的品质和当时制盐、盐运的兴旺发达。

元代至明代，淮盐生产由"煎卤成盐"向"淋卤板晒"法制盐发展。北宋天圣元年（1023），淮北海州有板浦、惠泽、洛要三个场；元朝元贞元年（1295）又建莞渎场。南宋金人占据海州，在海州设临洪、独木、板浦三场。元海宁州境内有莞渎、板浦、临洪、徐渎四场。明初海州有临洪、板浦、徐渎、莞渎四场，后增设天赐场、兴庄场。这时淮北盐场内仍然延续着晒灰淋卤、煎卤成盐的方式，而且，这种方式一直延续到明代初期前后。

随着后来熬盐技术的进一步提高，淮盐生产逐步实现烧灰煎盐，又称"刮灰煎盐"，简称"煎盐"。它是"熬卤成盐"的延续，也是滩晒制盐的

前序。其方式是通过开辟亭场、削泥淋卤、煎卤成盐工艺技术。人们先过滤浸透海水的咸土或采用柴灰取得卤水，然后利用浅盘熬干此卤水而得到粉末状的盐，俗称"烧灰煎盐"或"刮咸煎盐"。它利用了太阳自然能量蒸发水分，

筑井铺池图

用草少，成盐快，生产效率大为提高。这种海盐生产方式一直持续到清代初期。这充分说明了从元代开始，淮盐生产就开始由煮盐向晒盐转变。

　　明代初期，开始出现了"淋卤板晒"的制盐技艺。《明史·食货记》记载："淮南之盐煮，淮北之盐晒。"到了清嘉庆年间（1706—1820），浙江岱山盐民王金邦，始创板晒制盐法，是用杉木板钉成一个个的木盘，开辟塔场，引潮浸灌，耙晒咸泥，刮泥淋卤，制成的饱和卤水，浇在木盘上（木板），放在太阳下曝晒。而早期的"淋卤板晒"法制盐技艺基本沿用了"煎卤成盐"的前段工艺，而在成盐阶段采用板晒的方式。每逢晴天，就将晒板排列在场地上，将卤水用木勺淋在晒板上，经过阳光暴晒，晒到下午一般就会出现白色颗粒结晶。一个生产周期一般为6—7天。改煎煮为日晒，改变了以柴草作为燃料能源的单一生产方式，代之以阳光、风力来蒸发制盐，成本大减，产量增加，经济效益大幅提升。清道光初年（1821），板晒经验已在浙江舟山得到应用。清咸丰年间（1851—1861），推广到浙江余姚、绍兴和江苏、福建、山东等沿海盐场。

　　滩晒制盐是海盐生产方式的一次划时代的技术革命。在江苏沿海一带滩晒制盐可分为两个时期：即从清乾隆元年（1736）至清光绪三十一年（1905）为砖池晒盐；1908年至1976年为泥池结晶，后来，滩晒结晶技艺又进一步改进，转变为塑苫结晶的新方式。

　　明代成化年间（1465—1487），板浦人丁永任两淮盐运司盐业督办，开始在海盐的结晶方式上进行革新，逐步形成了砖池滩晒的制盐技艺。在

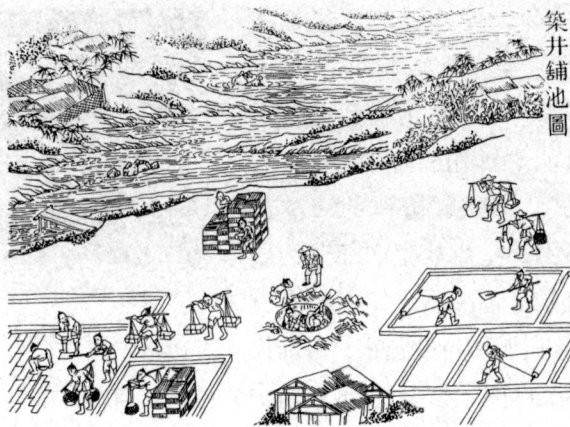

明代徐光启和丁永创制滩晒制盐法后，有数百家灶户开始学习使用淮盐晒制技艺，这时技术的演变在于海盐的结晶方式，即由"煮卤成盐""淋卤板晒"向滩晒海盐技艺方向转变。

早期的砖池滩晒技艺主要集中在制卤、结晶两个阶段。晒制盐的结晶池采用砖砌池底的方法，或用陶片平铺池底，以提高盐质，减少渗漏，谓之坎晒，所以，简称砖池结晶。当时，每个灶各铺一个砖石盐池，大小约300块砖，称为一引，每引产盐约200公斤。清代改为用面积计算。每一方丈为一引。四周还有相应的土池，从头道至九道，用于蒸发海水。每个泥池边设有一个小砖卤井，备用雨天盛蓄卤水。砖池晒盐初期，采用的是煎煮时期延续下来的灰土淋卤、小池晒浓、砖池结晶的制盐工艺，后来逐步改为纳海潮制卤晒盐法。

起初，滩晒盐生产技艺是以砖石砌晒池，到了清代，滩晒盐生产在使用砖池的同时，逐步过渡向泥池铺成结晶池板工艺靠近。到光绪三十四年（1908）得到政府认可。清咸丰五年（1855）黄河在河南铜瓦厢决口，改由山东利津入海后，淮北地区沿海滩涂迅速淤积，造就了大面积积铺滩的有利条件，为发展滩晒制盐奠定了天然基础。2021年3月在连云港云台山南部建设江苏园博园时，对沈村地区开展勘测和挖掘考古，在探孔勘测过程中发现在地表层下0.4至0.5米处发现有11处砖铺面，根据淮盐生产工艺的演变和地域盐场历史变迁研判，这一带曾经是明代板浦场盐田区域，发现砖块可能是当时盐田结晶池的砖铺面；时间大约为明末清初。这证明了淮盐滩晒制作技艺出现的大体年代时间和具体的滩晒技艺方式。

清后期，淮北盐民在使用砖池同时，从生产实践中创造了泥池滩晒新艺，也叫"滩晒法"。就是在滩涂上挖沟筑堰坝，开辟盐田制盐。通过纳潮扬水，引海水灌池，经过日照蒸发变成卤水，当卤水浓度蒸发达到波美25度时，析出氯化钠，即为原盐。许多垣商筹措资金，申领执照，雇佣人员开沟引潮，筑堤铺设

盐田舀水（冯家道提供）

盐田，使得淮北地区成为淮盐的主要产地。到了清末民初，泥池滩晒工艺，也称平板滩晒盐制作技艺，开始兴起。

在晒制淮盐的盐池形状上，也处于不断创新之中。从明、清至民国初年，由盐商汪鲁门、叶翰甫、徐静仁等人在淮北盐区推广八卦滩晒盐工艺。这时海盐制作技艺是从小型、低产的砖池逐步过渡到泥池；盐田的形式由八卦滩等形式逐步向大浦式对口滩模式转变。清末民初，海州地区的盐场逐步调整。清雍正六年（1728），海州地区合临洪、兴庄为临兴场。乾隆元年（1736）裁莞渎场，设中正场。光绪三十三年（1907），海州丰乐镇西增铺新池，产盐接济淮南销售，取名"济南场"。到了民国，淮北盐场下设板浦、中正、青口、济南四大盐场，其中济南场（现在的连云港灌云、灌南县境内）首先筹资开铺泥池，至清光绪四年（1878），业已改为八卦滩晒盐。

八卦滩晒盐技艺的出现标志淮北盐场彻底告别了传统"煮卤成盐""淋卤板晒"的历史，进入了滩晒制盐的成熟期。这种最早的盐田形态是仿我国古代八卦图铺筑成的盐田，外为地沟，内为池滩，滩滩相咬，卦心居人，中心设廪地。八卦滩在滩份外圩筑起正方形的大圩河和圩堤，在圩内按照八卦图案建成 8 份盐田，分为前 4 份滩和后 4 份滩；支河两

扒盐（摄影：赵鸣）

岸的 2 份滩称为大虎眼、二虎眼，前后有中花滩 4 份；虎眼对面的两份滩叫廪屁滩。由于受到地形限制，有时滩也会铺成 4—6 份。正规的八卦滩每边长 1000 米，成正方形。面积一般在 100 亩左右。而当时济南、中正场的港东、港西区的八卦滩面积较大，可达 180—250 亩。一般每份盐滩可以产盐 3000 担左右。8 份八卦滩为一条圩子。一户一滩叫"单晒"；

二户或四户领一滩，叫"双晒"。

在八卦滩的中间"太极图"方位，挖有一个方形塘，俗称"胖头河"，用于圩盐驳坨、盐船起装，廪基分为大廪基、小廪基，新产的原盐先放入小廪基，然后挑上大廪基，再等待驳运入坨。驳运支河是介于运盐河和盐圩之间的一条河道，供运盐船只往返，将圩子里的盐运入坨地。在此基础上，滩晒形态又出现了纱帽翅式盐田、怀中抱子式盐田、盘香转式盐田、珍珠卷帘式盐田、双点灯式盐田、八份双晒式等滩晒制盐方式。尽管滩地的排列形式不一样，但是，制卤、结晶的基本原理和方式没有太多变化和改进。

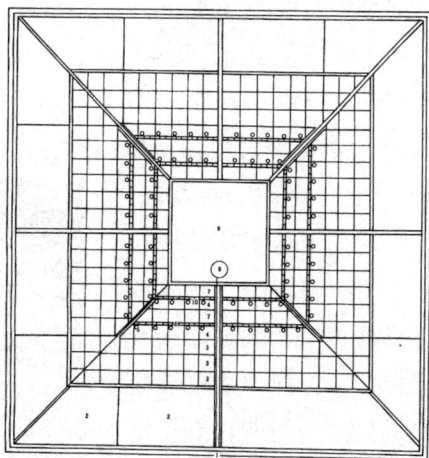

**淮北盐区八卦式盐田图**
1 大圩 2 挂地 3 蒸发池 4 加卤池 5 卤井 6 走卤桥 7 结晶池 8 胖头河 9 廪基 10 卤沟

清末民初建设八卦滩的图形

八卦滩等形式盐滩的设计，以《易》理、八卦的理念，结合淮北气象、地质、水文、科技、人文等要素，极有创意地设计出一种滩地结构，巧妙地利用阳光、风力自然蒸发浓缩海水，并采用曲线"循环走水""薄晒勤跑""落底成卤"的方法，不但提高了劳动生产率，而且所产淮盐"粒大、色白、干"，深得销售区用户好评。生产技术的突破，推动了江苏海盐业的迅速发展，奠定了淮盐在我国盐业生产的重要地位。1935 年的《盐务年鉴》记载，淮北盐每担成本为 0.25 元，比淮南煎盐每担成本 1.64元降低五倍多。但是，这类滩晒技艺也有缺点，比如滩型多样，大小不一；构造复杂，道沟凌乱、分散；扬水层次多，非蒸发面积占地多；保卤排淡能力低，盐产量低，土地成本较高等。

针对这些缺点，淮北盐场的海盐滩晒技艺又逐步改良。1909 年，砖池晒盐全部废止，改为泥池滩晒。到民国三十四年（1945）3 月，华中盐业公司在大浦地区（后来的台北盐场附近）建设了淮北地区的新式对口滩，由于建在大浦地区，又称"大浦式盐田"。后来，又建设了台北海滨式对口滩盐田、台南封口式对口滩盐田和集中式对口滩盐田。这些对口滩盐田是沿着支河对口建设，以驳盐河为中心线，两边滩口以"非"字形面向驳盐河排列，按照扬水、制卤、结晶、集坨四大工艺流程中的关键环节设计，实现分区制卤，集中结晶，大大降低了成本，节约了盐田面积，提高了劳动生产率。制卤部分分为一、二、三级制卤区。每个结晶区都建有结晶池、保卤井、泵房、池道、输卤沟、落卤沟、采卤沟、廪基等部分。

到 20 世纪 50—60 年代中期，滩晒塑苫结晶新技术的出现在制卤和结晶环节解决了一般泥滩在制卤和结晶过程中受气候影响大、制卤周期较长、结晶效率较低的问题，使得淮盐生产效率得到了极大

机械扒盐（摄影：赵鸣）

的提升，生产成本也大幅降低。这时，淮盐生产工艺主要在制卤、结晶的方式和效率上进行改进。1953 年，先由全国劳动模范柳国喜研制出"冰下抽咸"制卤新工艺；1954 年提出了"三雨"新工艺；1957 年，又提出了"深水制卤"；到 70 年代又创新出"双深双咬"制卤技艺。淮北盐场总工程师薛承德组织推广传授淮盐塑料苫盖制盐法，此法称"淮盐生产工艺 56字诀"。即塑布苫盖、常年结晶、做盐池板、长活荐盐、清卤飘花、加卤串联、卤深三十、环境文明、斩头去尾、抓好中段、薄卤输洗、分开细盐、专产专运、堆存半年。2008—2009 年由江苏金桥盐化集团推广矿卤日晒制盐，采用盐矿矿卤嫁接海盐滩晒技术，形成了新的滩晒制盐技术成果。

淮北海盐制作技艺是淮北盐工在长期生产实践中的智慧结晶，也是我国海盐生产技艺极其珍贵的历史遗产，具有很高的科学价值、工艺价值和经济价值。从明代至今的 500 多年内，淮盐制作技艺在整个工艺流程、盐池结构布局、结晶方式等方面逐步完善，从滩晒砖池结晶到滩晒泥池结晶，再到滩晒塑苫结晶，完成了海盐晒制的能源方式的转变，即由烧火到利用太阳能晒制，成为我国早期利用太阳能的绿色生产典范，既降低了制盐成本，又提高了盐业劳动生产率。

# 文化链接：

## 一、我国盐业首部管理著作——《盐铁论》

《盐铁论》是西汉时期的一本政论性散文集，也是我国最早涉及盐、盐业管理的书籍。它由西汉桓宽根据著名的"盐铁会议"记录整理撰写的属于对话体的历史书籍。书中记述了当时对汉昭帝时期的政治、经济、军事、外交、文化的一场大辩论，主要涉及盐铁官营、酒类专卖等问题。

汉时，汉武帝为了掌握全国经济命脉，从经济上加强封建中央集权、抗御匈奴的军事侵扰和打击地方割据势力，推行了以桑弘羊为主所制定的盐铁官营、酒类专卖及均输、平准、统一铸币等一系列重大财经政策。这些经济措施巩固了西汉王朝政权，为王朝的长治久安奠定了坚实的财政经济基础。但是，它们也给农业生产、中小工商业和群众生活带来了某些不便与困难，客观上剥夺了地方诸侯和富商大贾的既得利益，引起这类群体的强烈不满和反对，激化了社会矛盾。因此，盐铁官营、酒类专卖等经济政策的施行成了当时社会政治经济生活中的重大事件。

汉昭帝始元六年 2 月（前 81），朝廷从全国各地召集贤良文学 60 多人到京城长安，与以御史大夫桑弘羊为首的政府官员共同讨论民生疾苦问题，后人把这次会议称为盐铁会议。会上，双方对盐铁官营、酒类专卖、均输、平准、统一铸币等一系列财经政策的重大问题，展开了激烈争论，是中

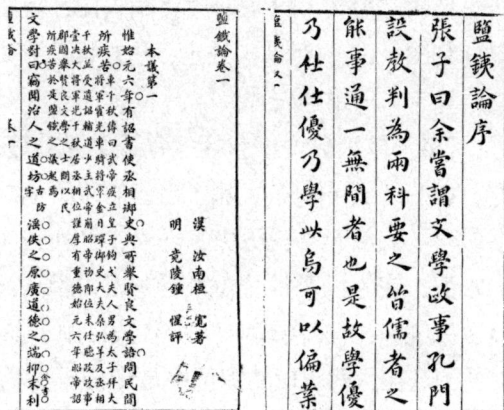

桓宽的《盐铁论》

国古代历史上第一次规模较大的关于国家大政方针的辩论会。在盐铁会议上，贤良文学人士全面抨击了汉武帝时制定的政治、经济政策，要求"罢盐铁、酒榷、均输"。会议结果，废除了全国的酒类专卖和关内铁官。

《盐铁论》分为 10 卷 60 篇。前 41 篇是写盐铁会议上的正式辩论，自第 42 篇至 59 篇是写会后的余谈，最后一篇"杂论"是作者写的后序。经

桓宽整理而成此书。其争论的核心是以桑弘羊之首倡导的国营垄断和自由经济之争论。作者桓宽，字次公，河南汝南（今河南上蔡）人，汉宣帝时举为郎，官至庐江太守。在政治上，他服膺儒家思想，站在反对桑弘羊的立场，并且将盐铁会议辩论双方的思想、言论比较忠实地整理出来，因而使《盐铁论》这部著作，不仅把社会杰出理财家——桑弘羊的概略生平、思想和言论相当完整地保留了下来，成为研究中国经济思想史、特别是西汉经济思想史的一部重要著作，而且，也是一部专业讨论盐铁政策的论著，为后来我国历代出台盐业政策提供了借鉴和参考。

## 二、"中国科学史上的里程碑"——《梦溪笔谈》

《梦溪笔谈》由北宋科学家、政治家沈括（1031—1095）撰写的。它是一部涉及古代中国自然科学、工艺技术及社会历史现象的综合性笔记体著作，被英国科学史家李约瑟评价为"中国科学史上的里程碑"。

该书作者沈括（1031—1095），字存中，北宋科学家、政治家，杭州钱塘（今浙江杭州）人，是嘉祐进士。他晚年归退，居住在"梦溪园"，因为平时经常与客人在园内交谈，故用名《梦溪笔谈》。沈括的家乡曾是历史上的产盐区，23 岁时以父荫入仕，曾任江苏海州沭阳县主簿。嘉祐八年（1063）33 岁时考中进士，后被推荐到京师昭文馆编校书籍，由此对天文历算有了一定的研究。

《梦溪笔谈》全书包括《笔谈》《补笔谈》《续笔谈》三部分，共 30 卷，17 门，凡 609 条。除了自己的阅历见识和人文历史方面的内容外，该书包含了大量天文、历法、气象、水利、地质、地理、医药、音乐等学科的知识，较为详实地记载和总结了中国古代，特别是北宋时期的科学成就。据统计，《梦溪笔谈》所有条目中，属于自然科学方面的约占总数的 36%，这在历朝历代的笔记中是十分罕见的。尤为难得的是，书中的很多记载出自沈括的亲历亲闻。如"石油""布衣毕昇"发明的泥活字印刷术等，是世界上关于活字印刷的最早记载，深受学界重视。

特别需要提及的是书中关于山西解州盐湖的记载："解州盐泽，方百二十里。久雨，四山之水悉注其中未尝溢；大旱未尝涸。卤色正赤，在版泉之下，俚俗谓之'蚩尤血'。唯中间有一泉乃是甘泉，得此水然后可以聚。又其北有尧梢水，亦谓之巫咸河。大卤之水，不得甘泉和之不能成盐，唯巫咸水入，则盐不复结，故人谓之'无咸河'，为盐泽之患。筑大堤以防之，甚于备寇盗。原其理，盖巫咸乃浊水，入卤中则淤淀卤脉，盐遂不成，非有他异也。"这段介绍体现了早期我国盐业生产技术的发展状况。

### 三、著名的地理总志——《太平寰宇记》

乐史撰的《太平寰宇记》是北宋初期一部著名的地理总志。它继承了唐李吉甫《元和郡县图志》的体裁，对全国各州县的山川形胜、历史沿革、风俗、物产、人物和艺文等，都有较详细的记述。所载政区取制于太平兴国后期，可补《元丰九域志》《舆地广记》所不载，是考察北宋初期政区建置变迁的主要资料。

该书所载府州县沿革，多上溯至周秦汉，迄五代、宋初，尤其是对东晋南北朝、五代十国的政区建置，较其他志书详尽，可补史籍之缺。府州下备载领县、距两京里程、至邻州的四至八到、土产，县下记录距府州方位里数、管乡及境内山川、湖泽、城邑、乡聚、关塞、亭障、

北宋初年的地理总志《太平寰宇记》

名胜古迹、祠庙、陵墓等，篇帙浩繁，内容详瞻，是研究历史人文、自然地理的宝贵资料。

该书在述说各地地理状况时，将当地的物产和风物等内容加入。《太平寰宇记》卷130《淮南道八》关于泰州的记载，书中说元朝时，原泰州领五县，即海陵、兴化、泰兴、如皋、盐城等；后盐城县割出，还楚州。书中专门写到了当时煮卤为盐的制作技艺"刺土成盐法"作为一个特例收入其中，可见淮盐制盐技艺在当时的经济作用和社会影响。书中写道："凡取卤煮盐，以雨晴为度。亭地干爽，先用人牛牵扶刺乃取土，经宿铺草籍地，复牵爬车，聚所刺土于中上成溜，大者高二尺，方一丈已上。锹作卤井于溜侧，多以妇人、小子执芦箕，名之黄头，欲水灌浇。盖从其轻便。食顷，则卤流入井，取石连十枚，尝其厚薄。"在《通州》中，专门将在地方风俗中写了土产"盐"。而在《静海》《海门》的"风俗"中说

明该地与扬州同，"有土产盐、丝、贡干鲻鱼、鳇鱼酱、虾米等"。在海陵监中写道："海陵监，煮盐之务也。"

## 四、我国最早的"煮海"专著——《熬波图》

《熬波图》出自元代盐业鼎盛时期盐课副司陈椿（1293—1335）之手，为中国现存最早系统描绘"煮海成盐"设备和工艺流程的一部专著，同时，又是中国古代介绍煮制海盐制作过程的最完整作品。

《熬波图》原有图 52 幅，现存 47 幅，即 47 道流程工序。该书采用以图配说，附诗等"三位一体"的方式，概括述说了当时煮海为盐的 8 道主要大的工序，即分别为建造团灶、开辟滩场、海潮浸灌、筛水晒灰、担灰入淋、淋灰取卤、捞洒撩盐、起运散盐等。

《熬波图》一书的内容目前所据唯《四库全书总目提要·卷八十二·〈熬波图〉提要》与陈椿《熬波图》（四库本）自序。《提要》中载："《熬波图》，元陈椿撰。椿，天台人，始末未详。此书乃元统中，椿为下砂场盐司，因前提干旧《图》而补成者也。自'各团灶座'至'起运散盐'，为图四十有七。图各有说，后系以诗。凡晒灰打卤之方，运薪试莲之细，纤悉毕具……"陈椿《熬波图》序（四库本）云："浙之西、华亭东，百里实为下砂。滨大海、枕黄浦、距大塘，襟带吴松、扬子二江，直走东南，皆斥卤之地。煮海作盐，其来尚矣。宋建炎中，

陈椿（1293—1335），元朝人，任盐司。据旧图补成《熬波图》1 卷，记述海水取盐的设备和工艺流程（冯家道提供）

始立盐监……深知煮海渊源，风土异同，法度终始。命工绘为长卷，名曰《熬波图》。将使后人知煎盐之法，工役之劳，而垂于无穷也；惜乎辞世之急。仆曩吏下砂场盐司，暇日访其子讳天禧、号敬斋，于众绿园堂。出示其父所图草卷，披览之余，了然在目，如示诸掌。"由此可见《熬波图》作者是"下砂场盐司"；书中表现了煮海或是煮卤为盐的场景，制作工艺描述的具体位置极有可能是在浙江宁波、杭州湾一带区域内。

## 五、"技术的百科全书"——《天工开物》

《天工开物》是明末科学家宋应星编写的一部百科全书式的科学巨著。它作为中国古代的一部综合性的科学技术著作，是世界上第一部关于农业和手工业生产的综合性著作，被欧洲学者称为"技术的百科全书"，在科学史上具有很高的价值。

《天工开物》对我国古代的各项技术进行了系统地总结，特别体现在对农业方面丰富经验的总结，全面反映了当时的多种工艺技术成就，构成了一个完整的科学技术体系。书中记述的许多生产技术和方式，一直沿用至近代。

这本书初刊于明崇祯十年（1637）。全书分为上、中、下 3 卷共 18 篇，描绘了 130 多项生产技术和工具的名称、形状、工序。《天工开物》第五篇《作咸》中专门写了盐，其中包括了盐的来源、海水盐、池盐等内容。既写了盐对于人的重要性，还写了盐的种类和海盐的制作方式。

书中写道："宋子曰：天有五气，是生五味。润下作咸，王访箕子而首闻其义焉。口之于味也，辛酸甘苦经年绝一无恙。独食盐禁戒旬日，则缚鸡胜匹，倦怠恹然。岂非'天一生水'，而此味为生人生气之源哉？四海之中，五服而外，为蔬为谷，皆有寂灭之乡，而斥卤则巧生以待。孰知其所已然？"

在《盐产》一卷中，将盐的分类写得十分详尽。"凡盐产最不一，海、池、井、土、崖、砂石，略分六种，而东夷树叶，西戎光明不与焉。赤县之内，海卤居十之八，而其二为井、池、土碱。或假人力，或由天造。总之，一经舟车穷窘，则造物应付出焉。"

其中关于淮盐还有专门的描述。既"淮场地面，有日晒自然生霜如马牙者，谓之大晒盐。不由煎炼，扫起即食。海水顺风飘来断草，勾取煎炼，名蓬盐。""盐淮扬场者，质重而黑。其他质轻而白。以量较之。淮场

煎盐图

者一升重十两，则广浙、长芦者只重六七两。"这两段话的意思是一方面说在江苏淮扬一带的盐场，是"靠日光把海水晒干""自然凝结的盐霜"，叫作"大晒盐"，"一升重约十两"，比广东、浙江、长芦盐场的盐重，而长芦盐场的盐一升"只有六七两重"；"不需要再次煎炼，扫起来就可以食用了"。这也说明了明代淮盐滩晒制作方式已经开始使用，而且滩晒淮盐的质量和品质与其他海盐相比的确不同一般。

《天工开物》里，对于盐在食品加工中功效又有很生动的记录，包括了制糖、制盐、制油、制酒。这几种调味品中，盐又是最基本、最重要的一种。淮扬菜之所以能扬名世界，与调味品盐有着密不可分的关系。

# 第三节　无处不"咸"的地名

　　地名是人们对特定方位、特定地域范围的地理实体所赋予的专有名称，地名的来源及更迭从一定程度上反映了一个地区社会、经济、文化发展的轨迹，具有丰富的历史、地理、语言、经济、民族、社会等科学内涵，是一种特殊的文化表达和地理现象。

　　一个地方的名字称谓并非一蹴而就，而往往是在漫长的历史过程中逐渐形成的，是人们对这一地域共同商定的语言，以区别不同地域和地理实体的代号。在江苏，地名最大特点之一就是与水有关，还带有咸味，这与江苏自然状况和历史上的地理变迁不无关联。特别是江苏大运河沿线的城镇和地区，更显得突出。

　　在江苏沿海滩涂上，被海水漫浸过的滩地，除了生长盐蒿、芦苇等可供煎盐的柴草外，其他农作物难以生长，因而这些滩涂便成了积薪煎盐的天然场所。大众熟知的盐城市，就是因为

淮安清江浦古清真寺（摄影：赵鸣）

集镇周边有着大量的盐田，被后人称之为"盐城"。在广袤的沿海滩涂上，绵延百里一望无际的荒野，或沟，或荡，野草丛生，无名无主。最初迁徙于此的人，刈草煮盐，落户居住。他们为了记忆的便利，自然而然的会以姓氏和地方地理状态给这些地段取名，因此，就有了灶、亭、圩、荡、

港、浦、堰、坝……这些与盐业以及生产有关的地名。

"灶"为煮盐的主要设施，用作地名延续至今是历史的沉积。随着地缘属性、经济发展、社会变革，不断地发生变化。从现有地名的遗存来看，淮盐产区以灶作地名的主要集中在淮南地区，这是因为淮南地区以煎盐为主，而淮北则以晒盐为主。灶名起用于宋代，至明代，因盐区东播至范公堤以东

清江浦

民国时期的清江浦牌匾

附近，比如盐城地区，有的地方按建造的顺序以数字命名，如头灶、一灶、三灶、六灶，最多编号为十六灶；也有的地方以绰号冠名的。东台头灶镇则是以盐灶位置序数而得名，意为第一灶。明万历年间（1573—1620），有罗、李二姓迁此烧盐为生，为以东第一个灶，故名。东台的南沈灶就是根据姓氏来命名的。据说明代以前，境内汪洋一片，由于海水淤沙冲积，衍变成滩涂陆地，是范公堤以东地区地势最低的"凹荡荡"。后来从苏州阊门迁至安丰的沈氏百姓复迁此地定居，靠烧盐为生，称为"灶户"。明朝政府派员来此地管理，并规定灶户不能私自收割柴草，柴草是灶户烧盐的唯一燃料，明天启五年（1625），此地灶民为了反对明朝政府横征暴敛，推举一位名叫沈煌的姓头陈情官府纳税，由于沈煌的建议被官府采纳，从此名扬四方，人们为了纪念他，将此地的地名定为"沈灶"。又比如南通地区也存有许多灶命名的地方。秦灶是南通地区最古老的煮海为盐的场所之一。据说唐朝中叶，当时的胡逗洲（公元 958 年筑城设州命名通州，今秦灶），是大海中的一块沙滩。后逐渐有人居住，多为流人，以煮盐为业，周边建有许多"盐场""盐灶"，当地有"三场六灶"之说。当时有一位秦姓盐商在此垄灶煮盐，时人称之为"秦家灶"，亦称"秦灶"，后该镇也因此得名。此外，有些官办私建的盐灶，则以出资人家为名登记入册，如：陈章灶、张家灶、孟家灶、刘家灶、秦家灶、黑鹿灶、

鲍灶等。还有以煮民户名字起的灶名,如东冈灶、陈灶锅、沈唐灶、周家灶、王家灶、陆家灶、唐洪灶、姜灶、袁灶等。

随着晒盐技术的兴盛,以及海岸线东移,灶台离海渐远,卤淡不至,废灶兴垦,以灶命名地域虽然名还在,原始的地理风貌却早已不复存在,有的则重新命名。如今建湖的冈东乡原为宋姓盐商所创"北七灶"之一,因其位于黄沙港北岸,故名北黄沙灶。而建湖

海州盐河巷(摄影:赵鸣)

县的东冈灶则是明代中后期盐法改制,实行民制、商收、商运、商销。坐场收盐的场商在东冈自办商灶,招丁煎盐,与民灶争利,取东冈之地为灶,所以称为东冈灶。

海岸东迁,灶点下移,带"灶"字的地名也随盐区的逐渐东移而由范公堤逐渐东扩,或是有些盐灶周围住房多了,发展成为村庄,灶名便成了地名。如据史料《嘉庆海州直隶州志》记载,当时的"临兴场图"中,南从临洪口、北至荻水口的沿海地区,以"灶"后缀为地名的有十多个,如富安灶、东关灶、唐生口灶等,并一直沿用至今。还有在赣榆,至今留有临洪灶村、岭灶村;灌南有大灶村、前(中、后)大灶村、小灶村、新小灶村。还有些灶有特别的含义。是以事物命名的,如福兴灶(今属范公镇),相传宋开宝年间(968—976),虽累遭水灾,该灶却丝毫无损,有福兴旺盛之兆,故得名。东台安丰镇原有座盐灶,被海水冲毁后重建,因而取名"新灶"。"货郎灶"则是因邻户是一家挑货郎担做生意的而得名。

随着两淮盐业的兴盛,在煎煮海盐到滩晒海盐的技艺进化过程中,淮南淮北两个产盐区,地名的命名因产盐方式不同而不同,其特征以淮河为界分为淮南淮北两个区域,保留下来的地名显示了不同时期的文化习俗。淮南区域内煎盐的历史早,且规模大,因而大多体现了煎盐的特点;而淮北从煎盐到晒盐一直延续至今,更多的是体现了兴建圩场滩晒淮盐的特点。

场,即晒灰亭场,初为煎盐之所,后演变为基层盐务机构名称。早期管理体制有三层,大者为监,中者为场,小者为务。监辖场,场辖务,务辖亭(灶)。随着产盐技艺的发展,场作为盐业生产的主要管理机构也一直沿用。以场为名的区域涵盖了两淮所有产盐区。据《嘉靖两淮盐法志》地理志第四载:"两淮运司盐场,东、北临海,南界海门、通州,西抵如皋、泰州、兴化,盐城。起吕四、距庙湾,(凡二十五场)绵亘八百六十有一里,是为淮南盐场。逾淮而丁南,历安东、海州、赣榆办,起莞渎,距徐渎浦,(凡五场)亘四百有五里,是为淮北盐场。"由此可见,以场为名的地域为淮南二十五场,淮北五场,共三十场。其名如下:泰州分司所辖十场在古海陵监之境,为东台、梁垛、安丰、富安、栟茶、角斜、何垛、丁溪、草堰、小海;通州分司所辖十场在古丰利监之境,为石港、西亭、金沙、余西、余中、余东、吕四、掘港、马塘、丰利;淮安分司所辖十场在古盐城洛要之境,为庙湾、新兴、伍祐、刘庄、白驹、莞渎、板浦、徐渎浦、临洪、兴庄团。至清末各场随盐产量多少的变化,经多次裁并分合,各场所辖地域有所变化外,其名称大都如上述说。民国时期,又经官府批准,设立了济南场、中正场。以及将山东地区的洛要场、涛雒场并入两淮管理。

新中国建立后,原来的古老盐场逐步合并重整,有些也逐步消失,变成了城镇,如南通的掘港镇、余西镇、余东镇、丰利镇、角斜镇等;又比如盐城地区的白驹镇、西溪镇、安丰镇、富安镇、草庙镇等。但是,两淮区域还有一些新兴的以场为名的地方。从北到南为八大盐场,如青口盐场,因青口镇而得名;台北盐场,因所辖区域在云台山北境内而得名;台南盐场,因所辖区域在云台山南境内而得名;徐圩盐场,因所辖区域为古徐渎浦场而得名;灌西盐场,因在灌河西面而得名;灌东盐场,因位于灌河东面而得名;新滩盐场,因所辖区域的盐滩为1948年连云港解放后新建的盐池,所以称为新滩;射阳盐场,是因为濒临射阳河而得名。

场署所在地随经济发展,社会变革其属性也会发生改变,地名相应发生、变化,特别是废灶兴垦,使大部分煎盐处所成为农田,原有的盐政管理机构也迁移,新的区域管理机构产生,于是,原来的场务区域演变成都市和乡镇。

荡原本主要指积水长草的洼地,而在两淮沿海地区,灶民煮盐必须用柴草，洼地里长满了盐蒿、茅草、芦苇，是盐民煎盐的天然原料场。据资料，每煎 1 吨盐需烧草 13 吨。草生于荡田，故说"荡为草源，草为盐母"。煎盐需要大量的柴草，因此，历史上，每一个盐场都配属大片的草荡。在《嘉庆海州志》"海州民灶荡三界图"中可见民地、灶地、草荡有明确的划分；在"海州合属全图"和"海州疆域图"中，在大海边五图河至东陬山都明确标有"苇荡"；在"板浦场图"中标有大草荡"龙窝荡"；在"临兴场图"中标有"灶荡"；"中正场图"中标有官荡、灶荡、柴荡等。这些盛产盐蒿子的草荡，沿着产盐地域的变迁，由无名的荒地、淤积的滩涂，经盐民的劳动，形成了因盐而兴、有盐民集居的村庄和乡镇。其地名也是顺延而降，传承至今，如今赣榆的柴荡村；灌云的焦荡、常荡、厉荡、孙荡、团荡、刘荡、祝荡等。

圩是筑堤为界，阻挡水而形成的陆域，这类地名出现的比较晚。在江苏，一般以扬州为界。扬州以南地区，较为少见，而以北地区，明清以降，以圩为区域特征的地名也相继出现。主要是因为当时的制盐工艺的改进，变煮海为滩晒技艺后，以圩为地名的地方逐步出现，主要流布在淮河以北的淮盐产区。当然，海岸、江岸附近也时有出现。

关于圩的含义最初是指低洼地区为了防水护田而筑的堤岸，如位于长江岸边的盐业古镇仪征十二圩，明清时期由于连年涨滩，旧港以南逐渐出现了若干沙洲，起先都是荒滩，长满芦苇，较大一点的如补薪洲、永兴洲等，后来陆续有人来围垦造地，围一道就是一圩，由北到南，一共围了 14 圩，地名就这样产生了，第一圩叫头圩，后面依次排列，排到第十二个，就叫十二圩，最终一直围到第十五圩。

在盐业方面，明初海州府盐业督办丁永，颠覆了煮盐法的千年祖制，开启了晒盐法的技艺先端，为铺设八卦滩引潮入池日晒制盐打开了闸门。滩晒制盐技艺推开以后，由于其成本低，盐民不再积薪备煎，熬煮制盐，于是逐渐被盐民所采纳。此方法一经实施，因产盐利丰，垣商积极响应，筹资建滩。清末，所新铺的滩均采用这一形式，因所铺之滩以围堰确立区域，故每个围成的滩面区域，称之"圩"。即为防海水侵袭用土构筑防护堰，围成一块区域，区域内按一定的规制铺建晒盐的池塘，堆盐的场地，和盐民聚居的地方。这一个区域又称"圩子"，又叫盐圩子、圩里、圩下。又因，垣商所铺之滩多在淮河以北地区，所以，以"圩"命名的地名大多都处在淮河以北。

而今，淮北地区八大盐场范围内，以"圩"命名的地名，随处可见，且沿用至今。在淮北区域内以圩命名的地名，体现了滩地的所有人和滩地主人的心愿的特性。大多"圩"的地名是以最早落户人家姓氏冠名，如徐圩、沈圩、张圩、曹圩、刘圩、于圩、武圩、程

连云港灌西中二圩（摄影：赵鸣）

圩、朱圩、刘圩、唐圩、佟圩、顾圩等。所晒盐的滩在同一个圩面，有多个独立的滩地，则以在姓氏后面用数字连用冠名，如顾头圩、顾二圩，沈二圩、刘二圩等。如果在圩与圩之间，有同姓冠名的，在姓氏前再以大小或方位进行区分，如老程圩，大张圩，小黄圩、下袁圩、东徐圩、西方圩、南方圩等。如果这个圩面是由两家人合伙铺设的，还会以两家姓氏连起来命名，如卞骆圩等；还有以绰号命名的，如侉圩，则是因其人员口音之故。也有以垣商商号冠名的，一般表明这个圩面的池滩是由垣商投资铺建，其制盐的盐民皆是垣商雇佣工，体现了谁是圩面主人之意。例如上袁圩，垣商号袁协和，垣主袁正心；查圩，垣商号查少康记，垣主查太康；玉龙头、二、三圩，垣商号玉龙厚；安方圩，垣商号方樾记，垣主方泽民；张湘圩，垣商号张湘记，垣主张松如。还有以盐商商号命名的，如板浦的开泰圩、泰和圩池滩。台北盐场境内有个全福圩，是因垣商的商号为"全福记"故名，也有说是祈求全圩的人皆有福而命名。此外，还存在着与地理形态相关的地名，如蒿东圩和蒿西圩，是因为两个圩之间有盐蒿地，俗称蒿头，所建圩滩，以此作分界线，铺滩较之盐蒿地所处方位，故称蒿东、蒿西。后来，还不断增加新的圩子，所以，有人又将老圩子的方位作为参照物，起名为新××，如新高圩等等。

盐场流行有"一圩十里"之说，说的是从头圩到海边大约有十里之地，可铺滩，太远则纳潮制卤受限，所铺之滩，沿潮河两侧依次排开，直达海边，于是，一条圩子，从头圩、二圩延续扩展下去。而头圩之处，有

运盐河将产盐区与外界隔开，入圩处称圩门，以至于只要一看到"圩"的地名，八九不离十属于后期滩晒技艺开辟盐场之地。

江苏沿海海岸线变迁也体现在地名上。唐宋是筑捍海堤，大多顺着海岸的沙丘而修筑，沙岗的位置也逐步成为地名的一部分。所以，以"冈"的名称出现的，是传统意义上也是历史上盐区范围内的地名。主要集中在江苏沿海的东南部。如建湖地区的东冈、西冈、中冈，其中，东冈位于县境内东部，古为黄海海岸，有三条南北走向的海岸沙丘从其间穿过，即今沿冈地带。东冈紧傍古黄海海岸，位于最东面，故曰东冈，又名头条冈。西冈则在海岸沙丘西支，由喻口、阔沙冈经冈缺南行越草堰河入县境，经马南舍、沙墩、仓冈、石桥头、杨发寺、观音阁、东洪桥至冈门（龙冈）而伏，至大冈而尽。因其位于沙冈地带之西，名西冈，又叫三条冈。今庆丰镇东面的界河西冈河得名于此。西冈在明清之际已犁为平田，但地势仍高于西部，故三条冈之名沿用至今。中冈位于西冈在沙村分支东南，行至沙旺头，穿越今黄沙港，沿民灶沟和南草堰河，进入今盐城市郊区永丰乡中冈村，再西南行至冈门，与西冈合，因其位于东西冈之间，故名中冈，又叫二条冈。

"舿"字今字典作"跳"。《正字通》："舟泊岸，置长板船首，与岸接，以通往来，俗呼舿板。""舿"是淮盐产区连接河两岸的主要设施。因为，盐场地区河沟纵横，人们既要搭桥过河，又不能影响船只航

连云港灌西盐场内盐河上的舿

行，于是聪明的先人便从可抽动的舿板中得到启发，发明了一种能移动的、中间为木板的特殊桥——舿。

盐场有句俗语"隔河千里远"，说的是过河之难，看着不远，但要到对岸，绕道过去，要走很远的路。于是，对于河沟纵横的盐圩子来说，"舿"在盐民的生活中，就显得尤为重要。所有建"舿"的地方，都是人们生活交流中时常要用到的，给"舿"命名就很有必要。架设在盐圩子进出口的"舿"，这样的舿兼有看守盐圩门户的作用，一般以圩名冠之，称

某圩艞口，如顾圩艞口。在大道与河交叉地方架设的"艞"，由于这种"艞"有人值守，按盐场习俗，一般以值守人（俗称看艞人）的姓氏冠之，如连云港市区港城大道上有个宋艞，就是在新浦通往大浦的运盐河上，架设的艞，因雇宋姓的人家看守，且看守有承袭之习惯，故称之为宋艞；还有架设在便道与河相交的艞，有看艞人的，以看艞人的姓氏冠名，台南盐场的封艞、张艞；灌云同兴镇的金艞，四队镇的郝艞，东辛乡的蒋艞、乔艞，界圩乡的孙艞等。如无专人看守，搭在两岸上的艞相对固定，有宽有窄，有大有小，多以木板为材料。则以艞的大小或方位称之。如台南盐场的大板艞、小板艞；新浦市区及周边河流纵横，清末开埠时商贸初兴，人口增多，为方便过河，人们便仿效盐圩地区搭艞过河之法，分别在龙尾河上搭建东艞，在西盐河上搭建西艞；在郊区还建有马艞、刘艞、魏艞、宋艞等。随着社会发展，后来艞大都改建为正式的桥梁。

港是从"氵"从"巷"转移而来的。原指江河的支流。"氵"，指江河；"巷"，指小的道路。后引申为可以停泊的河湾。在淮盐产区，河与海相接地方较多，有的地方水域宽阔便于停靠船舶，又与产

灌云燕尾港（摄影：赵鸣）

盐的圩河勾连，得于运输，人们便以"港"称之。地处连云港的济南场有燕尾港、堆沟港、陈家港、蟒牛港、新生港等。盐城、南通地区有射阳港、新洋港、黄沙港、琼港、老坝港、小洋港、东灶港等。以港为后缀的地名，大多从本处的区域地名取之，也有取之以港的地理形状。

在历史上，燕尾港是灌云县灌西盐外运的主要港口。因两条河汇于此一处入海，其形似燕子的尾巴，加之海边，海燕较多，在咸淡水汇合处，鱼虾活跃，给燕子带来食物，因此时常有很多燕子在此活动觅食，故取名为"燕尾港"。

浦是指濒水的地方。没有固定上游水来源的小河流，会随着季节变化向东流向大海的小河流，称之为"浦"。小水入大水的出口也叫浦。在江

苏周边地区带有"浦"字的地名不算少，这些地方曾经都与漕运有关。黄河夺淮后，江苏沿海的海岸线不断地东移，自然形成的河流滩涂在濒水之处比比皆是，如沿盐河而下的清江浦、板浦、卞家浦、新浦、大浦等。

地名的流源反映了一个地方的历史积淀和文化生态，大多与地域内的自然生态、生产、生活、劳动和历史名人有关，江苏也不例外。除了以上提及的地名以外，还有坝、闸、堰等与漕运有关的地名，以及团、亭、火伏、总、份、疃等与盐、盐运和盐业人物有关的

连云港板浦汪家大院（摄影：赵鸣）

地名。如泰州的姜堰。北宋年间，江苏泰州地处海岸线边缘。那里洪水泛滥，民不聊生。盐商姜仁惠、姜谔父子仗义疏财，率领民众筑堰抗洪，保护了一方百姓生命财产，古镇由此得名为姜堰，至今千年流芳。总之，在广阔的大运河沿岸，因盐文化保留下来的地名比比皆是，尽管我们早已看不到任何淮盐产区的痕迹，但是，所到之处，随处可见淮盐留下的遗迹，时常可以嗅到淮盐文化的芳香，它们与大运河一起，传承久远，历久弥香。

## 文化链接：

### 一、淮安清江浦

清江浦位于今江苏省淮安市境内，开埠于 1415 年，距今有 600 多年的历史，是京杭大运河沿线历史上享有盛誉的交通枢纽、漕盐、粮储地和商业城市，有南船北马、九省通衢、天下粮仓等美誉。

清江浦一带明清属淮安府山阳县（今淮安市淮安区），清乾隆二十五年（1760），作为新县城由山阳县划入清河县，先后为江南河道总督、淮扬道治所在。在行政关系上，清江浦虽然一直隶属于淮安府城，但明嘉靖（1522—1566）之后，因黄淮改道，运河河道截弯取直，因古末口而兴盛的淮安府城从此远离运口，其地位在很大程度上为清江浦所取代。

清江浦，为古地名，原本是清河码头至山阳城（今淮安区）之间的运河名。其起源可追溯到春秋时期，其名称可能源自这里是清河流入大海的出海口而得名。从北宋词人李廌的代表作《虞美人·玉阑干外清江浦》可以推测，"清江浦"的名称在北宋年间就已出现。《明太宗实录》《明史·河渠志》及《漕船志》等文献也均可证明，在明永乐十三年（1415）陈瑄开埠之前，"清江浦"已经被作为沙河故道的名称，且建有清江漕船厂。

风光秀丽的大运河淮安段（摄影：赵鸣）

隋代，邗沟成为贯穿大运河的重要部分，称山阳渎。隋唐运河泗州（在今盱眙境内）至山阳（今淮安区）段利用了天然的淮河河道，航行艰难且危险，而此段河道中的山阳湾段（今淮安古淮河段），由于泗水的汇入，水流尤为迅急，更被往来舟楫视为畏途险境。

到了宋代，淮南转运使乔维岳沿淮河右岸开凿复线运河——沙河，沟通磨盘口（今淮阴船闸附近）至古末口，使得来往船只可以绕开水流凶险的山阳湾段。从北宋雍熙元年（984）到元丰七年（1084），复线运河分期施工，陆续完竣通航，从此"免风涛覆溺之患"。沙河即为清江浦河的前身，在宋代承担了重要的漕运作用，元朝后逐渐淤塞。

明代大运河沿用了元代的河道。当时，江南运河到淮安后，不能直接通淮河，水运要改为陆运，经过仁、义、礼、智、信五坝后，才能入淮河而达清河，劳费巨大。总兵官陈瑄（1365—1433）督漕运，走访当地百姓后得知，城西管家湖西北，距淮河鸭陈口二十里的地方，是宋代乔维岳所开沙河的旧渠，宜凿为河，可引湖水通漕。

明中叶黄河全流夺淮后，淮安以北的京杭运河不仅迂缓难行，而且危险很大。马头镇（今淮阴区码头镇）三闸一带，断缆沉舟之事经常发生。由于，以淮安为界的大运河南北漕运能力非常悬殊，所以，清政府规定清江浦以北的运河只允许漕运船只通过，而旅客则必须在此进行陆路与水陆交通方式的变换，故除运粮漕船、贡品船、运盐船与巡河官舫外，一般旅客由南而北，均至石码头舍舟登陆，渡黄河至王家营换乘车马，再踏上通京大道。由北而南，则至王家营弃车马，至清江浦闸下登舟扬帆。

江南源源不断的物资船运抵淮安后，绝大多数无法继续北上，只有改为车马陆运；大量的北方人士乘车马抵淮安，休整一番之后，乘船南下。由此，使得清江浦出现了"舟车日夜绕城行"的情景，大量人员、货物还要经过这"一停""一顿""一周转"。光绪丙子《清河县志》中写道"船一靠岸，千车万担"，可见淮安城里货物的丰富、仓储的发达，以及各色人等的汇集，市井繁华，清江浦由此才有"南船北马"之称，可谓南腔北调，众声喧哗。

明永乐十三年（1415）春，陈瑄动用民工疏浚沙河，用五个月的时间开凿清江浦河道，由城西管家湖导水，至鸭陈口入淮。他还筑闸四处，分别叫清江、福兴、通济、惠济。清江闸位于淮水与运河交汇处，当黄河水涨时，就关闭清江闸。

淮安清江浦"南船北马"题刻（摄影：赵鸣）

从此，江南漕船可以直接到清江浦，既免除陆运过坝之苦，又减少许多风险。后新庄闸淤塞，又在下游筑仁义坝（今淮安水渡口），北上漕船均经此过石码头，盘驳入黄河，再由王家营换车马，起程登通京大道。这过程记载在《明史》陈瑄的相关记载中："宋礼既治会通河成，朝廷议罢海运，仍以瑄董漕运。议造浅船二千余艘，初运二百万石，浸至五百万石，国用以饶。时江南漕舟抵淮安，率陆运过坝，逾淮达清河，劳费其钜。十三年，瑄用故老言，自淮安城西管家湖，凿渠二十里，为清江浦，导湖水入淮，筑四闸以时宣泄。又缘湖十里筑堤引舟，由是漕舟直达于河，省费不訾。"从此，运河船只南往淮河驶向江南杭州，北通临清入卫运河直达北京，京杭运河至此全部畅通。在清江浦河的两侧兴起了新的城镇，便以河名"清江浦"命名。

清江浦一直是大运河上的政治、军事、商贸和交通中心，也是淮安城市的缘起之地。这里能够保持"河务废，此地为漕务中心；漕务废，此地又为军政中心"的地位。后来，尽管漕运转海运后，清江浦仍是南来北往的官商客旅的必经之地和水陆交通枢纽。而陈瑄开埠，掀开了清江浦的辉煌历史。

以清江浦河轴心的两淮城市扼漕运、盐运、河工、榷关、邮驿之机杼，进入鼎盛时期。清江浦城市的繁华，带来了人文荟萃的局面。漕舟云集，市井稠密，万艘漕船"帆樯衔尾，绵延数里"的景象。由于漕运的畅通与水陆的繁荣，使淮安赢得了城市繁盛的机遇，清江浦迅速成为长江以北的重要城市和交通枢纽。"夜火连淮水，春风满客帆""灯影半临水，筝声多在船"成为当时繁华景象的真实写照。到了明朝中叶，清江浦一带逐渐崛起成为淮安地区的中心。漕运兴盛的年代，这里聚集着文武官员、显宦世家、巨商富贾、文人墨客和僧道名流。与此相应的，是园林、寺院以及茶楼、酒肆等场所的兴起。

明代清江浦的繁荣令人瞩目。明代诗人在诗中描写了"晓日三岔口，连樯集万艘"的石码头情景。这里"帆樯如林，百货山积"，舳舻蔽水，络绎不绝，江南水手、居民乘船北上往来频繁。来自全国的商贾，乘船云集清江浦，呈现"南艘鳞集，商有兴贩之便""四方百货，信于往时"之势。明成化年间，贸易集市多处，商业中心已经形成，直接促进了内河航运的发展。

到了清代，清江浦继续保持繁荣。乾隆时期，清江浦进入全盛阶段，以清江浦为重要组成部分的淮安，与扬州、苏州、杭州并称运河沿线的"运河沿线四大都市""东南四都"，被誉为"中国运河之都"。1793 年 11 月 3 日，英国派遣来访问清朝的使团经过清江浦。使者安德逊回忆道："我们在一座大城市附近抛锚，并受到鸣炮欢迎，无数条帆船停泊在码头。这是哪座城市？"安德逊找不到一个人能告诉他。托马斯·斯当东的日记指出那天早上船队是沿着清江浦航行，船队通过清江浦时，英国人惊叹：
"巨大的城市，多得令人难以置信的帆船和百姓！"

## 二、连云港板浦

板浦，地名的由来与海有关。据说，这块新淤的滩地中间有一条南北向流淌的小河。后来，海水渐退，滩涂渐生而逐步形成的，成为灶民熬波煮海之地。煎盐的灶户为了便利东西交通，在河上架桥，低洼之处以"苍梧板"铺垫以利通行，故人们把这个地方称为"板铺"。后来由于濒临河流入海口，浦有河流入海处之意，日久天长，人们又把它叫"板浦"。

板浦历史悠久，人杰地灵，是一个有着3000年文化的古镇。因这里曾是苏北淮盐的重要生产地和集散地，盐商聚集，有"苏北盐都"的称誉。境内有疏港航道、善后河、盐河三条河流，历史上盐运非常发达。

板浦曾经位居江苏海岸线的边缘，"得山海之势，具渔盐之利"，淮盐生产约有3000年的历史。至少从周开始，这里就存续着大规模的"煮海为盐"的生产活动。近期在板浦尤庄考古发掘的周盐业遗址就是重要的历史佐证。北宋天圣元年（1023），当地设板浦盐场。

连云港板浦镇北海门（摄影：赵鸣）

池滩位于板浦北太平地一带，辖西临、东归、西三、新坛四疃，其盐业生产在当时已居淮北之冠。唐代，盐河始开挖，淮盐的漕运逐步兴盛。清康熙年间（1662—1722）开海，盐河继续向东延伸，水陆交通更加便利，板浦设立口岸监督，征收往来船舶货税及盐课。康熙十七年（1678），板浦又设徐渎场，辖于公、北献、大义三疃，产盐区在东陬山与胸山之间，计有官私盐滩330份。乾隆二十八年（1763），板浦归属海州、淮安盐业分司，更名为海州盐业分司，在板浦建立分司署，开始修建城墙，营造城门，建造街市铺面。这里逐步发展成为苏北三大盐运内港码头之一，河面停泊的盐船几乎成为这座小镇的标志。

道光年间（1821—1850），陶澍剔除旧弊，大力发展盐务，扩建板浦、中正、临兴三场，使淮北盐务得以复振。陶澍设府于板浦，专门管理漕运。以板浦盐关为中心，北至大浦，东达海边，运盐河、纳潮河形如蛛网。运盐盛期，板浦盐关每天出关盐船达 80 余艘，日运盐量达 500 余吨，每年征收的淮北盐税居海州地区之首。板浦凭借"岁产百万金"的盐场为依托，成为商贾辐辏之地。其商业之盛曾被视为江北各镇之冠。商业市民约占该镇总人口的 85% 以上。运盐河穿街心而过，盐河两岸商号林立，繁华热闹，镇上有盐号的盐商多达 30 多家。

清末民初，清政府与美、英、法、德、日、俄签订了不平等条约，因此，六国银行团在板浦设立了"淮北盐务稽核分所"。尽管后来清王朝被推翻了，民国政府仍然继续承担清政府与帝国主义签订的一切不平等条约，将关税、盐税等抵偿国债。设立在板浦的盐务稽核总所的淮北盐务稽核分所当时就在两淮盐运使公馆里面。分所南边建有协理公馆楼房一座，由六国轮流派驻"协理"，稽查监督征收盐税。直到国债还清，才扔掉稽核所的牌子，改称淮北盐务管理局，盐税才从此自主。

1928—1937 年，淮北盐场空前发展，板浦除设立淮北盐务稽核两淮运使等机关外，还驻有板浦场盐课司、济南七公司驻朐办事处、湘鄂赣皖四岸公所等其他机构。1931 年，两淮盐运使公署从扬州迁至板浦，下设八十一处盐场，产盐行销苏、豫、皖四十一个州县。明清至民国时期，除了两淮盐商多聚集于此，苏北盐管分署也曾以此为驻地；民国时，这里又是淮北盐务管理局的所在地，吸引着天南海北的豪商巨贾来板浦投资和经商，可谓 360 行都在古镇板浦汇集。正由于板浦镇到处都是盐务机关，加之板浦、中正两场垣商多居于此，三街六巷市井分外繁华，引来诸银行在此广设分所，银行与票号钱庄多达 26 家。马路两侧店面衔接不断，商贾川流不息，酒楼、茶馆、澡堂、妓院等游乐场所人声鼎沸，使人感到古老而常新。这座盐业古镇一时名扬苏北、鲁南、皖东地区。

在遗存的文化瑰宝中，板浦有丰厚的淮盐文化、醋文化、《镜花缘》文化等。留下了"汪家大院""方家大院""李汝珍纪念馆"、清末民国的基督教堂和西顾巷、栅栏巷、大寺巷、空心街四条保存较为完好的老街。这里名人荟萃，人才辈出，海州地区的历史名人大多出自于此，如经学大师凌廷堪、文坛巨匠李汝珍、学术界才子许乔林、许桂林、才女剧作家刘清韵、武状元卞赓、中科院院士汪德昭、汪德熙、汪德耀三兄弟等。我国古典文学名著《镜花缘》，是文坛巨匠李汝珍在板浦这片沃土上培育出来的一枝奇葩。

## 三、连云港新浦

新浦，因淮盐而出现，也是新中国成立后淮盐管理机构的所在地。从现在后河底处留下的沈圩、后沈圩、贾圩、成圩、武圩、谢圩、新圩等地名来看，这里历史上曾是板浦盐场盐业生产的地缘边界。

新浦位于蔷薇河下游，成陆历史不长，大约为二三百年。从古海州内河变化情况来看，清康熙五十四年（1715），板浦口以下渐近淤塞，海潮不通，黑风口至孔望山一线，脱离海境，"潮涨无路、潮落方通"，成为滩涂，盐业运输受到影响，故向北新开了卞家浦。到了"嘉庆三年（1799）淮北盐商以卞家浦海阜淤垫，捐挑阜河"（《江苏水利全书》）。盐商捐资清淤疏浚的河道就是"新浦"。至此，新浦及其入海处——新浦口，方才"问世"，至今大约200多年的历史。

新浦得名于清嘉庆三年（1796），地处海州地域，从秦至民国均属海州辖区。起初，板浦是漕运原盐的理想之地，后随亭灶逐远，河道渐渐淤塞，风光不再。1798年，流经板浦盐田的运盐河在卞家浦河口淤积，盐商出资疏浚至孔望山东北角。当时，孔望山以北地方，东边有龙尾河，西边有西盐河，南边有前河，北边有后河，这个叫后河口的地方便成为集运原盐的首选地，原盐通过西盐河出新浦口走海运运往上海、扬州等地的。先因其在板浦、卞家浦形成以后，故名"新浦"，且新的海口位于板浦以东，所以这个地方相对于板浦就叫作"新浦"，民间称其为"新浦口"，这便是新浦地名出现的开始。新浦形成出海口后，最早来人居住应该是在清朝末年，可能是看"柴"人，即看守芦苇的人。《新浦区新志》记载"清咸丰年间（1851—1861），新浦地区始有居民。……最早有两户半人：一户是东海富安人赵再春一家为避捻军于清咸丰十一年（1861）来新浦（今王巷一带）落户谋生；一户是山西榆次人霍翁一家，于清同治初年，到新浦（今后河一带）落脚谋生。所谓半户是指一放羊单身汉"。至1862年，新浦前河地区就设立了运盐码头，那时，新浦东滩一带建有盐田，开始居住一些盐民灶户。后来，随着新浦盐运的发展，率先来这里的有东海富安的刘氏族人刘兆垣。他祖籍山东沂水白卯镇，族人1494年迁入东海房山后庄村。新浦成为城镇后，他来到新浦筑堰建屋，开设"同泰行"，经营土产。

后族人刘兆鳌、刘际运、刘际贡、刘际品等先后来到新浦，到了光绪元年（1875），刘氏振字辈时，已经成为新浦商界巨富了。后来，云台山的江阴赵氏、当路王氏，还有临洪滩周氏、东海富安李氏，以及东海、赣榆人士不断涌入，组成了新浦早期的社会移民群。新浦码头建成后，北方渤海地区的船只进入新浦，而河南、江苏、山东、安徽等地商人则顺盐河而下，逐步汇集此地从事食盐、土特产贸易，商业繁荣，居住人口随之增多。民国十四年（1925），陇海铁路修到大浦港，新浦商业日趋兴旺，成为名副其实之商埠。

300 多年前，新浦之地为浅海滩涂。清康熙五十年（1711）前后形成陆地。龙尾河、大浦河、西盐河等汇流于此。初有临洪滩、河南庄、马跳、马庄等 4 个村落。清嘉庆九年（1804）海州知州唐仲冕在《甲子河记》中具体地记叙了这一沧海桑田的巨变："此州十年来，潮渐北徙。故恬风渡最险恶，已成平陆，朐山以东，郁州以西，得沙田数千顷。"就是在 1786—1804 年的十几年的时间内，新浦脱离海境，由滩涂渐变成陆地，再由陆地变为渔村，由渔村变成集镇，走完了由质变到量变的发展历程。这完全得益于新浦河通航商业和海运的发展。

20 世纪 80 年代，连云港开展文物普查。在新浦公园发现了幸得保存的刻于民国 6 年（1927）由东海县临洪市新浦商会公立的一块《创建新浦天后宫纪》碑。这块碑对新浦的开发和崛起作了历史的记述。其中描述如下："新浦据蔷薇河下游南岸，上沿沭河，为运河尾

海州民主路街区（摄影：赵鸣）

闾，河流所及之，土货泛而至焉。渤海商舶，因是翔集，而交易成然。余童年至此，茅屋星星，帆樯环立。而庙东则荒冢累累，于蒿莱一望间而已。至是庙落成后，商业日兴，经营乃有今日，闻诸父老言，新浦之兴自有天后宫始。"从这段话中解析，新浦的来历和发展，可见一斑。

1905 年，临近的大浦港作为海州地区的新商埠开放了，新浦的漕运繁

荣与发展逐步迟缓，进入了城市发展期和漕运衰微期。1933 年，临洪口淤塞，大浦港风光不再，海运由 30 千米以外的连云港港口所取代。新浦彻底结束了盐运的历史，逐步演进成为海州的一个商贸中心。

## 四、连云港大浦

大浦位于连云港市连云区猴嘴街道，旧称大浦港，兼有海、河运输之便，为历史上重要的淮盐海运集散地之一。1905 年，大浦作为海州的航海通商商埠开放。1921 年 2 月，大浦以"胶海关海州分关"的名称，正式对外开放。1925 年 7 月 1 日，陇海铁路徐海段通车至新浦、大浦。新浦和大浦两相依托，河海双向联运，促进经济繁荣和城市建设的发展。

清末民初，《马关条约》《辛丑条约》相继签订，中国由一个商品输出国变为一个资本输出国。大浦港建设正是在这一政治背景下产生的新生事物。

由于海势东迁，原在新浦附近（今沈圩桥以东）入海的临洪河口，东迁至远离新浦十几里的大浦，流经连云港的蔷薇河、临洪河在大浦汇流入海，形成一个宽达 1.5 千米、水深 7 米的入海口，成为一个河海交汇的自然港。从临洪口溯河而上，大船可到海州西门外沙板桥，小船可直抵今东海至沭阳的三荡。通过乌龙河和蔷薇河相连，舟楫方便。溯河而下，经临洪口，海运可与上海、天津、青岛、烟台相联。其联海通陆的优越地理条件，是决定作为开放海港的先决条件。

大浦港海运盐码头旧影（赵鸣提供）

大浦是在新浦出海口河道淤积的情况下才开始兴建的，曾经为淮盐外运销售作出过贡献。至明代后期，大浦仍然是汪洋恣肆，水网一片。为抗御倭寇的侵扰，当时担任云台山海防守卫的兵营就在大浦方位的海域停泊战船三艘，随时巡逻海疆，保卫领土。清乾隆十五年（1750），海潮后退，板浦开始远离海卤。为了谋生，板浦滩废后的部分盐民搬迁来此地谋生，在这里建滩晒盐。1921年2月，大浦港正式设埠，成为鸦片战争之后到1936年之前全国32个"自开商埠"之一。

大浦港的兴建促进了淮北原盐的海洋运输与对外销售。1925年，陇海铁路铺设到大浦，还建起了大浦火车站，为运盐专用线，徐州至大浦铁路长198千米。是年，板浦场场署由灌云县太平埝迁至大浦。板浦垣商集资建成大浦盐坨。盐船由太平埝驳盐河、张跳开支河直达大浦火车站。

大浦位于临洪河的出海口处，东临中正、板浦两盐场，西与临兴盐场隔河相望。陆路与灌云、沭阳等苏北诸县相通。水路沿临洪河往南，可径直达青伊湖；北接黄海，通达青岛、上海、天津等沿海港口。大浦专用线铺就后，淮盐在此装上火车可直接运往全国主要销区。

据史料记载，1926年大浦坨外销淮盐达22万吨，比1921至1925年平均年销量超出6.68万吨。随着大浦坨的兴起，从事盐业运销的各公司纷至沓来，自新公司、公益公司先行建坨，接着，福泰公司、聚安公司、大陆公司和聚新公司在此建成码头九座，其中，聚安公司除营运淮盐外，还兼营粮食和土特产。1932年，著名实业家、化学工业的先驱范旭东看中了大浦这块风水宝地，在这里兴建"久大"分公司，除生产精盐外，还加工"牙盐"以供人们洁齿之用。

大浦不断扩大，也带来了人口的急骤增加。那时这里的固定居民达到4000户之多。街上有菜馆20家，商行及布庄18家，还有9家旅社，盐官、夫役、脚力、商贩等，吆喝喧哗，满眼都是忙碌的人群，可谓"四方商贾云集，徽调楚腔杂陈"。那个时期，大浦也曾是个繁荣之地，每到夜晚，街市灯火辉煌，人声鼎沸。平日里，轮船、火车进进出出，汽笛声不绝于耳。据说码头工人扛包时撒下的脚盐，也成为一些贫民的生计来源。

1927年临洪河逐渐淤积。1930年又发生了日本"白鹤丸"轮在临洪口搁浅沉没事件。1933年，淮北盐务局为了垄断盐业运销，以兴起中的猴嘴盐坨取代了大浦盐坨。民国二十三年（1934）大浦开始萧条衰落，走向终结。

明《隆庆海州志》中记载："海州境内濒临大海，潮汐往来，易于淤垫，潮带泥沙，涌入各河，水退沙停，蔷薇等河淤垫尤甚。"蔷薇河是沭河的下游，到达大浦附近又称临洪河，临洪口是沭河的主要入海口。历史上受黄河夺淮的影响，蔷薇河口上游的青伊、桑墟诸湖，日渐淤淀。每当夏秋山洪暴发，客水过境，在原湖区大肆泛滥，致使临洪口与秦山之间形成拦门沙，河水下泻，再遇潮汐顶托，交融"凝絮"，极易"海涨沙淤"。1933年临洪口淤塞更为严重，又不值得全力疏浚，不得不在孙家山、老窑另筑新港。1934年随着连云港港口的一号码头投入使用，具有30年繁荣发展历史的大浦终于退出了历史舞台。

## 五、连云港盐坨——猴嘴

猴嘴，因其建在猴嘴山脚下而得名。传说：很久以前山上的石猴是有手的，有个游方的道士，看到山下的人生活得太艰苦，就点化他们说，只要用铁钎轻敲下石猴的一个指甲，山下的人就可以衣食无忧了，因为隔几天，天上就会下一次白面雨。镇民如是操作，果然如此，个个喜笑颜开。忽一日，来了个贩盐的，突发奇想，假如要是把石猴的胳膊敲下来，那还不每天下金子?! 于是，他真的上山敲下了石猴的胳膊。这时海水突涨，淹掉了镇子。盐贩子见天地变色，落荒而逃。后来，猴嘴镇只能以晒盐为生，生活复归贫苦。

猴嘴，历史上又称盐坨，是淮北地区最大的淮盐集散地，又称运销栈，当地人还俗称为"档里"，是因其四周皆围起来，南北有档口；南档口供火车出入；北档口设在河道上，所有船只进入必进掣验处（此处俗称验水志，又称之为口门）检验放行，方可出入，故称之。

据1935年出版的《陇海铁路旅行指南》第三辑中这样描述："盐坨车站，自新村站至此十六里，属灌云县辖……车站设猴嘴山下，距盐坨甚近，筑有岔道，凡有车运之盐均由此装车，为东段盐运之重要车站，故名。"

连云港盐坨车站（摄影：赵鸣）

盐坨站与盐坨之间有专线相联，坨内铺设铁路专用线两股，专线两侧建货运站台和包盐货场，供装卸发运盐斤。老盐坨火车站和火车专用线的建设，开了两淮盐区海盐经铁路外运的先河，从此猴嘴盐坨成为盐运重地，年集散量递增，高峰时年集销盐斤 160 万吨。至今，还可以看到陇海线上的车站称为"盐坨站"。

盐坨，因其位于猴嘴山下又被称为"猴嘴坨"。初建时，它占地 600 余亩，有 14 个原盐储存段位和 24 条储盐廪基，可储盐 150 万担。新中国成立后，盐坨又进行了扩建，由南向北延伸，建成后共 24 个段位，48 条廪基，可储盐 24 万吨。坨地呈南北走向，以坨河围之，坨内有段河，与坨河"丁"字形相连。坨内段位廪基呈"非"字形排列，每段三面环水，临水之岸方便船盐筑廪。

20 世纪 40 年代盐坨淮盐外运场景（赵鸣提供）

猴嘴盐坨的兴建缘于大浦坨的衰败，因临洪口淤塞，轮船难以靠岸，大浦港废弃，大浦坨不久也废弃了。1929 年 3 月，淮北建坨筹委会成立，决定筹建淮北官坨。猴嘴坨是 1932 年开始施工，于 1933 年建成，隶属于板浦场。据说 1932 年，政府为了垄断盐业运输，决定以雄厚的政治、经济实力，挤垮私营坨地。由于临洪河逐年淤塞，海轮难以靠岸致使大浦码头逐渐衰落，大浦盐坨也面临报废。因此，民国政府的盐政部门不得不考虑另建新坨。当初有人提出将坨地建在朝阳的烟墩山和虎山间，可以靠近陇海铁路，便于运输；但朝阳的豪户极力反对，最后决定把新坨建在小村北面的草滩上，同样紧靠铁路，运输也方便。

1932 年盐务局在这里破土动工，以陶宁贤为工程师，从灌云县太平埝迁来徐姓、张姓、王姓、李姓等二十几户中正场的老盐工，专门从事土建工程。人们开始把这里叫坨地，或称"盐坨"。1933 年 6 月建成，耗资 9 万元。盐坨建成后，盐工日渐增多，坨地也慢慢成为集镇，建起了十字街，开办了商店、浴池、旅社等；随着淮北盐务机关迁入，又办起了小学。盐坨逐步兴盛起来。

抗日战争中，日军占据了猴嘴，大量掠夺淮盐，源源不断地运往日本。1945 年抗日战争胜利后，国民党的盐务机关继续使用此坨。1948 年 11 月，新海连市解放，新政府接管整个盐场和猴嘴盐坨，成立新的管理机构——云台盐务分局。猴嘴的盐业生产逐步恢复。

20 世纪 50 年代以来，猴嘴的盐业生产发生了巨大变化，并逐步实现了机械化操作，集销量逐年增大，淮盐的销量也不断增加。盐产量从 50 年代初的 13 万吨发展到 90 年代的 75 万吨以上，占江苏省原盐销售量的 60% 以上，基本上满足了江苏、浙江、山东、河南、湖北、广东、广西、四川等十一个省区的工农渔业生产和广大人民的食用需要。新中国成立后，这里建起了江苏盐区唯一的一所盐业行业人才培养的摇篮——连云港淮北大浦盐校，为全国制盐行业培养了大批科学技术人才。党的十一届三中全会以后，台北盐场又在坨内广建麻袋仓库，可储存 300 万条包装麻袋。后又建精盐厂一座，每年可产精盐 10 万吨。这里的常住人口达 40000 多人。2023 年 3 月，猴嘴的台南盐场工区收起了最后一次淮盐，具有千年生产历史的盐场彻底告别了盐业生产。目前，猴嘴镇隶属于连云港经济技术开发区，正在打造"中国药港"项目、国家新材料生产基地，开启了现代化建设的新征程。

## 六、盐城陈家港

陈家港，原名"蛏架港"，位于江苏省响水县东北部、灌河入海口南侧，总面积 151.6 平方千米，总人口 6.8 万人。因为有很多人在港汊边搭架晒蛏而得名。清光绪元年（1875）《安东（今涟水）县志》记载："自道光三年（1823）召双升科田五百余顷，见所存柴滩不过陈家港一隅，余皆海州滩荡载，与安东无涉，故不载。"安东县徇时，这里已经谐音为陈家港，可能也因为蛏架港不雅。1911 年胡雨人《辛亥水利调查笔记》："蛏架港居民数百户，绝无商店一所，远客到者必寄宿就食于董事家。海安集稍有市场，而客店无一榻隙地，熏蒸于厨灶之旁，而无可奈何。"1913 年大源制盐公司在陈家港成立；次年，灌河东面又有四家制盐公司设立，远近 10 多个省的大量难民纷纷来此，参与盐业生产，该镇工商业日益兴盛。1929 年，陈家港正式建镇，并始称陈家港镇。

清末济南盐场的大源、裕通、庆日新三公司于此筹建官坨，并先后在陈家港建设坨地。民国七年（1918），大源公司投资 4 万元建成坨地一处，投资 3.4 万元建设大源码头。同年，裕通、庆日新相继建坨，并合资 3.9 万元建设码头，即裕庆码头。到民国十四年（1925）为止，陈家港已建坨地 2706.71 公亩，储盐 425 万担。

民国二十二年（1933）2 月陈家港官坨开始施工，至民国二十三年（1934）5 月，官坨全部竣工。陈家港分坨分为 3 段，即大源坨段、裕通坨段和庆日新坨段。大源坨段原为 3 个坨，每坨有 30—40 条小廪基，每条廪储盐 1—3 万担，扩建后增至 4 个坨段，每坨段由 30—40 条小廪，并为 4 条大廪，每条廪储盐扩大到 20 余万担。

民国二十五年（1936）1 月，各坨、码头始装电灯照明。民国二十八年（1939），日军占领了陈家港，码头、坨地毁于战火。民国三十四年（1945）9 月，抗日战争胜利，新四军接管陈家港，由泰山、裕源公司在八圩闸口处设临时坨地，为"裕庆坨"，原盐由此坨出海运头罾。

民国三十五年（1946）解放战争开始后，驳船停止通航，裕庆坨地、码头撤销。

目前，陈家港是国家二类开放口岸。它通过"苏北黄浦江"的灌河东入黄海，内接京杭大运河、通榆运河，外可与国内港口城市及临海国家、地区直接通航，现有 3000 吨级码头 2 座，1000 吨级码头 10 余座，年吞吐量 500 万吨以上。

# 第二章 | 淮盐带起运河旺

原盐驳运
（摄影：赵鸣）

高邮大运河镇国寺塔
（摄影：赵鸣）

连云港赣榆汉代盐仓城
（摄影：赵鸣）

# 引子："淮盐出，天下咸"

在漫长的古代农耕文化时代，水运是最为主要的运输方式之一，也是运送大宗商品的重要形态。尤其在淮河以南的中国，主要工具是船，辅助于马匹车辆的陆路运输，所谓"南船北马"。大运河就是来源于此。

人们常说"淮盐出，天下咸。"这是说淮盐的产量大，质量好，效益高，覆盖面广。在我国古代，它作为大宗笨重、高附加值的商品和人们日常生活必需品，需要从产地送达到缺盐的地区。盐运则成为关乎国家经济的要事。最初的盐运依靠陆路而行，一般时间持久，少则 10 天半月，多则需要几个月的时间，而且，路途遥远，途经关隘多，地广人稀，兵匪出没无常，难免发生天灾与人祸。后来逐步改为水陆并举，而依靠水路运输可以节省劳力和费用，车船直取，对河上岸，安全性好，便利性强，且费用低廉，利国利民。因此，有效地施行盐运的运销管理成为历代朝廷的头等大事。

大运河是一条复合、多线、立体的漕运运输网，绝非简单的南北单线流动的线状运输线，呈现出多点、多线、网状分布，是一个多线立体的空间构建和系统网络。在运河发展史上，江苏大运河以网状形式穿行在江苏大

繁忙的邗沟（高邮段）（摄影：赵鸣）

地上，覆盖全域。公元前 506 年的春秋时期，吴王阖闾为运输伐楚所用粮食，命伍子胥开挖胥河。它东通太湖，西入长江，是中国现有记载最早的

运河，也是世界上开凿最早的运河，并且仍在发挥着航运作用。公元前486年，夫差在邗（今江苏扬州附近）筑城，又开凿邗沟，连接了长江、淮河，在艾陵之战中全歼10万齐军。邗沟形成后，汉刘濞为了运送淮盐，开挖盐运河，即现在的通扬运河，这条运河勾连沿海的盐城、南通，并与长江边的镇江京口联通。唐初，挖掘于唐武则天垂拱四年（688）的苏北盐河，联通当时的海州诸多盐场，经淮安清江浦接邗沟，与大运河联通。而到了宋代，江苏沿海又出现了一条横贯南北、依捍海堰形成的串场河，联通盐城至南通的20个盐场，所串联的盐场之多为世界之最。这些运河的开挖，使得江苏大运河形成了覆盖全域的网格状的运河盐业运输体系。

苏北盐河（摄影：赵鸣）

大运河四通八达，辐射四方。江苏境内的大运河通过隋唐宋时期的通济渠故道盱眙一线连通安徽运河段；通过元明时期的古黄河段徐州一线连通河南运河段；通过清代开通的京杭运河邳州一线连通山东运河段；通过稳定的江南运河连通浙江运河段；构建成横贯南北、对接东西、四射八方的淮盐文化传输和盐业运输网络。

在淮盐漕运的带动下，沿线盐场、盐仓、商贾聚集人流，逐步繁盛，孕育出大批因盐而生的城镇，这里商贾辐辏，城镇崛起。南来的楚汉文化、吴越文化和北入的齐鲁文化沿河而动，交相辉映，融汇一体。各类地域文化有机串联，涓涓潺潺，杂糅融合，滋润四方，汇聚成现代大运河文化的江河洪流。

# 第一节　流淌四方的大运河

江苏是大运河沿线河道最长、流经城市最多、运河遗产最丰富、列入世界文化遗产点段最多的省份，"推动优秀传统文化传承发展，加大文化遗产保护力度，建设大运河文化带"是当前国家大运河文化公园建设的重点之一。

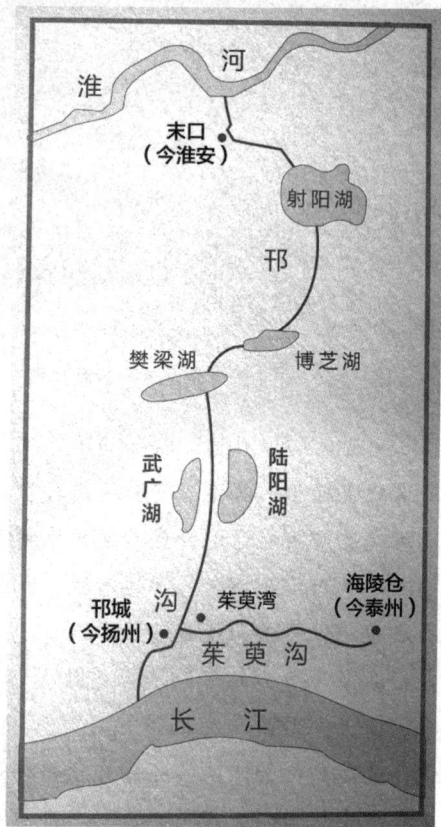

扬州秦汉时期的大运河邗沟流布图

盐业生产是关乎历朝历代的发展，是历史上经济社会发展的重要基础。江苏是我国最早生产海盐的地区之一，具有 3000 年的盐业生产历史，其历史可追溯商周至春秋战国时期。同时，江苏也是我国运河建设的最早地区。公元前 506 年，吴王阖闾命伍子胥开凿胥河，开启了运河的滥觞。据清光绪《高淳县志》记载："胥河，吴王阖闾伐楚，伍员开之，以通松道。"它从苏州通到太湖，经宜兴、溧阳、高淳，穿固城湖，在芜湖注入长江，全长 100 多千米。这是中国现有记载的最早的运河，也是世界最早的运河。公元前 486 年，夫差在邗（今江苏扬州附近）筑城，又开凿邗沟，连接了长江、淮河。夫差开挖邗沟，起初的目的是征发舟师北伐齐鲁，夺取渔盐之利。邗沟的开挖不仅提升了吴国的军事能力，还为后期的粮食、海盐的漕运带来了便利，奠定了后来京杭大运河发展的基础。那时，江苏东海地区、吴越地区的淮盐生产业已达到相当的规模。盐的漕运自然也就成为朝廷关心的首要问题。因此，江苏大运河从开挖之初就与盐运结下了不解之缘。从最初的胥河，再到邗沟、邗沟支道，直至后来的京杭大运河，都与淮盐盐运有着密不可分的联系，也是淮盐漕运辉煌的见证者。

江苏泰州拥有一条古运盐河。其开凿者为西汉初年的吴王刘濞。汉初，盐铁政策是放开的，官府仅设官收税而已，刘濞见有利可图，便招致天下流民到海边煮盐。为了将海盐运出去，于是下令开挖运盐河。从高祖十二年（前195）至景帝三年（前154），刘濞一共挖

扬州瓜洲节制闸（摄影：赵鸣）

了近半个世纪。随着实力的增强，吴王发动了针对中央政府的叛乱，史称"七国之乱"，然而仅仅三个月，叛乱便以失败而告终。刘濞虽兵败身死，但这条运盐河则永久保留下来，一直流淌至今。

作为一条人工运河，古运盐河系起于扬州市湾头镇，经宜陵、泰州、姜堰、海安、如皋而达于蟠溪（今南通市如皋东陈家湾），全长159千米，为区别于1958年开凿的新通扬运河，这条运河被称为老通扬运河。当时开挖这条运河的目的，主要是为了运盐，故而又被称为运盐河，比唐代连云港至淮安的盐河要早600多年，形成了中国有史记载的最早的运盐河。

这条运河极为特殊，起初因和广陵古邗沟相连，亦称邗沟。后为了区别，人们将这条运河称为"邗沟支道"；又因为是吴王刘濞所挖掘，所以又称之为"吴王沟"或运盐河、南运河等。隋代京杭大运河开通后，古运盐河与这条政治、经济、文化的大动脉紧密相连，从此纳入"大运河文化"体系当中，并成就了泰州"西来一水绕城流，远客千帆次第收"的兴

盛和繁华。从唐至清的 1000 多年间，全国财政有 30% 至 50% 的盐税征自运盐河，所谓"天下盐赋，两淮居半"。可以说，古运盐河孕育了古海陵地区水"卤"交融的盐税文化，更滋养了古海陵的绵绵文脉，是泰州城市名副其实的"母亲河"，为泰州留下了"州建南唐，文昌北宋"的辉煌。

长期以来，淮安一直是"南必得而后进取有资，北必得而后饷运无阻"的军事漕运重镇。随着大运河沿线城市的发展和历史变迁，邗沟逐渐成为我国东部平原地区的水上运输大动脉。东汉末期，邗沟即用于淮盐、粮食的漕运。其后，经济中

民国时期通扬运河（运盐河）唐家闸段

心逐步移向东南，邗沟漕运量不断增加。隋唐以后，邗沟是保障朝廷供给的生命线。在邗沟运输的货物中，盐运一直是主要的运送物资。海陵的运盐河一面将当时海陵、盐城、南通地区生产盐运通过邗沟运送全国各地，一面运至现在扬州仪征十二圩和江南运河的北口——镇江京口，过长江与江淮运河相联，然后再通过水运转送至全国各地。这时的邗沟也成为名副其实的运盐河。

为了将淮北地区的板浦、惠泽、洛要等盐场的盐斤顺利运送出去，苏北运盐河的开凿成为必然，受到了当时朝廷的重视。于是，唐武则天垂拱四年（688），朝廷从泗州涟水县向北开凿了一条通达海州的漕河，后称官河。该条官河经涟水入海州境，在大伊山以东向北

连云港刘志洲山上遗存的宋代船刻画（摄影：赵鸣）

至磨行口（今灌云县大柴市）入海州，从磨行口向西北沿海岸至新坝，在新坝与涟河交汇后，向北经海州西门接临洪河入海。苏北盐河的开通，极

大地便利了淮北盐业的漕运。由于，这条官河主要功能是运送淮盐，因此，也被后人称之为"盐河"。

盐河的开凿和竣工，沟通了古海州地区与山东、江南之间的联系，承担起当时淮北盐场的盐斤外输，极大地便利了海州地区淮盐的外输，促进了苏北、苏中、苏南盐运的发展。至北宋时期，海州的淮北盐业已具一定的规模，天禧元年（1017），海州的板浦、惠泽、洛要三个盐场，每年运销食盐四十七万七千余石。难怪历朝地方官员和盐政官吏为了保住顶戴花翎，不断创造政绩，始终把运盐河的修建与疏浚作为执政的第一要务。

在江苏大地上还有一条古运盐河，就是串场河。它始挖于唐大历元年（766），后不断拓展延伸，直至清乾隆三年（1738）才全线挖通，形成了现在的全长近200千米的状态。它之所以被称为串场河，主要是其沿线是苏中最早"煮海为盐"的地带，串通着以盐城市区为中心的近 20 个古老盐场和盐仓。其中著名的盐场有新兴场、伍佑场、刘庄场、草堰场、东台场、安丰场、金沙场、余西场、掘港场

盐河边的连云港市（摄影：赵鸣）

等；盐仓有便仓、西溪盐仓等。

串场河初为唐代修筑海堤时形成的复堆河，因为地处捍海坝下，因此也被称为下河。从宋代开始，沿新修捍海堤，即世称范公堤一线，串联起富安、安丰、梁垛、东台、何垛、丁溪、草堰、小海、白驹、刘庄十大盐场，其中东台为以上十大盐场的政治、经济、文化、交通中心，因复堆河将这十大盐场串联起来，所以称串场河。串场河是为了运盐而修凿，为当时官府挖掘修筑，所以，它又称之为"运盐河"或"官河"，后来经过整修，它成为贯通淮盐南北最重要的水上动脉之一，宛如一条项链串起了江

苏古老的海盐文化带。

河为盐开，盐顺河运。江苏大地上的盐河遍布全省。几乎每个市都与盐河、盐运有关。清代，盐政管理机构设在扬州，各路盐斤都需要运至扬州掣验所后，再通过仪扬运河运至仪征十二圩入长江运销。就在这里的新城段南岸建有一座卧虎闸，由闸向南，有一条通江的人工运河，叫珠金沙河，因宋代新城南面原名珠金里而得名。

珠金沙河，亦称为盐河。这是因为它作为仪扬运河的一处通江支流，主要运输的货物就是盐。唐宋以来直到太平天国之前这一千年的时间，由于食盐专卖，两淮盐场生产的盐斤，都要从海州的黄海之滨经过苏北盐河、邗沟或通扬运河至仪扬运河运抵仪征天池，在那里查验、掣验、解捆、重新包装后到沙漫洲装上江船。然后，用江船运往扬子四岸，即长江沿岸的湖南、湖北、江西、安徽四地的指定地点销售。民船则从珠金沙河出入江，珠金沙河与长江交汇的地方，就叫旧江口，又叫旧港。太平天国战争后，仪征天池及运口淤塞，清同治十二年（1873）挑浚珠金沙河，使珠金沙河从旧港向江边延伸，新的河道就此诞生，简称沙河，两淮盐斤改走旧港以南的十二圩掣验入江，由于珠金沙河专司盐运，所以也被称为盐河。

在南通，通吕运河是从如皋至吕四的大运河支脉，也是一条与老通扬运河衔接的运盐河。它最初是为了军事用途调运船只，后来改为漕运淮盐。事实上，在南通还有多条微型盐河。其中有一条至今依然被当地人称为"运盐河"。它得名于南通本地最古老的"盐灶"之一的"秦家灶"，留下了南通盐文化的历史痕迹。该运河位于现在的港闸区秦灶街道境内，西起秦灶河、东至与通州界河东大河，全长只有 4.5 千米，流域面积 9.78 平方千米，流经辖区秦灶社区、秦北村、费桥村、桥东村社区、八里庙村社区、袁桥村、西安桥村等 7 个村社区，与通吕运河、英雄竖河等水系联通。其下游支河包括污泥王港、秦北中心河、中竖河、费桥横河、王榨林港、任家港、丁家港、东大河、西竖界河和娄子港，现在依然通航，是一条东西向的三级骨干河道。此外，当地还有通刘运盐河、刘陈运盐河等，都是有名分的微型运盐河。

特别有趣的是，泰州海陵至扬州、南通的盐运河、连云港至淮安的盐河、盐城至南通一线的串场河、十二圩至长江的珠金沙河和建湖地区的南官河、北官河，在历史上，都是由当时的朝廷出资所修的，因此，都曾经被统称为"官河""漕河""运盐官河"等别称。它们开挖的功能也都是用来运送淮盐，并与大运河最初缘起的主体起源段——邗沟联为一体，成为江苏大运河网络中不可或缺的一个组成部分。

南通国清禅寺牌坊（摄影：赵鸣）

根据近期的考古发现，这些河流的沿线保留了大量的盐业生产、盐商、盐民生活遗迹和遗址 500 多处。如近年发掘的板浦尤庄周盐业生产遗址、连云区云山李庄战国盐业生产遗址、连云港海州于沈庄明代盐池遗址等，为江苏大运河与淮盐文化的保护利用开发提供了不可多得的历史佐证和文化养料。

# 文化链接：

## 一、老通扬运河——运盐河

横贯泰州的老通扬运河，系西汉文景年间（前 179—前 141）吴王刘濞开凿的一条人工运河。当时开挖这条运河的目的，主要是为了运盐，所以又在诸多史料中被称为"运盐河""盐运河""上官运盐河"。起初时，因和广陵古邗沟相连，亦称邗沟。后为区别夫差所挖邗沟，称为"邗沟支道""吴王沟"或"茱萸沟"。

公元前 202 年，刘邦建立了西汉王朝。数年后，刘邦封侄子刘濞做了七个诸侯国之一——吴国的国王，史称吴王。刘濞成为吴王之后，在古海陵建太仓，大量囤集粮食，还依靠黄海滩涂开发的天然资源——"煮海为盐"。古海陵盐业由此勃兴，其盐业生产模式影响了之后两千年。

多年的囤积，使得刘濞的海陵仓家底日益厚实，财富快速集聚，"仓廪实"而余裕，因此，开始通商贩售。于是，刘濞下令开挖盐运河，由春秋末期吴王夫差所开邗沟的茱萸湾，向东开凿邗沟支道，直抵海陵仓，下游至海安，最终到达当时"盐场之最"的如皋蟠溪（今十里铺），全长

100多千米。这条古盐运河是世界最古老的水利工程之一，开挖时间仅比蜀郡太守李冰父子开凿建造的都江堰晚77年，比京杭大运河1293年全线开通早了1400多年。

盐运河开挖后，为淮盐外运提供了极大方便的同时，也将江淮淡水，从西边广陵源源不断地流经泰州，输送到海边，带动了盐运河两岸农业经济的发展，催生了海陵县的诞生，将僻居海边一隅的海陵，通过盐与外界联系了起来，进而沿河的塘湾、姜堰、白米、曲塘、海安、如皋等城镇，也先后陆续地发展起来。

吴王刘濞建粮仓、煮海盐、挖运河、造舟楫，苦心

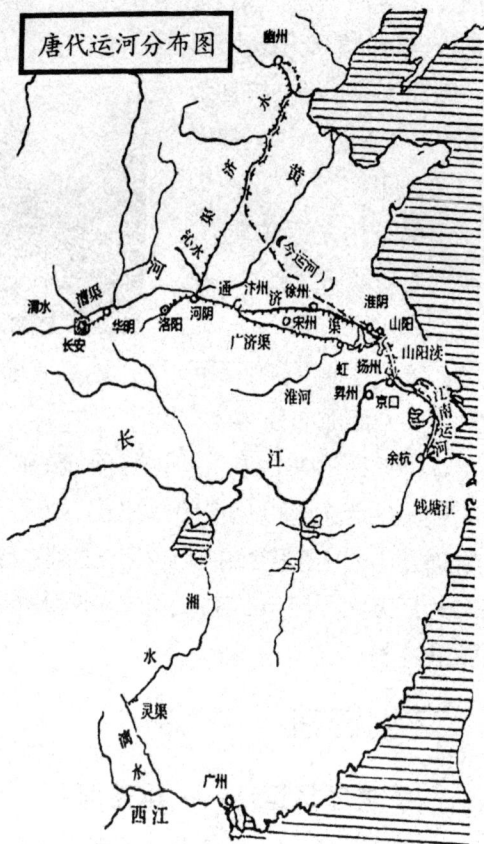

扬州隋唐大运河流布图（摄影：赵鸣）

经营多年，对当时古海陵的社会、经济、文化的建设发展，起到了巨大的提升作用。随着京杭大运河的开通，盐运河通向了这条政治、经济、文化的大动脉，从此泰州与大运河有了难以割舍的联系。唐朝开成四年（839），日本和尚圆仁子航海登陆至海陵，走的就是盐运河这条水路。他在日记《入唐求法巡礼行记》中描写出让他惊讶的盐运河景："半夜发行。盐官船积盐，或三四船，或四五船，双结续编，不绝数十里，相随而行。乍见难记，甚为大奇。"

宋朝以后，盐运河逐步开挖，最终汇入长江。至此，盐运河西起扬州茱萸湾，经泰州城南、如皋蟠溪，直至南通九圩港，全长191千米。

元朝末年，泰州城南的长江水系发生巨大变化。明朝开国大将徐达自

长江口（今口岸）开通济川河，直抵泰州南门高桥，长江水仅需流淌 13.5 千米就能到达泰州，长江水、淮河水水位差更加凸显，造成里下河地区常常被淹，水上交通也极为不便。

至明洪武年间，人们在城河上分别筑起西坝、东坝、鲍坝等土坝后，将上、下河分隔开来。从下河海边来的盐船到达泰州后，便不能直接由泰州城河径直去往扬州，需将盐包通过西坝口翻坝后转船，进入护城河，才可继续沿盐运河西行。晚清邑人王广业《海陵竹枝词》云："西来一水绕城流，远客千帆次第收。眼底烟花太寥落，淮南赖有小扬州。"词的意思是说，从西边来的盐运河绕着泰州城流过，千帆远客的泰州城，成为淮南地区的繁华"小扬州"。

从清末到民国，由于当时盐务管理政策的调整，盐运河无盐可运。清朝宣统元年（1909），盐运河改称通扬运河，即今之老通扬运河。宣统二年（1910），"由姜堰至海安官河水浅，轮船不便驶行，由姜堰商会丁植卿会同通州张謇出资雇工挑挖，阅三月始竣"，这说明，历经沧桑的盐运河一直仍具有灌排、水运的经济作用。

千百年来，从历史上的南粮北运、盐运通道，到新中国成立后的北煤南运、防洪灌溉，古老的通扬运河始终在时代的变换中，焕发出新的活力。

## 二、苏北盐河

盐河位于江苏省东北部，是沟通淮安和海州（连云港市前身）的人工河道，历史上曾是淮北盐南运和入海的航运通道，古称官河，一名漕河。《唐会要》："垂拱四年（688）开泗州涟水县新漕渠，以通海、沂、密等州，南入于淮。"《读史方舆纪要》："宋元符初（1098—1100）淮南开修楚州支家河，导涟水与淮通，赐名通涟河"，即为盐河的前身。清康熙二十六年（1687）重加开浚，用以转运淮北盐内销，因名"盐河"或"运盐河"。又因居中运河之东，又名下中河、外河。

今盐河起于淮安市淮阴水利枢纽，东北行，贯通六塘河、灌河、新沂河、五图河、车轴河、古泊河、善后河达于连云港市新浦，汇于临洪河，长 175 千米。沿途所经重要市镇有淮阴区王营镇、涟水县朱码头、灌南县新安镇、灌云县伊山镇和海州板浦镇等集镇。目前，盐河可与京杭大运河以及连云港港疏港航道将实现对接，为三级航道，通江达海，1000 吨级船舶可从大运河直达连云港出海。

盐河的开挖得益于海州地区淮盐的生产。唐朝初期，古海州的经济已经比较繁荣。但由于地处海滨，南至淮楚，北达齐鲁，在这一片广阔的土地上，横贯其间的都是东西流向天然的季节性河流，南北交通运输已经不能适应经济发展的需要。当时漕粮的转运和食盐的运销，成为亟待解决的大事。于是唐武则天垂拱四年（688），从泗州涟水县向北开凿了一条通达海州的漕运通道，亦称盐河。该运河经涟水入海州境，在大伊山以东向北至磨行口（今灌云县大柴市）入海州，从磨行口向西北沿海岸至新坝，在新坝与涟河交汇后，向北经海州西门接临洪河入海。海州西门也因此而名"通淮门"。该运河的另一分支从磨行口向北至板浦附近入海。

唐宋时期，苏北的沭河有一分支从今东海县的山左口附近穿过桃林，辗转流入桑墟湖。船只由盐河在新坝转入涟河、桑墟湖，溯沭河而上可达沂州（今山东省临沂市）、密州（今山东省诸城）。盐河的南端在涟水县境盐河以东的涟口通入淮河，由淮河入邗沟（今京杭大运河）而南达长江，西至安徽诸口岸。因此，盐河的开凿成就了古海州地区与山东、

苏北盐河拖轮驳盐（摄影：赵鸣）

江南之间的联系，东西南北皆可以通达。北宋天禧元年（1017），海州的板浦、惠泽、洛要三个盐场，每年运销食盐四十七万七千余石。这些食盐大部分由盐商以木帆船由盐河运出，所以盐河已经成为北宋时期淮北盐运的一条重要航道。

元明时期，盐河运输受到了历代朝廷的重视。为了保证盐的漕运畅通，元代朝廷对盐河进行了多次疏浚与治理，明代亦如此。治理工程一般由盐运使兴办，其经费一部分由盐运司承担，一部分向盐商募集。明

代从磨行口向北至板浦的河道时称景济官河或景济河，是板浦场运销食盐的主要航道。景济官河在板浦以北入海，由于海潮长期冲刷，经常淤积，也经常疏浚。至嘉靖年间，航道淤积严重，不能行舟，致使盐运阻滞。嘉靖四十三年（1564），两淮巡盐御史苏纳川视察盐业于两淮盐场，令海州知州高瑶疏浚景济官河，同时令高邮卫知事郭卫民赞助疏浚。这次疏浚工程从板浦碑亭向南至大伊山的盐河航道全部挖深拓宽，全长六千二百多丈。疏浚后，水面宽四丈，底宽一丈，深四尺。同时，又疏浚从板浦碑亭向东达中正、东辛、大、小浦等盐滩的支河，计一万丈有零，水面宽三丈，底宽五尺，深也是四尺。共计征调民工一万八千八百多人，用银九千七百八十余两。从当年正月开工，至四月全线竣工，河道变得畅通无阻。

清初，因淮南逐渐"海远卤淡"，淮北板浦，中正、临兴三个盐场日渐兴旺，盐运繁盛。该河也因盐运频繁而易名盐河。盐河里"官舫估舶，帆樯相望"。由于黄河带来大量泥沙，海州境内的海岸线迅速向东北推移，磨行口至新坝的航道逐渐淤塞。

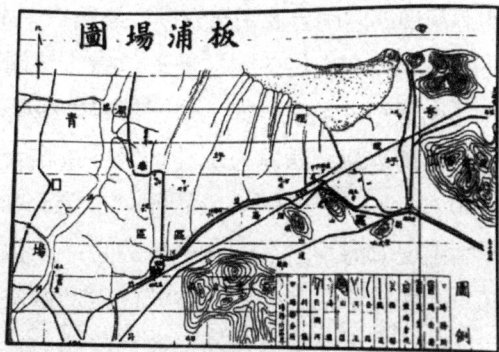

1944 年板浦盐场图

乾隆八年（1743），盐河从板浦延伸至卞家浦。

嘉庆三年（1798），潮退陆进，盐船运输渐受困阻，临兴场盐商出资改造河道，又将盐河从卞家浦（今海州锦屏镇的卞河口）以北开凿至新浦，在海州城以东之处，向北挑挖入海河道新浦河，此处入海口后被定名为"新浦口"，新挖的河定名为"新浦河"。

嘉庆九年（1804），海州知州唐仲冕应民之请，开挖了一条甲子河，与新浦河沟通水脉。此河改变了"自孔望山而至州城七八里，崖岸荦确，舟楫不通，城无市廛，米薪缺乏"境况，开通了古城海州与盐河沿岸、大运河沿岸的联系。后随着海岸变迁，新浦口继续向北推进，逐渐移位到今新浦老城区一带，形成了西盐河现在的走向。盐商在此建了码头和包垧，向盐河中转淮盐。海州三个盐场所产的食盐由盐河运往淮安的西坝，再转运安徽、河南、江西、湖南、湖北等销售口岸。

近期，根据文物部门考察，连云港盐河沿线留有多处河工遗址和古河堤100多处，是大运河文物中不可多得的水工遗址和文物。位居盐河沿线的灌南县新安镇、灌云县大伊山镇、海州板浦镇与东辛一带都存有盐业生产、河工、碑刻等遗址、遗迹。其中明末清初的于沈圩村滩晒砖池盐田遗址，就是当年板浦古盐场的重要盐田遗址，被列入连云港市第六批市级文物保护单位，现已复填保护，将为今后盐河开发保护提供史料佐证。

## 三、串场河

串场河是盐阜地区一条古老的运河，也是里下河地区横贯南北的人工水运河道。它南自海安徐家坝，北至阜宁庙湾，全长近200千米。

串场河历史悠久，从地理位置上来看，处于江淮东部沿海地区。据海洋地理考古学家研究，这一带海岸线属于滨海平原地貌，其北界淮河，南至通扬运河，西侧为低洼地区，东临大海，称为贝壳海岸线，距今有3000多年历史，曾是苏北最早"煮海为盐"的地带。当新石器时代晚期开始出现煮海为盐后，这里成为生产淮盐的最佳选择地之一。唐代，盐城为淮南盐业生产中心，盐城的盐产量位居全国第二。宋代，串场河两岸散落着大大小小的盐场，素有"烟火三百里，灶煮满天星"和"环场皆盐场"之说。宋代以后的历史中，沿河区域的产盐业进入了鼎盛时期。

唐大历二年（767），黜陟使李承任淮南节度判官时，亲率民众在海陵以北沙坝上兴筑一条长约142千米的捍海堰。该堰保护了堤西农田，百姓称之为"常丰堰"，寓意祈望常年丰收。串场河是因筑堤取土而挖成的河流，因此，最初为复堆河。那时，复堆河虽可通航，但各成一段，互不通联。天圣元年（1023），范仲淹上书江淮制置发运副使张纶，建议修复捍海堰，以避海水倒灌。张纶奏疏朝廷后，得仁宗恩准。翌年秋，范仲淹征集通、泰、楚、海4万余民众开始筑堤。至天圣六年（1028），终于筑成了底宽三丈，顶宽一丈，高一丈五尺的捍海堰。从此，堤东煮海为盐，堤西桑麻遍地，稻麦飘香。

境内各盐场为了运盐的方便，在范公堤沿线建仓。复堆河则以范公堤为屏障，串通境内富安、安丰、梁垛、东台等13个盐场，得名"串场河"，也称穿场河。

古之串场河，又称为"官河""盐运河"，集通航、引水、排涝功能于一身，成为盐城、南通最早的运河和水上走廊。它在范公堤西岸，堤依河立，河随堤行，相依相伴，往来交通，使得当时"亭民无车运之劳，又得免所负，逃者皆来归，盐业大利。"

据盐城、东台、阜宁旧志记载：南宋至清代近1500年间，串场河先后疏浚三十多次。南宋咸淳五年（1269）两淮制置使李庭芝开浚串场河南段；明正统五年（1440）疏浚过一次；清康熙四十五年（1706），都统孙渣齐督浚便仓至盐城（东门闸）段45华里；乾隆三年（1738），大理寺卿汪隆奉旨疏浚盐城至阜宁段120华里。从此，南北串场河全面贯通。

2021年12月至2022年1月，中国海盐博物馆、盐城市博物馆联合南京大学考古文物系组成联合调查队，对盐城南部串场河沿岸区域展开系统调查。调查范围覆盖了盐城亭湖区的便仓镇、新兴镇、永丰镇、伍佑街道，建湖县的上冈镇，东台市头灶镇、东台镇、梁垛乡，大丰区白驹镇、刘庄镇、草堰镇、西团镇、大龙社区等区域。通过调查与考古钻探，共发现盐场官署、制盐作坊、运盐河道、盐工居址及墓葬等与盐业相关的遗址50余处。遗址年代以明清为主，北宋次之，部分遗址年代可从唐代跨至明清时期。其中在伍佑宏心村、大丰红旗社区、大丰草堰村、大丰丁溪村发现的四处遗址规模最大，且文化层较厚，遗址周边还分布多处时代相近的小型遗址。这些盐场官署、制盐作坊的盐业遗址的发现不仅有力证实了两淮盐业的悠久历史，为研究两淮盐区唐代以来盐业生产、管理模式、生产力水平等提供了重要一手材料，同时，也为了解盐城地区淮盐生产分布及保存情况，以及未来盐业考古与盐业史研究、盐业文化遗产保护奠定了基础。

## 四、通吕运河（运盐河）

通吕运河，原名"运盐河"，位于现在江苏省南通市崇川区、通州区、海门区、启东市境内，属长江水系。它开凿于南宋咸淳元年（1265），是由两淮节制使李庭芝调动民力开凿，咸淳五年（1269）由通州（今南通市）凿河40里至金沙、余庆场，这成为现代通吕运河的雏形。

该运河原本是一条由金沙、余庆场（今余东）至大海的运河，主要是供王师调行军舟之用，后改为运送南通余西、掘港、丰利、金沙等盐场的盐，所以，被后人称为"运盐河"。通吕运河西起崇川，在节制闸分水墩处衔接老通扬运河，向东流经通州的正场、金余、余西、二甲等，海门区四甲、余东、包场、六甲等，启东天汾至吕四，目前全长 78.85 千米，是连接原崇川区和港闸区的枢纽河道。它外通长江，内与南通市区勾连，是通州地区最为主要的内河运输河道，被称为南通"第一运河"。

盐区运盐河（摄影：赵鸣）

宋至和年间（1054—1056），沈起续修范公堤到吕四，为"沈堤"内通州百姓创造了一个较好盐业生产环境，致使淮南地区的盐业生产兴盛起来。淮盐的外运成为盐商和盐民最为关注的问题。南宋咸淳元年（1265），两淮节制使李庭芝顺应民意、调动民力开凿了一条由金沙、余庆场（今余东）至海边的运盐河，成为通吕运河的前身。明成化二十年（1484），地方官吏继凿吕四运盐河。嘉靖十六年（1537）又凿 30 多里，沟通全线，为盐、粮运输提供了通畅的河道。

通吕运河自南通市濠河起，东流经市区东门新桥，南通县李观音堂、阚家庵、西亭、金沙、金余、余西，海门县二甲、四甲、余东、包场、六甲至启东县吕四，全程 82 千米，底宽 10 米左右，可通小汽轮。清光绪二十九年（1903），张謇创办大达内河轮船公司，曾开有南通经西亭、四甲、包场至吕四的客运航线。通吕运河建成后，经过数次疏浚，截至民国十四年（1925），共疏浚运盐河 30 处。后来，因为盐业生产的衰惫，加之通吕运河迂回曲折，河线长，河床浅狭，河底高程一般在 10 米以上，引排不畅，不能适应工农业生产和交通航运需要。至抗日战争后，通吕运河趋于萧条。

通吕运河属长江水系，西接老通扬运河，北通串场河，东出吕四船闸，通汇吕线、新三河港，由吕三线向北，达大漾港闸，抵吕四渔场，经十六总闸、吕东闸至茅家港入黄海，沿线有团结河、老通吕河、新江海河、三余竖河等支线河道，构成南通东南富饶地区临江濒海的水运网。

在通吕运河的中段秦灶镇，还有一条微型盐河，至今依然被称为"盐河"。盐河西起秦灶河、东至与通州界河东大河，为辖区内东西向三级骨干河道。该盐河全长只有 4.5 千米，流经辖区秦灶社区、秦北村、费桥村、桥东村社区、八里庙村社区、袁桥村、西安桥村 7 个村社区。

### 五、珠金沙河

珠金沙河是由仪征入江的一处重要运盐河。在《隆庆仪真县志》的元疆域图中，记录着扬子县城左侧的通江河，就是珠金沙河，因宋代此地名珠金里而得名，入江的地方，叫旧港。

元代，郡县设置基本沿袭宋朝的机制，仪征被称为真州，领扬子、六合两县。元朝统治当时真州的时间很短，仅为 81 年。朝廷曾经一度依仗海运运输淮盐，后因海运风高浪急，损失巨大，只好重修运河。至元二十八年（1291），由元代著名天文学家、数学家、水利工程专家郭守敬任都水监，负责修治元大都至通州的运河。真州这一段珠金沙河，因宋元战争破坏较大，而当时新城又是扬子县的治所，所以，珠金沙河得到了大力疏浚，"泰定元年，珠金沙河淤湮，诏发民丁浚之"。由于淮盐转运地转往新城旧港，元朝廷将扬子县治迁往新城。

这时，大运河向北送粮的漕运功能未能有效运用，而珠金沙河的入江段东西方向的盐运如火如荼。元至元十四年（1277），元朝廷在扬州设置两淮都转盐运使司，以提举马里范张专掌两淮盐课。元大德四年（1300），真州设置批验盐引所。从这里出去的淮盐销往长江上游的湖广、江西等地。元文宗天历二年（1329），销量达到九十五万七十五引（每引 400 斤），税收额达中统钞二百八十五万二百二十五锭。著名的意大利旅行家马可·波罗就曾经在《马可·波罗游记》中指出：大城镇真州，从这里出口的盐，足够供应所有的邻近省份。大汗从这种海盐所收入的税款，数额之巨，简直令人不可相信。

珠金沙河曾经一度淤湮，还是因为盐运。这里作为大运河入江水道，史载两次疏浚。一次是元成宗大德十年（1306），组织疏浚真扬漕河，经费来自盐商加税；还有一次是元仁宗延祐四年（1317），"盐课甚重，运河浅涩无源，止仰天雨，请加修治"。两次都是因为盐运。而盐运的线路，是通扬运河（黄海—湾头）加上大运河入江水道（湾头—真州），也就是现在的珠金沙河。

唐宋以降，历代对仪征入江口多有修缮。宋太宗雍熙年间（984—987年），真州转运使乔维岳在建安军"始创二斗门于西河第三堰，二门相距逾五十步"，这是史上最早有明确记载的复闸。欧洲最早的复闸记载是1373年荷兰运河，比乔维岳建造的"二斗门"晚了389年。明代继续修建了五坝四闸，著名文学家汤显祖在为仪真好友李枳写的《青莲阁记》中，赞誉真州是"天下之轴"。

明代，珠金沙河入江口的旧港设置了巡检司。这是专门用于盐漕缉私的机构。后来，巡检司迁至仪征城南，原址上建成了准提庵。明代，真州城南重开里河、外河，建起五坝、四闸，解决了宋代运河入江口淤塞的问题，淮盐走里河，漕船走外河，互不相扰。

清代乾隆皇帝特下谕旨：仪征河道三年大挑（疏浚）一次，所需经费在盐运司库一半从公项下动支。两淮巡盐御史曹寅亲自督办运河工程，并撰《重修东关石闸记》。

清代太平天国战争后，为了恢复经济、安置湘军，两江总督兼两淮盐政曾国藩于同治四年（1865）议，将淮盐总栈由泰兴口岸迁回仪征，由于运口淤塞，先放在瓜洲，后因瓜洲坍江，而决心移栈到十二圩。同治十二年（1873），组织疏浚了珠金沙河（盐河），将旧港以南约3000米的入江河道（新坝河）打通，从而连通了仪扬运河与十二圩，实现了运河与长江之间的畅通。疏浚后的珠金沙河（盐河），其主要功能就是服务于十二圩的盐运。

该河北段经新城卧虎闸与仪扬运河相连，南段在两淮盐运总栈官署西拐弯向东是为引河，引河从官署门前流过，直到大门东边两百多步，通到东仓后面。这条引河是为了方便从运河过来的盐船停泊卸货进仓用的，同时也方便江船从仓南面直接上货入江，所以这条引河又叫作坞河。

坞河的北岸是淮盐总栈官署，南岸是盐仓，盐仓南面是一条新埝，一字长蛇阵东西向展开，临江正好用来建码头。江边竖起三座牌坊，中间是中门，左右是东西盐仓，在中门内的左右两侧，还树立了旗杆。每座门前都建有栈道直通江心，方便江船停靠。

从江边到总栈，中间隔着坞河河道，为了方便工作，在中门后的坞河上设置了浮桥，坞河的河面很宽，有二十七丈。浮桥使用了六艘桥船，首尾衔接，在桥船的两边还设有栏杆，过船时浮桥打开，过人时浮桥封闭，这样一来，官员从盐栈来江边工作，渡河越埝入江，一气呵成，方便快捷。由淮盐总栈、坞河、浮桥、盐仓、牌坊、码头、栈桥组合起来的栈浦地区显得十分宏伟壮观。

## 六、灌河

灌河，一名潮河，相对于南潮河，又名大潮河、北潮河。明代《西游记》作者吴承恩曾乘舟顺灌河而下，渡黄海至花果山实地采访，留下了"二郎神大战灌江口"这一段传说故事。

灌河位于苏北沿海中北段、海州湾南缘，西到三岔河，东到灌云县燕尾港流入黄海，流经盐城、连云港两市，是苏北地区最大的入海潮汐河流和唯一在干流上没有建闸的黄金入海通道。灌河干流全长174.5千米，一般河宽350米，水深7—11米。流域面积大约8000平方千米，包括连云港、盐城、淮安、宿迁四市的灌南、灌云、响水、涟水、沭阳、滨海、阜宁、淮阴、泗阳、宿豫等10个县区，约1000万人。它西接六塘河诸水，内可以经盐河、京杭大运河通达长江、淮河，外可以直通黄海、东海、渤海、南海四大海域与日本、韩国通航，具备海河相通、河河相通、江河相通、河陆相通的良好集疏运条件。

灌河位于灌南、响水两县交界处，是在古海湾潟湖冲积平原基础上发育起来的自然河道。南宋建炎二年（1128）黄河夺泗夺淮初侵苏北时，尚无灌河下游地面，后经六七百年的黄河冲刷，大量泥沙淤积，海岸线不断向东延伸，至清道光年间（1821—1850），灌河入海河道始基本形成，入海口曾达灌云开山岛。咸丰五年（1855），黄河在铜瓦厢决口，北迁渤海入海，海滩即不再淤涨。后在强大海浪和弱潮流的侵蚀作用下，海岸反而西退7.5千米，灌河河形基本定型。

灌河属淮、沂水系，上承沂南河、柴米河、盐河、南六塘河、北六塘河等来水，下注入海，又是感潮河流，潮头可远达盐河蔡宫，每天两涨两落，最大潮差 4.98 米，一般 3—4 米，涨潮与落潮流量相近。该河为南宋时沭河入海河道，元末沭河改从蔷薇河入海，沂、泗洪水一度经此由响水口入海。黄河夺淮后大量泥沙沉积，海岸东移，上承南、北六塘河、盐河、柴米河、沂南河等来水。自灌南县东三岔起，至响水镇南有一帆河、唐响河、甸响河和坎响河来汇，至陈家港南潮河汇入，在灌云县燕尾港入黄海。

灌河航道西起于灌南县北与盐河交会处，循武障河东流经大三岔、大垎口、响水、双港、堆沟（黄庄）抵陈家港，再折北至燕尾港入海，全长77 千米，其中灌南盐河口至响水陈家港 65.5 千米，属内河通航范围；陈家港至燕尾港 11.5 千米，为出海水道。

灌河以盐河为纽带，北通连云港，西南通淮安与京杭运河相接，过洪泽湖与淮河相通，沿线尚有一帆河、坎响河、南潮河相连。河上建有诸多港口，如燕尾港、陈家港、堆沟港等，最初主要运送淮盐，现在主要运输物资有食盐、煤炭、矿石、砂石、建材、散杂货物等。

灌河海口挡潮闸（摄影：赵鸣）

灌河旧时以木船运盐为主，民国六年（1917）始有大源制盐公司用小型轮船装盐海运，而后逐渐有大型轮船逆流而上。据民国 26 年资料，1400吨级的轮船可达响水，4000 吨级的轮船可达堆沟港、陈家港，新中国成立前 3000 吨级的海轮曾直达响水。

现在的堆沟港位于灌河口北岸，原来是装运大德、大阜、大有晋3家公司的原盐储地。民国八年（1919），3家公司合资建码头1座，长46.45米，宽9.05米；栈桥长34.95米，宽4.95米，称德阜晋码头。堆场容量500吨，堆场与码头之间用直轨铁路联接。民国九年（1920），裕通、庆日新2家公司合资在燕尾港建码头1座，长33.40米，宽7.8米；栈桥长72.4米，宽8.75米。称裕庆码头。

灌云燕尾港（摄影：赵鸣）

新中国成立后，1951年11月27日，连云港港务局接收了灌河口的燕尾港、堆沟港和陈家港的3座码头，除燕尾港码头外，其他已破烂不堪。当年12月26日，中国盐业公司华东区公司就函请连云港分局，要求提前改善码头设施以利海轮停泊，盐斤得以大量输出。至1987年，灌河口码头总延长465米，泊位7个，最大靠泊能力3000吨级，货物吞吐量85.28万吨。在进出港主要货物中，盐占45.5%，矿建材料占35.46%，煤炭占10.13%，化肥及农药占2.2%，粮食占1.94%。

## 七、蔷薇河

蔷薇河，是古海州最大的一条河流。因其沿河两岸遍开蔷薇花而得名。它南通老黄河，北与盐河相通，直通盐仓。

蔷薇河历史上位于海州治西一里。东北通海，西北通赣榆，南通新坝，直抵淮安，内接市河入州城，先时漕运由此入淮，北场盐课亦从此达安东。后以潮汐往来，旋浚旋塞。《海州志》云：河源出州西北百里之羽山，过州北八里独树浦，达石漱河，其石漱河在州南二十里。旧时州境之水，多汇于此以达海云。明隆庆元年（1567）的《海州志》和《连云港市志》都说：明代时，该河即为古海州的临洪、兴庄两盐场外运淮盐的必经航道，故而明清两朝屡屡疏浚，使之保持运送淮盐、漕粮的船舶畅行。

清康熙十四年（1675），海州知州孙明忠改蔷薇河名为"玉带河"，予以疏浚。其后的康熙四十二年（1703）、乾隆二十三年（1758）和三十五年（1770），又都因为古海州淮盐外运之需

连云港蔷薇河运送物资（摄影：赵鸣）

几经疏浚。清嘉庆二十四年（1819），蔷薇河已经淤塞到不能接入盐河正常运盐，官府招募民夫 2440 人，以赃罚银 2000 两浚蔷薇河十余里，又用盐商积引余银 5600 两浚运河四十余里，还在海口处筑 5 道堤坝挡潮杜咸，终使蔷薇河"舟楫复行"，盐粮诸物运输复畅，且又保障了流域农田正常耕作。直到六、七十年后的道光年间，古海州票盐仍经此河外运。新中国成立后，蔷薇河始终作为连云港市对外的通道，保持着畅达的航运能力。1000 吨的船可以自由航行，疏浚航道达到三级标准。

## 八、永济河

永济河，在淮安府南十里，一名新河。永济河原为清江浦运河的越河，开凿至今已有 400 多年历史，对明清漕运、盐运、治河和当地排水等作出过贡献。

明万历六年（1578），淮安清江浦浅阻，因此，开凿永济运河。永济河长六十五里，设三闸，东接运渎口，亦曰窑湾闸，西接永清闸和龙江闸，以接于淮。行运一年后，朝廷又出非议者，说其妨碍了部税，旋即关闭停航。万历二十四年（1596），河臣杨一魁以淮水泛溢，乃分引淮流，由永济河达泾河，下射阳湖入海，既而复塞。天启三年（1623），以淮河

正流淤浅，乃浚新河，以通回空等船，而大挑正河。第二年，工程疏浚完毕，运船仍由正河，新河复坝淤塞，逐步干涸。永济河用于漕运的时间不长，清康熙（1662—1722）时，部分河段改为运料河；乾隆（1736—1795）时，兼为运盐河道，并被地方称为盐河，盐纲改票后，永济河变成一条纯排水河，沿用至今。

## 九、卤河（善后河）

卤河，又名善后河。清《嘉庆海州直隶州志》："海州民灶荡三界图"中标有卤河，西接盐河，东入大海，南有车轴河，北有东陬山，按其位置，即今善后河。《海州区志·水利》载："民国二十五年（1936），国民政府导淮委员会疏浚盐河至大新河头的故河道，使盐河直通卤河，命名善后河。"因此，卤河，即今善后河。

古善后河（卤河）（摄影：赵鸣）

卤河也是一条运盐的水道，与淮盐兴盛相关联。根据其地理位置推测，卤河是诸多运盐河中最为特殊的一条，也是唯一一条东西走向的运盐河。它的地理状况极为特殊，呈现出与现在的盐河的交叉状况。据推测最初可能是板浦盐场至中正盐场的胖头河，也就是盐场内部的运盐河，后因海岸东移，潮退卤淡，废盐兴垦，卤河上不再有运盐船通行，而是成为盐河西接大海的通道，并随着滩涂的延伸，逐步推移，形成了现在的状况。

# 第二节　淮盐促起城镇兴

　　中国历史悠久，广阔土地上有着很多文化底蕴深厚的城镇。它们作为中国文化遗产的重要组成部分，反映了不同地域、不同民族、不同经济社会发展阶段聚落形成和演变的历史过程，真实记录了传统建筑风貌、优秀建筑艺术、传统民俗民风和原始空间形态。许多成为国家历史文化名城、名镇。而在江苏的古城镇中，最为显著特征就是与淮盐生产、运销挂钩的城镇。

　　作为一种文化的聚集地，城镇的形成往往需要经历一个漫长的历史过程。大多数城镇是基于商业发展或是专业生产应运而生的，也有一些为一地的政治、军事和文化中心。江苏古城镇的发展或多或少与淮盐有关，这

大运河上高邮盂城驿钟楼（摄影：赵鸣）

绝非空穴来风的话题。它们的形成和发展多受到淮盐影响，存有淮盐的文化基因；或是因盐业管理机构的设置，或是海盐漕运兴起，或是盐业生产的集聚，而逐步形成的。当然，也有一些城镇属于复合型的。如扬州、泰州、淮安、南通、盐城、连云港、徐州、如皋等地。有些则随着地理变迁和社会进步逐步衰落或消亡，或功能变换，只是保持原有的自然社会风貌。比如淮安的清江浦、泰州的西坝镇、南通的余西镇、掘港镇；盐城的安丰镇、便仓镇、草庵镇、上冈镇、头灶镇、白驹镇和连云港的板浦镇、南城镇、新坝镇、新浦、大浦等。

盐业带来了我国城市的繁盛和兴起。《尚书》记载"厥贡盐绨"。《周礼》记载百官中有专管盐政的"盐人"。《嘉靖两淮盐法志》载："盐之有署，自后汉置盐府始。"因盐而城建，因盐而市盛。在淮盐的生产历史上，泰州可以说是淮盐的发源地之一。它具有2100多年建制历史。西汉，建海陵县，属临淮。海陵县始置时间史无明载。《汉书·地理志》载：武帝元狩六年（前117）设置临淮郡，下辖29个县，其中有海陵县。《大清一统志》67卷云"以其地傍海而高，故曰海陵"。这就是海陵县的由来。而今日的泰州在秦代称之为"海阳"，汉初置县称"海陵"，东晋设郡；至南唐时，取之为通泰，即安泰之意，升县为州，改称"泰州"，取"国泰民安，龙凤呈祥"之意愿。

吴时设海陵仓，仓为吴王濞所建，储存食盐，以控制盐的流通。《货殖列传》中云："彭城以东，东海，吴，广陵，此东楚也，夫自阖闾、春申、王濞三人，招致天下喜游弟子，东有海盐之饶，章山之铜，三江五湖之利，亦江东一都会也。"春申、刘濞不断在东南沿海煮海为盐，为扩大食盐生产，吴王濞下令开挖邗沟支道，由扬州茱萸湾东通海陵仓及蟠溪一带盐场，专事运盐。汉代的泰州，就已经成为承南启北的水陆要津，有"水陆要津，咽喉据郡"之称。

古海陵县是当时的淮盐煎煮的主要生产之地，当初的泰州辖地由南到北700余里的沿海地。在广袤的滩涂之地上，盐灶密布，大量的盐亭、灶地生产出数量惊人的食盐。《嘉靖两淮盐法志》卷之七户役志第七载："在洪武初。泰州分司所辖：富安、安丰、梁垛、东台、何垛、丁溪、草堰、小海、角斜、栟茶"十场。也就是说，明洪武元年（1368），设立了泰州盐运公司，管辖东台、何垛、梁垛、安丰、富安、角斜、栟茶、丁溪、小海、草堰等十盐场，明万历四十五年（1617），朝廷改革盐法，废除传统的官盐制，实行商灶制，将原来由官府直接征收改为专商，（即垣商，又叫场商）收购。1912年，张謇担任中华民国临时政府实业总长兼两淮盐政总理，撤销了他为之坚持40余年盐业改革而屡屡遭到掣肘的泰州分司衙门。泰州改称泰县，才从此退出了中国盐业生产的历史舞台。

城市的兴起与盐业的盐政管理有着不解之缘，设立盐业管理机构，如使司署所对于推进城市发展产生了不可替代的功效。在我国古代历史上，盐政管理一直是历代朝廷控制经济的重点。朝廷设有专门的盐业管理部门，负责食盐的生产、运输和销售。两淮盐业专设大使，从三品、治署所在地方，自然成为所辖区域的行政、经济的中心和人员汇集处所。江苏与盐有关的城市，在其发展进程中都与盐政管理分不开的。

扬州，地处江苏省中部、长江与京杭大运河交汇处，建城史可上溯至公元前486年，距今已有2500多年的建城史。扬州地区，春秋时称"邗"，邗国所在地，为周代的方国之一，后被吴所灭，建吴都。秦汉时，称"广陵""江都"等。扬州的名称最早见于《尚书·禹贡》："淮海维扬州。"为古九州之一，因州界多水，水扬波而得名。

扬州的兴盛与淮盐紧密相连，汉早期，吴王刘濞在扬州设治所，雇员煎盐。后来，《嘉靖两淮盐法志》载："三国时，广陵先属魏，置司盐监。隋置诸屯临。唐开元置扬州处置转运院，乾元间置江淮临院，广德初改为淮南巡院，皆汉扬州。"又载："使司治扬州府宁海门外，为汉董仲舒帮宅，今江都东厢张家巷内。洪武初，在海陵州署东南，庚戌，同知得移建于扬。"元代至元十四年（1277），元廷在扬州设立两淮都转运使司，简称两淮盐运司，隶属于行省，全面接收宋朝的两淮盐场，管理盐的生产和流通等盐政事务。《元史·百官志七》每一盐场一般有数百盐户，按照团灶分立，组织生产，若干盐户组成一灶，若干灶组成一团，团是一个设防的生产点的居住点，团的周围修筑围墙，围墙外有壕沟，团内修筑盛储卤水的池井和存放盐的仓房，出入有军人把守和巡查，严防出售私盐。《嘉靖两淮盐法志》又载："司址东北，民居鳞集，惟西南皆隙地，亨乃缭以崇垣、复循垣西南为屋若干楹，以募居者，而因为之守。"于是，大批盐商云集扬州，商业职能迅速扩充，形成了颇具影响的里下河盐商社区。特别是经营食盐的盐商，获利颇丰，生活富足，更有一批效风雅、多豪侈的"盐商派"，引领地方的生活方式，形成了独特的淮扬文化。

历史上，扬州并不产盐，而是因为盐政管理而兴盛起来的。两淮转运都使司的设置对于扬州城市形成起到了至关重要的作用，正是由于全国统一的盐业管理制度和繁忙的食盐转运，带来了商业的繁荣，更有从事盐流通的垣商获利丰厚，富甲一方，效仿名家，置业置产，建设庄园，吸引了更多的人员云集于此，城市布局与规模在不知不觉着形成。扬州周边的湾头、瓜洲、仪征十二圩作为淮盐转运的重要中转站和出入港留下了诸多遗存，还有依旧保存下来的扬州盐商庄园，可以感受到古代扬州的繁华以盐兴盛。

淮盐的漕运不仅促进了大运河网络的形成，更为重要的是带动了沿线城市的兴盛和发展。淮安城市的发展和形成就体现了这一种模式。淮安市位于江苏的中部，地处长江三角洲地区，坐落于古淮河与京杭大运河交点，处在中国南北分界线"秦岭—淮河"线上。

位于湖北省汉口汉正街中段的淮盐巷（冯家道提供）

隋唐五代时期，大运河的开凿和淮北盐场的建滩对市境的繁荣产生了巨大的作用。隋大业年间，自洛阳至扬州的漕运（供给皇粮的水上运输）要道——大运河凿成，境内则成为漕运重要孔道。自隋至清末，朝廷一直在淮安设置官署，委派大员掌管、督办漕运。唐初，涟水成为全国四大盐场之一。为运销淮盐，唐垂拱年间（685—688）开苏北运盐河，淮安盐运又兴。楚州（治今楚州淮城）、泗州（治今盱眙县城对岸）成为运河沿线的两座名城，其中楚州被白居易誉为"淮水东南第一州"。昔日濒淮海的旷土，转瞬为漕运中枢。在那时的清江浦两岸，为漕运主要城区，五方辐辏，百货山列，酒肆施联，街市栉比，贩夫走卒蚁聚，豪门巨室鳞次。清江浦，亦由运渠之名而为通埠之称矣。

北宋年间，盐的漕运得到进一步发展。明永乐年间（1403—1424），淮安漕运又兴，清江浦开始兴起。明中叶以后，黄河全流夺淮，境内水患愈演愈烈，致使运河淤积，漕运不畅，农业衰落，商业盛景不再。明清两朝境内置淮安府，都委派大员驻淮治河。以清江浦河为轴心的两淮城市扼漕运、盐运、河工、榷关、邮驿之机杼，进入鼎盛时期，与扬州、苏州、杭州并称运河线上的"四大都市"。两淮城市的繁华，带来了人文荟萃的局面。正像那悠悠的淮水，形成了淮安的商贸繁荣和源远流长的文化传承历史。

盐业生产的发展也是江苏地域内形成城镇一个最为主要的原因之一。淮盐的历史经历了上千年的历史变迁，其生产技术的不断更新，以及对食盐管控税赋征收所施治理之策，给社会风气文化习俗的形成，以及城市拓展与布局起到了决定性的作用。从煮煎到滩晒，薪火相传，所到之处，固化了区域的属性。随着时光流转，不断丰富其内涵，把沧桑的岁月活化成历史传奇与故事，把淮盐的风俗文化刻画在百里滩涂之上，造就了我国黄海岸边的一个个村庄、集镇和城市。

在江苏沿海地区，盐城是唯一以盐命名的城市。盐城，又称"瓢城"，因城池西狭东阔，状如葫芦瓢，取"瓢浮于水，不被淹没"之意。又因"瓢"是盐业生产中盐民常用的输送盐的工具，所以称之为"瓢城"。盐城城市的发展起源于盐业生产。《汉书·地理志》中载："户二十六万八千二百八十三，县二十九……盐渎，有铁官。"因这里遍地皆为煮盐亭场，到处都有运盐的河道，故称盐渎县。三国时曹操令江淮盐民西迁，废盐渎县。西晋时复县。东晋安帝义熙七年（411）盐渎圈"环城皆盐场"而更名为盐城。唐李吉甫《元和志》载："盐城，本汉盐渎县，州长百六十里，在海中。"宋乐史的《太平寰宇记》载："盐城监，古之盐亭也，历代海岸煎盐之所，原管九场。以为盐城，周显德三年，平江淮之后，因之不改焉。盐场九所，在县南北五十里至三十里，俱临海岸。五佑、紫庄、南八游、北八游、丁溪、竹子、新兴、七惠、四海。"这是淮南盐区最早以盐命名的城市。这里西周前为"淮夷"地；战国时期，先民们利用近海之利，"煮海为盐"；秦汉时代，境内"煮海兴利，穿渠通用"成为渔盐兴旺之地，唐时"甲东南之富，边饷半出于兹"的淮南盐场，仅盐城有"盐亭一百三十所"，每岁煮盐百余万石。

在刘晏任盐铁史时，淮北地区盐场滩地不多，分署涟水场。刘晏在此设立仓坨，以接受转运淮北的盐斤。大约在唐代宗宝应年间（762—763），淮北地区的盐场开始设立。《新唐书·食货志》载："海州等处岁盐输司农。"即是说海州盐通过漕运到扬州集散。宋代时期，淮盐的盐业机构有三，大者为监，中者为场，小者为务。淮北盐场生产规模为中等，故称之为"场"。到元代，设两淮运盐司专门负责盐的生产和流通，从此场专指食盐生产地域。从这里可看出，两淮盐业到明代已经达到了相当的规模，遍布黄海沿海。两淮盐运司下辖通州、泰州、淮安三个分司所管辖的盐场由此带动着南通、泰州和淮安的城镇发展。

明清时期，黄河带来的大量泥沙使得淮南盐区沿海陆地面积增加，海岸线不断东移，场灶随之东迁，所属的盐场几经合并、裁废，淮南煎盐场所逐渐萎缩。同时，淮北产盐区域沿海广袤的滩涂为滩晒制盐提供了便利，晒盐池滩也随之不断地扩大，成为淮盐的主要产地。连云港，古称海州，是我国淮北盐的最大生产基地。它东濒黄海，北与山东接壤，西与徐州毗邻，南与淮安、盐城相接，春秋时为郯子国，后为鲁之东境。秦属薛郡，后分为郯郡。汉为东海郡。东魏改州为海州治龙苴。

连云港地处淮河尾闾，一直是淮盐的生产基地之一。从近年的盐业考古发掘可以了解到，从商周开始就有盐业产生。到了明代，地方盐业转为滩晒砖池结晶，盐业生产跟随滩涂形成，不断东进，盛况空前。历史上，曾经先后设有"板浦、临洪、兴庄、中正、徐渎浦、洛要、济南"等盐场，后来逐步形成了以青口、台北、台南、徐圩、灌西、灌东、新滩、射阳八大国营盐场为主体的生产体系，并一直保持至 21 世纪初。

连云港市原本偏居一隅，与世隔绝，滩涂面积不大，直至清康熙五十年（1711）后，受到黄河改道淤泥流沙的影响，逐步淤积，得以"策马上云台"。原来在海中的云台山与大陆连成一片。康熙五十四年（1715），板浦口以下渐近淤塞，海潮不通，黑风口至孔望山一线，脱离海境，"潮涨无路、潮落方通"，成为滩涂，盐场逐步东迁，原有的板浦、中正等地改为盐运、盐管之地。《隆庆海州志》记载："海州境内濒临大海，潮汐往来，易于淤垫，潮带泥沙，涌入各河，水退沙停，蔷薇等河淤垫尤甚。"而蔷薇河就是沭河的下游，到达大浦附近又称临洪河，临洪口是沭河的主要入海口。后由于海势东迁，原在新浦附近（今沈圩桥以东）入海的临洪河口，东迁至远离新浦十几里的大浦，流经我市的蔷薇河、临洪河，在大浦汇流入海。

滩涂的迁徙变化为连云港市的淮盐生产提供了广袤的滩涂资源，同时，也促进了沿线城镇的发展。连云港作为淮盐的生产基地，城市的延续和传承也体现了盐业的变迁和流布。比如现在的《镜花缘》小镇板浦镇，海州区的新浦、开发区的大

连云港海州白虎山庙会（摄影：赵鸣）

浦、连云区的连云镇等，都是在此基础上逐步形成的城镇。新中国建立后，江苏盐业的管理机构置所连云港新浦，下辖八大盐场，从北到南，有青口、台北、台南、徐圩、灌西五个盐场在连云港境内，另外的灌东、新滩、射阳在盐城市境内。

就江苏城镇发展而言，自宋元以来，随着盐政管理制度的改革，许多盐商携家带小来到沿海盐场，兴土木、办实业，带动了沿海经济盐文化发展和城镇化进程。隋大业年间，自洛阳至扬州的漕运要道——大运河凿成，境内则成为漕运重要通道。自隋至清末，朝廷一直在淮安设置官署，委派大员掌管、督办漕运。楚州被白居易誉为"淮水东南第一州"。南通如皋的余西镇得益于当时的余西场；掘港镇缘起当地的掘港场。盐城的白驹镇既是唐宋时期淮北盐业生产的重要产地，同时，也是元代盐民起义的始发地。而灌南新安镇是因为盐河盐运和盐场的设置而兴盛；连云港板浦镇是因为当地的板浦场而形成；新坝镇则是位于当时盐河与蔷薇河连接处的堤坝而出名。清雍正六年（1728）庙湾场成为阜宁城，清乾隆三十三年（1768）东台场建成东台县城。北宋真宗、仁宗时代的三名名相晏殊、吕夷简、范仲淹都先后出任东台西溪盐官，使得西溪镇从此兴盛崛起。此外，徐州的窑湾镇、东台的便仓镇、海州的南城镇、淮安的王家营镇等，都因为淮盐而成长和兴盛起来。江苏从南到北，因为盐业生产带动了一批城镇的兴起，形成了江苏沿海灿若星辰的城镇网络，并一直保留至今。

# 文化链接：

## 一、苏州同里镇

同里为江南六大古镇之一，位于太湖之滨，京杭大运河畔，紧依上海、苏州、杭州中国南方三大著名城市，地处江苏、浙江、上海两省一市交会的金三角地区。苏州盘门南来北往、水陆交汇的船只大多经过同里，是历史上大运河漕粮、漕盐的交通枢纽之一。

同里旧称"富土"，唐初改为"铜里"，宋时将旧名拆字为"同里"。它始建于宋代，至今已有 1000 多年历史，是名副其实的水乡古镇。

同里像一颗珍珠镶嵌在同里、叶泽、南星、庞山、九里 5 个湖泊之中。同里风景优美，镇外四面环水，为五个湖泊环抱，镇内由 15 条河流纵横分割为 7 个小岛，由 49 座桥连接，宋元明清时期的多座桥保存完好。镇内家家临水，户户通舟；明清民居，鳞次栉比，是江苏省目前保存最为完整的水乡古镇之一，并以小桥流水人家的格局赢得"东方小威尼斯"的美誉。

清丽古朴的同里小镇，水田肥沃，物阜民丰，人杰地灵，具有明清建筑多、水乡小桥多、名人志士多的文化特点。镇内有明清两代园宅 38 处，寺观祠宇 47 座，有士绅豪富住宅和名人故居数百处之多。古镇原有"前八景""后八景""续四景"等二十多处自然景观，今尚存"东溪望月""南市晓烟""北山春眺""水村渔笛""长山岚翠"诸景。南园茶社始建于清末，坐落于同里前八景之一的"南市晓烟"景致之中，堪称"江南第一茶楼"。1980 年，同里被列为国家太湖风景区景点之一，1982 年，成为江苏省最早也是唯一将全镇作为文物保护单位的古镇。1986 年，同里古镇正式对外开放。1995 年，被列为江苏省首批历史文化名镇。1998 年，水乡古镇和退思园被列入世界文化遗产预备清单。2010 年，同里被国家旅游局评定为国家 AAAAA 级旅游景区。

## 二、仪征十二圩镇

十二圩镇属于仪征市，地处真州境内。真州，汉代为冲积沙洲。唐时名曰白沙镇。五代吴顺义四年（924）改为迎鉴镇，宋乾德二年（964）"升迎鉴镇为建安军"，始"筑城一千一百六十丈"。宋大中祥符六年（1013）升建安军为真州，真州名始于此。在宋、元间，真州州治设此。

明、清以来，一直是仪征县治所在地。

真州是一座有着 2000 多年悠久历史的古城，素有"风物淮南第一州"的美誉。真州之扬名，也离不开"水"和"盐"。真州地处水陆要冲，隋唐起就是漕运、盐运和货运的中转枢纽和江淮一带繁华富庶之地。据载，宋时，单是粮食，年运输量占全国漕运总量的四分之三。宋代刘宰的诗中写道："沙头缥缈千家市，舻尾连翩万斛舟。"诗中描写的场景说的就是真州漕运的盛况。目前，真州镇最著名的文物古迹有距今 1300 多年始建于唐代的天宁塔和建于明代的鼓楼。

历史上，真州一直是淮盐的漕运中心之一。特别是唐代以后，国家经济重心向南方转移，扬州设置两淮都转盐运使司衙署和榷盐院。至宋代，真州设立发运使司和榷货务，并建有专门的食盐仓库。元代，真州设置了"淮南盐引批验所"，朝廷规定两淮各盐场生产的食盐，必须运送到真州进行称

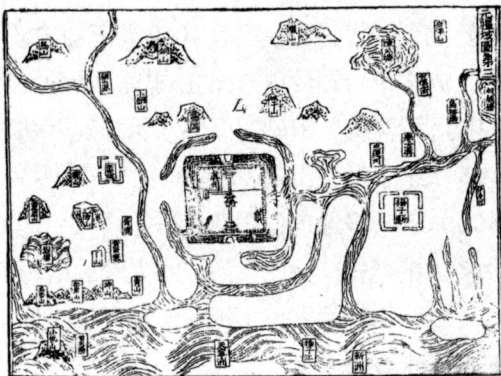

《仪征县志》中元代疆域图标出了真州镇
当时城池建造状况（冯家道提供）

掣验放，掣验后要解捆重新打包，以适合开往湘、鄂、皖、赣等地的江船。《马可·波罗游记》里也提到真州盐运的盛况。

两淮巡盐御史曹寅在仪征真州地区陆续工作生活了八年，他的办公地点使院就在当时的仪征真州天池。

历史上的真州，扼江、淮、河运道之要，是"转运半天下"的富庶之地。古代的仪扬运河由仪征入江。从两淮（黄海）各盐场运来的盐，经过扬州、三汊河、新城，向西到达仪征天池，称掣、解捆、验放后从沙漫洲入江，发往安徽、江西、湖北、湖南；在新城，仪扬运河有个分岔，岔口有座卧虎闸，运河水可以通过卧虎闸进入珠金沙河，经入江口"旧港"直接入江。

由于连年涨滩，旧港以南逐渐出现了若干沙洲，起先都是荒滩，长满芦苇，较大一点的如补薪洲、永兴洲等，后来陆续有人来围垦造地，围一

道就是一圩，由北到南，一共围了14圩，地名就这样产生了，第一圩叫头圩，后面依次排队，排到第十二个，就叫十二圩。

清同治四年（1865），清政府为了恢复经济、安置湘军，两江总督兼两淮盐政曾国藩经过商讨并申请，拟将淮盐总栈由泰兴口岸迁回仪征地区，后来接替他的李鸿章则逐步恢复纲盐法。同治九年（1870），瓜洲坍江，淮盐总栈被江流冲毁；同治十二年（1873）淮盐总栈又转到仪征，选择仪征县东南二十里的普新洲，即十二圩。沈捷的《盐都纪盛》中有这么一段文字："……曾国藩沿江视察，见十二圩一带滩面地势开阔高爽，对江有礼祀洲（世业洲）作为天然屏障，夹江之中江面宽阔、水流平缓，十多里范围均有锚位，可停泊大批船只，海州北盐可经大轮装运直达，且仪扬运河与珠金沙河（当时亦称为盐河）相通，淮南捆盐运输起驳均甚方便，实乃得天独厚之地理条件，始议申请迁栈。"

明初，大运河入江口重新回到仪征市区，新城内的珠金沙河不再沉寂。清末同治十二年（1873），珠金沙河继隋、元之后，又一次承担起了运河入江的重任，经过旧港以南的疏浚、延伸之后，新的入江口诞生了，它在历史上有一个响亮的名称——十二圩。

当时的十二圩沿江江岸稳定不坍，江中心有世业洲做屏障，沿江岸滩均可构筑码头。更为重要的是十二圩地处珠金沙河旧江口（旧港）以南，而珠金沙河自古就是仪扬运河的入江通道。淮盐总栈落户在十二圩，有利于两淮盐船经仪扬运河、再经珠金沙河（盐河）运抵此处堆储转运。可见，交通便捷是选择十二圩的最关键的因素。

十二圩之所以迅速崛起，基于盐运的专卖是国家税收的重要支柱。最繁华时，十二圩沿江建有三十个码头，正常停泊的盐船多达2000多艘。最大的江船长十三四丈，桅杆高十二三丈，可装1.6万包盐（1200吨），小的也可装900包，再加上200艘大小驳船，十二圩江面可谓帆影遍布，樯橹百里，直接从事盐运的船工水手多达三四万人，镇市有条长达五华里的商业街，注册商铺400余家。来自全国各地的商人、劳工和其他百姓，使这里的人口达到十五万之众。十二圩民间流传着这样的话："盐场三门真热闹，赛过南京夫子庙。""人到扬州老，船到十二圩小。"十二圩陡然间蔚然成为一个小都会，繁盛程度超过了仪征县城。当时中国地舆出版社出版的《中国地图》，在江苏省图幅中，有十二圩却无仪征。

当时，十二圩整条街南沿江是江船停泊码头，共有30个码头，每个码头都有名称，是按照江船所属的船帮命名的。安徽帮有杨家码头、金凤楼码头、电厂码头；湖南帮有中镇码头、衡山码头、潇湘码头、永兴码头、安益码头、湘乡码头；湖北帮有襄河码头、三江泉码头、汉兴码头、盛湘码头、楚黄码头；江西帮有吉安码头、洪都码头、江西码头、纯川码头；江苏帮也有中新码头、利运码头、玉铭泉码头、大兴码头等，江船逶迤十多里，比街市长多了。除江船码头外，还有专用码头，如阴阳码头、如意码头、复兴码头、太平码头等；大小驳船也有专用码头，如东门码头、新东门码头、西门码头、中门码头等。

清同治十二年（1873）十二圩被选中成为两淮盐务总栈的新址，在民国时期的世界地图上是唯一一个被标注的小镇。晚清时期，这里是两淮盐业的最大集散地，正常堆囤转运的淮盐每年达10亿斤，出江的盐转销湘、鄂、皖、赣四省，俗称"扬子四岸"，占了全国的三分之一。难怪有人将十二圩称为"天下第一小镇"。

有人的地方就有寺庙，十二圩街上有财神庙、杨泗庙、灵徒庙、三茅宫、仓神庙等，龙江巷北圈门内还有一座清真寺。当时的真州，富裕到何种程度，在《老残游记》一书中就曾经提道："到了仪征大码头，可以随便吃一些美酒佳肴，那里住有数万富户……"大码头的繁荣可见一斑。

### 三、南通余西镇

余西古镇位于长江下游，地处长江和黄海交接处、江苏省东南部，隶属于南通市通州区二甲镇，是一座有着1000多年文字记载历史的古镇。该镇古名余庆（庆余），因城郭设置形似龙，又名龙城（地）。

余西场始建于唐末，兴于北宋，盛于明清，因煮海为盐而逐步形成城镇，是古通州东南沿海第一个盐埠，也是我国蓝印花布的发祥地。它的来历取之于《易经·坤·文言》："积善之家，必有余庆；积不善之家，必有余殃。"原余庆盐场太大，后来分为余西场、余中场、余东场。雍正九年（1731）余中场合并到余西场。

北宋至和年间（1054—1055），海门知县沈起调集民夫灶丁，筑堤70里，连接范堤，并延伸至吕四场，称"沈公堤"。范公堤与沈公堤连结点在余西镇东北方向，龙游沟之北端，此地即范公堤的最南端。龙游沟乃古海漕遗迹，由此弯曲向南延伸，直至古长江边，即今之海界河。

清代盐商捐资在海门余东场镇修建的石板街（冯家道提供）

余西地处南北交汇要冲，历史上隶属扬州、苏州，为江海名邑，盐商重镇。自西汉以来，外来移民不断，商贾云集，南北文化交汇相融。古镇至今依然保存着明清格局的街巷形态，历史建筑和文化设施均保存较好，镇内城河相拥，街巷纵横，粉墙黛瓦，古迹众多，人文底蕴深厚，有"通东第一镇"之称。镇内遗留下的人文古迹，如龙街、精进书院、钱氏牌坊等一大批历史文化遗址。余西聚居各姓中有家谱记载为曹、季、吴、任、姜、李等姓。这些姓氏人士多于元末明初避战乱，自金陵、句容经常熟等地渡江北上迁来。部分直迁余西盐场，大多初迁至静海（今海门市府处）。清代坍江，因环境灾难，整体北迁入通州境。由此诞生出一批名人，如曹顶、柳敬亭、朱理治、曹秀升等。独特的地方文化、风俗习惯，大量的民间传说、诗词歌赋，反映了余西千年的历史演变，具有深厚的历史文化底蕴。2014 年 3 月，余西古镇被国家住建部和国家文物局评为中国历史文化名村。

## 四、南通唐闸镇

唐闸是一个南通地区运河的交汇点，曾因是中国近代民族工业的发祥地之一而闻名遐迩。它河道环绕，西面有通扬运河，东至秦灶竖河，南面有通吕运河，北至宁启铁路。

唐闸，俗称唐家闸，兴起于明代隆庆年间（1567—1572），原为通扬运河上的一个水闸，因附近有一唐姓绅士在此建闸得名。它四周均为盐河环绕，西面的通扬运河，历史上就是从通州运盐至扬州、泰州的运盐河；其东面原来的秦灶也是南通最先"煮海为盐"之地，历史上曾经是永兴场的范围，也是南通地区七大盐场之一；南面的通吕运河是一条从通州地区流至大海边的掘港、丰利、余西等盐场的运盐河。这说明唐闸镇早期也是盐业生产场所，后因运河盐运逐步成为集镇。它地接内河外江，水运便捷，坐拥广袤棉乡。早在 1895 年，爱国实业家、教育家张謇先生就看中唐闸紧邻运河的地理优势，在此创建了大型棉纺织企业——大生纱厂。从1895 年大生纱厂建厂始，张謇又陆续兴办了榨油、磨面、冶铁、蚕桑等一系列实业群体，如后建立的资生冶厂股份有限公司、资生铁厂、大兴机器磨面厂、广生榨油股份公司、大隆皂厂、大达公电机碾米公司、大达内河轮船公司、颐生罐洁公司、阜生蚕桑织染公司等十几个工厂企业，成为我国民族工商业的重要发祥地之一。20 世纪初，唐闸逐步成为新兴的工业城镇，曾是世人瞩目的镇市，有"小上海"之称。

今天，运河边的唐闸古镇上还保留着大生一厂、红楼、大达内河轮船公司、敬儒中学、唐闸公园、西工房等丰富的近现代民族工商业遗产；东岸的汤家巷保留着大片古民居，存有展现唐闸悠久历史的唐闸印象馆、展示南通板鹞、蓝印花布、梅庵琴派等非遗技艺的传习基地；运河西岸，则是以大生

南通濠河夜景（摄影：赵鸣）

纱厂钟楼为中心，周边是厂房、仓库、工房、办公楼兼有的大片近代工业遗产。经过三百多年的风雨沧桑，唐闸的地位有所削弱，但它还保留着丰富的历史文化遗存。

## 五、南通如皋市

如皋市地处长江三角洲北翼，南濒长江，东临黄海，与上海、苏州、无锡隔江相望，目前是江苏省南通市下辖的一个县级市。丘志称"如皋襟江临海，地旷土平，饶鱼盐，利农桑，在为淮南冲之"。公元 411 年建县，

迄今已有 1600 多年的历史。

"如皋"之名可追溯到《礼记》的木牍和《左传》的竹简。据《太平寰宇记》载:"县西北五十步有如皋港,港侧有如皋村,县因以为名。"其意思是:到水边的高地。"如":往也,"皋":水边的高地。境内拥有长江岸线 48 千米,通扬运河、如海运河、如泰运河等主要河流纵横全境,总长 180.8 千米。

如皋自春秋以来成为盐业重要产地,西汉吴王刘濞从扬州开邗沟至如皋煮海水制盐售卖,并挖掘的运盐河,是我国古代全国四大产盐地之一,历史上素有"金如皋"之称。《两淮盐法志·历代盐业源流表》称:"蟠溪煎盐区为两淮、江浙地区煎盐之始。"如皋煮盐之利兴于汉代,当时如皋蟠溪为中国盐场之最。这里的盐文化包括煮盐技术、盐运、盐政、盐税、盐商等。其中,我国有盐务行政建置始于唐代如皋场。唐代设如皋场,宋代海陵监移至如皋,辖丰利、角斜、东台、白驹等八大盐场。明清时,两淮盐商富可敌国,两淮盐运使被称为"江南第一肥官"。史载:全国赋税,盐赋占 50%,而海陵盐赋又占全国盐赋的 50%。

盐运也是如皋繁盛的主要原因之一。《嘉靖惟扬志》:"吴王濞开邗沟,自扬州茱萸湾通海陵仓及如皋蟠溪(今如城街道新民社区十里铺),此运盐河之始。"汉代以后,邗沟历代续有延凿。隋代,邗沟支道(通扬运河)向东延伸至掘港亭。唐末(10 世纪初)向南延伸至白蒲。北宋嘉祐年间(1056—1063)接通州。至此,自扬州湾头直至通州全线贯通,邗沟支道遂得名运盐河。元代意大利旅行家马可·波罗来到南通,在著名的《马可·波罗游记》中,他留下了彼时南通的生动记录:"通州城市面积不大,一切生活必需品的供应十分充足","通州东面相距三天路程的地方,就是海洋的中间地带,有许多盐场,生产大量的盐"。民国中期,因南通属各场盐产日少,输出无几,"运盐河"风光不再,名不副实,遂以该河起讫地点为名,改称"通扬运河"。新中国成立初,通扬运河因年久失修,淤塞狭窄。此后,如皋境内河道多次被裁弯取直,拓宽浚深。目前,通扬运河如皋境内长 48.20 千米,流经城北街道、如城街道、东陈镇、丁堰镇至白蒲镇。

该古运盐河自开凿以来,虽然路线、名称都略有变化,但作为运盐河的功能始终未变。运盐河通过历代的疏浚拓展,到北宋时期已延伸到南通城,西南经通济闸入江,东北经掘沟、串场河入海。以运盐河为主干的微运河水系密如蛛网，将南通与长江、淮河、大运河、黄海、东海连接起来，使之真正成为"四通八达"之州。

2000多年来，古运盐河催生了如皋丰富的历史文化。运盐河和盐业使得如皋交通便利、工商云集、集镇繁荣、人丁兴旺。两岸留存大量的古遗址、民居、园林、寺庙、古镇、历史街区、水工设施、盐垦遗产、民族工商业遗产，构成了丰富多样的大运河文化遗产。如皋内城河、外城河皆与运盐河相通，塑造了如皋城外圆内方、形似古钱的独特布局。如皋古城的建设资金直接出之于盐，众多园林庙宇的修建资金也主要来自盐。水绘园的主人为盐运司丞之后；霁峰园主人和水明楼的修建者均为盐运副使；雨香庵、新安会馆则为盐商合建。如皋学官名甲江淮，明清两朝修葺12次，盐官、盐商出资过半。城河边次第分布东大街、武庙、集贤里等历史文化街区，青砖黛瓦，巷陌深幽，院落静谧，草木葳蕤。东大街街巷肌理清晰可辨，400多栋明清、民国古建筑错落有致，传统风貌依然保存完好，与不远处的水绘园相映成趣。城外还有隋唐古墓群、蟠溪、邗沟铺，以及沿线东陈、丁堰、白蒲等古镇的老街区。这条古运盐河不仅哺育了沿途百姓，成就了大运河文化带如皋段的兴盛和繁华，也更加促进了南通、如皋地区城市的繁荣。它作为京杭大运河的重要支线，为历代经济社会发展发挥了重要的作用，留下了宝贵的文化遗存，发挥过极其重要且无可替代的作用。

## 六、淮安河下镇

河下古镇坐落于江苏淮安西北部，西依京杭运河与清江浦区黄码镇、与枚乘街道隔河相望，南濒京杭大运河，东与淮安区淮城街道、山阳街道毗邻，北与清江浦区钵池街道、徐扬街道接壤。它因运河而兴，因运河而衰，鼎盛时有"扬州千载繁华景，移至西湖嘴上头"的美誉。

河下镇居管家湖嘴，处黄河古道和运河之间，扼漕运要冲，为淮北盐斤必经之地，是淮安重要的商埠。这里的淮河五坝为民船、商船盘驳转搬之地，"漕艘贾舶连樯"，云集于此。因其优越的运输枢纽地理位置，使得河下镇成为商旅驻足、货物集散的重要中枢。同时，漕运的兴盛也让河下成了造船物资的集散地，如今保留下来的打铜巷、钉铁巷、摇绳巷、竹巷等名称，都与造船业有关。

河下镇的兴盛得运河之利、漕运之功和盐商之财。盐商麇集河下，培育了河下数百年的繁华，见证了明清盐商的兴衰和盐政的变革史。

中法合资五洋百货公司、中英合资鸡蛋清厂等。外国的汽艇、国内的小货轮在窑湾码头来往穿梭，河面桅樯林立，街道人流如织，可谓极盛一时。当时有商铺、宅院、教堂、庙宇的房屋8000多间。依托水运的优势，窑湾逐渐发展成为京杭大运河上的重要码头和商业重镇。

近年来，运河古镇窑湾也迎来了新的发展契机。2010年10月，窑湾古镇被江苏省政府评定为"历史文化名镇"；目前，正在争创"中国历史文化名镇"和国家5A级旅游景区。2010年11月，被中国大运河网评为"最美运河十景"第二名；根据江苏省委省政府编制了《大运河国家文化公园（江苏段）建设保护规划》的定位，窑湾古镇将建设成为大运河国家文化公园核心展示园。

## 八、东台西溪镇

西溪，素有"东台之根"之雅称。它位于东台市郊古运盐河畔，系东台历史文化的发祥地，两淮海盐文化的起源地，国家级非物质文化遗产"董永传说"的源头地。

在新石器时代的中晚期，西溪就有先民生存。汉高帝五年（前202），刘邦平楚，次年封刘贾为荆王，东台为荆国东阳郡广陵县地。汉高帝十二年（前195），刘邦封刘濞为吴王，建都广陵（今扬州市），东台属吴国，因其地高，埠且傍海故得名"海陵"。西汉元狩六年（前117）建海陵县，领海安、西溪两镇，西溪之名也始见于此。北宋开宝元年（968）设西溪盐仓。

西溪海盐文化声名显赫，最早自春秋战国时期，部分先民借沿海之利，煮盐自用并转售。汉高祖刘邦封其兄刘仲之子刘濞为吴王，于广陵（南京）立吴国，并在东台地区制盐，设立西溪盐场。自汉代"煮海为盐"，被誉为"天下海盐仓"。至唐玄宗开元十年（722）全国设四场十监，海陵盐监管理东台地区盐场事务，为十大监之首，岁煮盐六十万石，为两淮重点产盐区。五代十国南唐升元元年（937）海陵监移驻东台场，辖南北八个盐场，南四场为虎墩（今富安）、小淘（今安丰）、东台、拼茶（今属如东），北四场为丁溪、南八游（今大丰草堰）、北八游（今大丰白驹）、紫庄（今大丰刘庄）。宋太祖开宝七年（974）海陵监移驻如皋，下设西溪、如皋、海安三盐仓，北宋名相吕夷简、晏殊、范仲淹先后来西溪盐仓任盐税监。南宋增设何垛场、梁垛场。明代洪武五年（1372）设两淮盐运使司于扬州，下设盐运泰州分司于泰州北关。明洪武二十五年（1392）泰州分司移驻东台场，所辖栟茶、角斜、富安、安丰、梁垛、东台、何垛、丁溪、草堰、小海十个盐场，均在东台老政区境内，史称"淮南中十场"，最高盐产量达 225.8 石。因此，海盐文化是西溪最具特色的地域文化。

东台西溪镇泰山护国禅寺（摄影：赵鸣）

西溪历史文化厚重。佛教文化久负盛名，西汉时期（约 76 年）建广福寺，境内曾有大小寺庙 80 余座。泰山护国禅寺建于南宋，历经 900 余年沧桑，是中国佛教协会公布的江苏省名寺之一。海春轩塔是东台地标式建筑物，位于西溪泰东河北侧，建于唐修于宋，为"内唐外宋"两层砖结构塔抱塔，迄今已有 1380 余年，塔龄为江苏现存 58 座古塔之最，民间俗称"西溪宝塔"，又名"孝母塔""尉迟塔"，1982 年定为江苏省级文物保护单位之一，目前正申报国家级文物保护单位。东台与此有关的遗迹有 50 多处，如汉董永墓、辞郎河、凤凰池等。2006 年，"董永与七仙女的传说"被国务院批准为首批国家非物质文化遗产。

西溪曾是历史上盐税的主要征集地，尤以"三相"著名。北宋晏殊、吕夷简、范仲淹三任宰相都曾先后在西溪担任盐官。晏殊创办的西溪书院是中国历史上最早的书院之一，晏溪河也因晏殊而得名；吕夷简手植牡丹名闻遐迩，并建有牡丹亭；范仲淹主持修建了范公堤，并曾以"莫道西溪小，西溪出大才；参知两丞相，曾向此间来"称颂西溪。此外，古城内还建有晏溪书院、三相阁、海盐文化馆等景点。

## 九、东台安丰镇

安丰镇位于东台市境之南，串场河、安时河、通榆运河、三仓河流经安丰，是苏北与苏中衔接水陆交通的枢纽。东可通黄海之滨，西可入里下河地区，南可抵上海、南京，北可达徐淮平原。这里是明代哲学家、泰州学派创始人王艮、清代布衣盐民诗人吴嘉纪的故乡。

东台安丰镇盐课司（冯家道提供）

著名的范公堤将安丰地区分为堤东和堤西两大部分。堤东为冲积平原，土壤多沙，适合作物生长；堤西属里下河水乡，河网纵横，多缠泥、淀沙土壤，肥沃宜耕。地势平坦，气候宜人，有"鱼米之乡"的美称。

安丰原为海滨斥卤之地，早在西汉高祖十二年（前195）已经形成陆地，为古扬州属地，因濒临沧海，常遭海涛侵袭，初名东淘。唐太宗贞观十八年（644），因倭寇和海匪时常登岸侵袭百姓，唐太宗意欲东征，委派大将军薛仁贵作战前准备。薛仁贵在东淘这片紧临大海的海滩上开挖了2平方千米左右的水系八卦阵，训练军队，跨海平倭。现安丰大港村一、二组及丰西村一组所属地，因土地水系状为八阵图分布，故得名八卦村。后因挖河筑渠，平田整地而被淹没，现大港一组仍可见遗迹，对日后安丰经济和文化的发展产生了独特的催生作用。

南唐升元元年（937），东台设置海陵监，监管南北八大盐场，安丰始为小淘场，亦称小淘浦。宋大圣五年（1027）至天圣十年（1032），西溪盐仓监范仲淹与江淮制置发运使张纶、淮南转运使胡令仪合力率领民众修筑捍海堰，为当地盐民创造了安居乐业、丰衣足食的生产生活环境，从此"东淘"更名为安丰。清代袁伯勤撰写的《东台诗征》中写道安丰八景之一的"堤柳垂金"，说："范仲淹于宋天圣二年为盐官筑堤挡潮，赞成兹役者有张文靖公、胡文定公，而经始者为范文正公，各场建祠纪念三贤，堤则统名曰范，植柳堤上，以表记之。"

明清时期，安丰场成为闻名天下的"淮南中十场"盐场之一，并逐步形成了安丰镇区。在安丰八景中留有"盐山灿玉"之说，内容为："天下粮钱盐课居半，天下盐课两淮居半，两淮盐课中五场居半，中五场盐课安丰居半，安丰居蕞尔一块土，关系国家军国大计，自非浅鲜。"镇区内建成了南北七华里的古街，北起下灶星月桥，南至盐埂盈宁桥，遍布着"九坝十三巷七十二庙堂"的繁荣景象。四方商贾云集，店行坊馆星罗棋布，八百多家大小铺面，二千多人经营徽州的茶叶、油漆，江浙的绸布、江西的瓷器，中原的旱烟，以及远近各地的南北货。全场灶户19000多户，灶丁48000多人。后安丰专乡民专门建"三贤祠"以资纪念。

安丰人杰地灵，据《扬州府志》统计，明清时期安丰区小镇留下著述者就有22人，成书30多部。泰州学派创始人王艮（1487—1541），是中国唯一的盐民哲学家，中国明代中叶早期启蒙学派。而东淘精舍遗址系明代哲学家王艮住宅及讲学之处，为明御史洪坦于嘉靖十年（1531）建造，穿堂三进。王艮殁后改作祠堂，1969年拆毁。安丰镇也是明末清初爱国盐民诗人吴嘉纪（1618—1684）的故居。他的诗骨气奇高、风格独特、感情真挚，语言质朴，诗风直追杜甫。清末大数学家杨冰也曾经撰写了《三角讲义》《微积分补代数未尽说》等著名论文。

## 十、大丰草堰镇

草堰口地处大丰西南部，北与白驹、小海两镇接壤，东濒通榆运河、204国道，串场河穿越全境。相传古时草堰口周围多坟地、初名鬼神庄。唐朝大历二年（767）筑常丰堰时，此地留有泄洪缺口，即名"潮堰口"。至北宋天圣年间范仲淹主持修筑范公堤时，为防卤水倒灌，设草堰于此，村以此而得名，镇以驻地而得名，改称"草堰口"，并沿袭至今。

唐朝时，草堰是当时盐业生产的产地之一，设有南八游和竹溪2个盐场，隶属盐城监管理。宋元时期，改为草堰场和小海场。明清时期，草堰镇的盐业生产得到发展，到了清嘉庆年间（1796—1820），草堰口镇已初具规模，成为商贾行旅之地和海盐集散之乡。为了便利盐业生产，防止海潮侵蚀，明万历年十一年（1583）开建了草堰石闸。它位于草堰镇草堰村南端，即小海正闸和小海越闸，又称鸳鸯闸；两闸相距20米，形体一样，青石砌成，均为二孔一机心，每闸长 14.8 米，机心宽 4.2 米，金门宽 5.3 米，高 4.8 米，闸门为东向西，每孔两侧有四槽，备有两闸板相对启闭，当时在范公堤上建有 13 座闸。清雍正七年（1729）和清乾隆十二年（1747）两度改建，有效地东御海潮、西泄兴化等地来的洪水。1990 年，该闸被公布为盐城市级文物保护单位；1995 年，被确定为省级文物保护单位。

草堰镇人文荟萃，历史悠久，文化底蕴深厚，有着灿烂的民族文化和光荣的革命传统。境内草堰口汉墓群闻名遐迩，是目前盐城市境内发现的最大的一个汉墓群体。它位于草堰口镇丰宁村和永宁村之间，南北约 5 千米，东西约 1 千米，共留有 9 个土墩，每个土墩面积 1000—3000 平方米之间。1990 年公布为盐城市第一批文物保护单位。2002 年公布为江苏省第五批文物保护单位。宋代义井开挖于宋代，原为玉真观内部井，后道教人员为方便周围街坊邻居饮用，辟该井为公用义井。清代文学家李汝珍曾经在草堰居住，用此井水磨墨写出《镜花缘》一书。元顺帝至正十三年（1353）正月，张士诚秘密联络了弟弟张士义、张士德、张士信以及壮士李伯升、潘原明、吕珍等十七名胆大的盐民，在白驹场附近的草堰场北极殿，揭竿而起，挑起反元的大旗。

## 十一、盐城便仓镇

便仓镇地处盐城市郊和亭湖区南大门，东倚通榆运河，南枕斗龙港，通输公路、串场河穿境而过，素以枯枝牡丹闻名海内外，被称为"枯枝牡丹之乡"。便仓镇是见诸宋史的千年古镇，因宋朝时，该地为伍佑盐场之便仓，故名，是淮盐生产的盐场分垛。宋末，任陕西参知政事的卞济之迁此居住，又名卞仓；这里也是元末明初将领卞元亨的故乡。

便仓镇存有古青色马道、卞氏宗祠遗址、极乐寺、千亩楠竹园、枯枝牡丹园等众多人文景观。便仓的枯枝牡丹已有 700 多年历史，以奇、特、怪、灵著称于世，堪称一绝，"枯枝奇艳"被评为盐城新十景之一。古典小说《镜花缘》及明、清《盐城县志》均有记载。枯枝牡丹历经朝代兴替，沧桑巨变，经受战火摧残，始终不败，不绝于途。正如《卞氏宗谱》记载：牡丹品类不一，此独以枯枝别之异不在花也，骨则破裂，皮则粗皲，爪之则干枯，折之则脆。枯枝牡丹还有一奇，本系春花，有时却在深秋或初冬时节，竟傲霜斗雪，忽放红花，更引得游人竞赏，车马频喧，不禁咏之，说之，序之，铭之，赞之。有诗云："乘兴寻芳结伴来，枯枝名卉尽仙胎。东溟花色午年发，一度春风一度开。"

枯枝牡丹传奇众说纷纭。如《镜花缘》中载：唐代武则天为庆贺登基，责令百花隆冬齐放，唯有牡丹仙子玩误御旨，引怒武后，遂将宫中二千株牡丹用火灼烤，以成枯枝。《镜花缘》也有记载称："如今世上所

盐城便仓镇"枯枝牡丹园"（摄影：赵鸣）

传的枯枝牡丹，淮南卞仓（便仓）最多，无论何时，将其枝梗摘下，放入火内，如干柴一般，顿可燃烧。"还有人说：相传，明朝有一伍佑盐官杨应广，悉元亨遗戍，知牡丹奇异，醒爱之灵气，随移植官署，仍栽而不活，只得弃之，卞氏后裔复取，栽至原地，竟枝舒叶茂，生机勃发。据说宋亡后，卞济之将此花从国府园中移红白二本植于姑苏枫桥镇，后为避世又从姑苏退隐东溟（今便仓），其花随主人迁移于古镇——便仓。到了元末，济之嫡孙卞元亨被吴王张士诚委以兵马大元帅，乃爱其花。1367 年 9 月，张士诚失败，卞元亨解甲隐退于便仓，将原植株二本分成十二株，至此奇花名噪乡里。明太祖爱卞元亨文武才能，曾三请其而不出，太祖元璋怒，元亨被遣辽东充军十年，此间牡丹总不放花。赦归，又重放异彩，满园红花。

施耐庵是兴化白驹（今大丰白驹人），与卞元亨是表兄弟。张士诚起义时，施耐庵参与谋划。后因张士诚贪享逸乐，不纳忠言，施拂袖离去。不久张士诚身亡国灭，施耐庵浪迹天涯，后还旧故里，隐居不出。他深感时政衰败，作《水浒传》，而卞元亨则被作为梁山好汉行者武松的原型写进了这部不朽之作。

## 十二、连云港新安镇

新安镇地处苏北盐河边，隶属于江苏省连云港市灌南县，是典型的因盐运而兴的城镇。它南与淮安市涟水县灰墩镇接壤，北隔龙沟河与张店相望，东与三口镇、新集镇为邻，西临李集镇，现是灌南县县城所在地。

灌南新安镇新貌（摄影：赵鸣）

新安镇历史悠久。早在夏商时期，该镇境内为古徐州的属地。春秋时，境内属于鲁国。公元前224年，新安镇属于秦国领地。公元前221年，秦始皇建立秦朝，实行郡县制度，新安镇隶属东海郡朐县管辖。公元前101年，汉武帝封李广利为海西侯，新安镇为当时海西的县治所在。东晋以降，新安境内基本隶属朐县。明隆庆六年（1572），设立悦来集，当时属于张店镇，这是新安镇在历史上第一次开始实行编制。明崇祯九年（1636）将张店镇之南的悦来集，正式命名为新安镇。

新安镇属黄泛平原区，地势平坦，境内无山岗丘陵；历史上为古海岸沙堤，成陆较早，后被黄泛冲积物覆盖，曾经处于莞渎盐场的管辖范围。苏北盐河贯穿新安镇南北，与京杭大运河融会贯通，是沟通连云港、淮安的盐运、柴运的盐河沿线的盐运转销口岸与淮海南北物资的集散中心，于是吸引大量徽商来此贩卖鱼盐。明隆庆年间（1567—1572），在这些徽商中有一个庠生叫程鹏，以他为首的徽商用重金向里人购买了土地，里人也以鱼虾来交易米、酒等物，后来双方商议，共立一集镇，名悦来集，程鹏等一批徽商在此经商，至崇祯九年（1636）以故里境内新安江命名此地，改悦来集为新安镇。

新安镇人文荟萃，拥有硕项湖景区、海西公园、西米庵、二郎神文化遗址公园等人文风景区。2019年我国第三次文物普查时发现多处盐业遗址，如新安镇古民居、武障河集水坝，以及徐莞渎盐场遗址等，保留下了诸多大运河淮盐文化的重要佐证。

## 十三、连云港南城镇

南城镇位于云台山西南隅,与孔望山相望,是连云港市海州区的南大门。该镇东与云台山接壤,南邻宁海乡,西接海州区锦屏镇,北与连云港市区毗连。该古镇曾名临海镇、东海州、凤凰城,因隔云台山与北城(今墟沟)相对,故名南城,曾为齐郡、北海郡治所,1948年设镇。

秦汉时期,南城是濒临孔望山的云台山一隅,泛波于大海中,亦被称为"海上蓬莱""东瀛胜地"。这里一直是海州地区的海防重镇,直至清初始与陆地相连。"南城到北城,全靠水上漂"。这是说在今天的南城和墟沟在几百年前全是海中诸岛。南北朝时,南宋元

连云港南城镇六朝古街区(摄影:赵鸣)

徽年间(473—476),刺史刘善明在南城垒石为城,距今已有1500多年历史。

南城镇历史上与板浦场毗邻,交通便捷,盐河从侧面流经,妇联河贯穿东西。凤凰东山、凤凰西山侧卧于古城左右,所以,也有"凤凰城"之称,是海州地区商家的风水宝地。它自南北朝至元初为州、县治约800年,人口稠密,经济繁荣。唐贞观十三年(639),南城中兴;到清乾隆至嘉庆年间(1736—1820),南城人口为鼎盛时期,老大街店铺林立,各种字号有数十家,码头上各种商船云集,一派繁忙,成为云台山区政治、经济、文化、军事中心。坊间流传着顺口溜"穿海州,吃板浦,南城土财主",说明南城商业的繁荣程度。现存有明代玉皇宫、古凤凰城楼、城隍庙遗址、石门、天池、六朝一条街等古建筑。

古凤凰城内还保存六朝一条古街,是明清时期南城的缩影,浓缩了南城的文化精华。这条古街从南城城门开始,长大约1500米、宽2米,称"六朝一条街",被称为"南城东大街"。古街用1339块青石铺砌而成,俗有"南头到北头,三里出点头"之说,中间约一市尺宽为竖条石块直铺两头,称之为龙脊,为古时独轮车的行道。古街上不时还能看到当年富户门

前的上马石，古建残存，古风依旧。

整个街道长两华里又九十九步，街宽六尺，是过去县城街宽的标准。街心路面留下了独木轮车长期碾压的二寸多深的车辙。路两旁的民居，鳞次栉比，首尾相连，却都是东西向大门。大部分建筑青瓦屋面、斗拱出檐伸向街心，建造不用水泥，除了部分为砖砌墙体，大部分仍然保留了南城典型的建筑风格——乱石砌墙的风貌，历经风雨一二百年却一如当初。街心两侧门面过去大都是铺面，保持了明清时代"前店后坊"与后花园通联的传统住宅模式。一般每户都有两三道穿堂，三五进庭院，住房却又是南北向，大都是"金"字木梁、砖椽，有的带抄手廊，屋内罗砖铺地，屏风隔断，保持了清代的建筑风格。

南城古镇历史上曾是苏北地区有名的佛、道胜地，城内有大小庙宇 27座。而普照寺建筑历史最长，发迹于宋。据州志记载，始建普照寺者为一藏禅师，淮安南建义村人，常往返于东陬山和宿城一带。东海县安抚使张汉英多次使人征召，禅师遂来南城。于宋咸淳间（1265—1275 年）在县衙后立庙建塔，庙名"普照寺"，结集僧徒于此讲经念佛，遂成名刹。

位于在南城东凤凰山绝顶玉皇宫。始建于隋开皇五年（585），是海属地区最为古老的道教宫观。宫内供奉着主尊玉皇大帝，后被日本飞机炸毁。19 世纪末，民间集资修复玉皇宫、观音殿、三元殿及送子娘娘殿等整体建筑。玉皇宫前山门立柱为隋代遗物，至今已有 1400 余年的历史。玉皇宫西北有"徒然洞"。洞口上方镌刻着"徒然洞"题刻，正楷，上款"民国三十五年（1946）孟春"。下款"阜宁高卓然"。其二在徒然洞右上方为诗刻："观徒然洞偶感：扶桑倭寇兮扰我邦，穿穴御袭兮徒然忙。血溅八载兮洗国耻，河山重整兮日月光。安危莫忘兮继奋斗，纵横宇宙兮当自强。古燕国桢高捷题。"正楷。其三，在徒然洞之右上首有题刻为："题徒然洞：蠢尔倭奴，残暴妄动。公理难容，徒留此洞。民国三十五年春高建华。"正楷。其四，在洞口直上："题徒然洞。徒作藏身想，倭奴计已穷。一朝同鼠窃，凿洞秘山中。民国三十五年春武柏年。"正楷。徒然洞题刻表达了国人对日寇的仇恨以及不忘国耻的民族情感。

## 十四、连云港新坝镇

新坝镇，隶属江苏省连云港市海州区，地处海州区西南，北与锦屏镇毗邻，东与板浦镇、盐河相接，南与灌云县穆圩乡交界，西与东海县张湾乡、沭阳县接壤，交界，西与东海、沭阳接壤，占地总面积约 66 平方千米，人口约 32000 多人。这里曾经是海沙淤积的沙冈，土质较为特殊，适宜种植蔬菜水果作物，盛产大白菜、西瓜、西红柿、毛豆、淡水鱼等，是连云港市目前最大的蔬菜基地，远近闻名的"瓜菜之乡""鱼米之乡"。

连云港新坝沙杭村（摄影：赵鸣）

新坝之名历史悠久。据《隆庆海州志》记载："新坝，去治南四十里，旧有银山坝捍海潮……银山坝，去州治南二十里，自青州穆陵关发源，合沂、沭水，由九洪桥入海。其势奔迅易涸，故筑坝以潴清流，为农田利。"明隆庆年间（1567—1572），银山坝被海潮冲毁，"今海坝既决，始于此筑坝，故名"。后人将此坝称为"新坝"。民国十六年（1927），海州设新坝乡。1999 年，撤乡，改置新坝镇。

新坝地处海淤积平原，境内有泊洋河、盐河 2 条河道，与涟河通达，是历史上板浦淮盐北上徐淮的重要集疏运节点。至清朝初年，这里商贸发达，"市集甚盛"。境内还有蔷薇河、海沭河、孙庄大河、中兴河、沙杭大沟、黄泥沟、五道中沟、小涂河、引水河九条，总长 51.2 千米。乾隆至嘉庆年间（1736—1820）"涟河淤不通舟"，镇遂衰落。近期盐业考古中发现，新坝附近的板浦尤庄存有周代盐业生产遗址，它与新坝近在咫尺，联系非常密切。

# 第三节 盐业繁茂蕴芳菲

中国的盐业横贯东西，有海盐、井盐、湖盐、池盐、矿盐之分，分布在全国各地。其中，以海盐最为繁盛。同时，盐业也是历朝历代财税的第一大宗商品，因此，从商周、春秋战国至民国时期，朝廷政府对于盐业生产、商贸的监管从未间断过。

海盐产量高，质量好，历来最为受人重视。历史上，中国的海盐生产集中在我国沿海地区和台湾地区，素有四大盐场之说，即天津的长芦盐场，主要分布于河北省和天津市的渤海沿岸；莺歌海盐场，位于乐东西南海滨，是海南岛最大的海盐场，在华南地区首屈一指；布袋盐场，是台湾省最大的盐场；还有两淮盐场，历史上集中分布在江苏苏北、苏中地区的淮河两岸。

扬州瘦西湖公园白塔（摄影：赵鸣）

两淮盐场，又称苏北盐场，由于在淮河故道入海口的南北，故又名两淮盐场。其中在淮河以北的叫淮北盐场，在淮河以南的称淮南盐场，地处江苏省长江以北的黄海沿岸。它们北起苏鲁交界的绣针河口，南至长江口这一斜形狭长的海岸带上，跨越连云港、盐城、淮安、南通4市的13个县、区，占地653平方千米，是中国著名的四大海盐产区之一。两淮盐场生产的盐被称为"淮盐"，以"色白、粒大、干"的特点闻名于世，质量好，产量高，最高年份年产原盐300万吨，一直为我国海盐中的极品。

淮盐开发历史悠久，生产规模最大，历史上曾经由30个产业区组成，素有"自古煮盐之利，重于东南，而两淮为最"，"两淮盐税甲天下"之说。西汉时期设置盐官38处，其中沿海置盐官的地方有18处，几乎占汉置盐官的一半。一方面，这说明西汉时海盐生产规模巨大，占据了汉时全国盐业生产的半壁江山，另一方面，体现朝廷对于海盐监管的重视和盐业管理的程度。

最新考古发现证明，江苏泰州地区的先民煮海水为盐始于新石器晚期，连接成片的"东煮海水成盐"的雏形则是根植于周、秦。夏商之后的西周早期（约3000年前）第二代、第三代君主成王、康王依据淮盐，首次对中华民族的强盛作出了突出的贡献。西周王国出现繁荣和谐景象，被后世的孔子称之为小康之世，史称"成康之治"，乃是中华民族第一次盛世。近期在连云港海州板浦尤庄发掘的盐业生产遗址，说明了至少在两周时期这一带就存在煮海为盐的生产，其规模和产量都发展到了一定的水准。

春秋战国时期，吴王阖闾（前514）在江苏沿海开始煮海为盐。汉武帝招募民众煎盐，刈草供煎，燃热盘铁，煮海为盐，昼夜可产千斤。据司马迁《史记·货殖列传》记载："夫吴自阖庐、春申、王濞三人招致天下之喜游子弟，东有海盐之饶，章山之铜，三江、五湖之利，亦江东一都会也。"连云港连云区云山李庄发现的战国末期时期盐业生产遗址就印证了这一点。

西汉时，"吴王濞封广陵（今扬州），煮海为盐"，这是两淮盐业见于史籍记载之始。吴王刘濞在泰州建海陵仓，开邗沟支道专司运盐，四十余年间开发山海资源，牟取了滔天的财富。司马迁在《吴王濞列传》中记载了刘濞发动七国之乱初期对造反的大军所讲带有煽动性的几段话，道出了他砸锅卖铁，妄图推翻朝廷和他三十余年间财富积累的真实情况。司马迁在文中记载："七国之发也，吴王下令国中曰：寡人年六十二，身自将。少子年十四，亦为士卒先。诸年上与寡人比，下与少子等者（盐丁）皆发……寡人积金钱，修兵革，聚谷食，三十余年矣！"他所裹胁的二十余万造反大军中特别是七国之中的吴国，有很大一部分是淮南地区当初"招天下喜游子弟亡命者"的灶民。

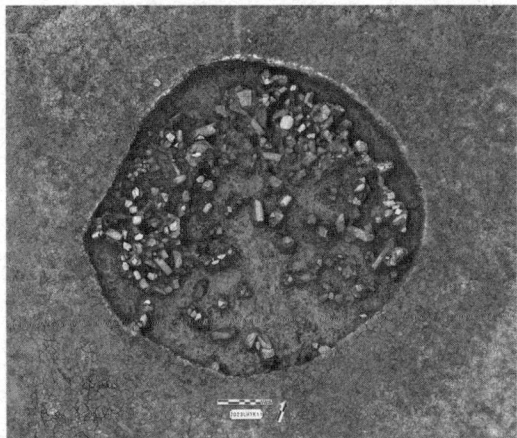

板浦尤庄制盐废弃物堆积坑（摄影：朱良赛、张晨）

为了能快速夺取中央政权，他就用金钱来激励将士，"下令：能斩捕大将者，赏赐金五千；斩杀列将，赏金三千；斩杀裨将，赏金二千；斩杀其余小吏皆以差次受爵金"。在他起兵反叛时发布的"遣诸侯书"中称"……寡人金钱在天下者往往而有，非必取于吴，诸王日夜用之弗能尽"。事实上，当时刘濞是以淮南吴地生产的食盐，二十倍于民，销往周边不产盐的地方，牟取暴利。由此可见，刘濞开挖邗沟支道，联通邗沟的主要目的就是为了运盐。而当时的邗沟早已不再仅仅是用于运送部队的军事用途，而是肩负着运输淮盐的商贸价值。

雄才大略的汉武帝为了因地制宜发展海盐生产，同时为了解决百越族问题，曾先后两次将百越族居民移居到江淮。建元三年（前138）从瓯越（今浙江温州一带），元封元年（前110）从东越（今福建闽侯县地），将那里数万渔民移民到江淮来，以恢复和发展江淮地区的盐业生产。从时间上来看，这两次大规模移民分别是七国之乱后的十六年和四十四年。

隋唐时期，盐业生产更加繁盛。隋朝统一南北为盐业经济的发展创造了良好的外部条件。在江苏，泰州、南通、盐城、涟水、海州等淮盐产区开沟引潮，铺设亭场，晒灰淋卤，鏊煎锅熬，设立专场，大规模开发盐业生产。唐代设有十大盐监，岁得钱百余万缗，以当百余州之赋。而海陵为十监之首。当时，盐铁使刘晏在涟水设海口场，开始专门产盐。据《太平寰宇记》卷103引《元和郡县图志》记载，盐城每年产盐量为四五十万石，而海陵的年产量则为六十万石，为十监中最高数。唐开成四年（839）日本僧人圆仁来中国求法取经，在海陵县白湖镇桑田乡东梁丰村登陆，后沿汉吴王刘濞开挖的运盐河西行，途中见到盐官船积盐，场面十分壮观。可见当时海陵盐场产盐之多。

唐宋时期，江淮地区的淮南地区盐业生产规模极度膨胀，"朝廷赋之所出，江淮居多"。唐代宗李豫于大历二年（767）派淮南道黜陟使李承督建捍海堰（亦称海陵堰）"自盐城入海陵"，"袤一百四十二里"，为当时江苏沿海盐业生产发展提供了保障。两宋时期，淮南的盐产量更是大到十分惊人的地步。从《宋史·食货志》记载中我们可见到大概情况：鬻海为盐，全国分为六路，即京东：密州场3.2万石、河北：滨州场2.1万石、两浙杭州7.7万石、淮南三监：156.2万石、福建：4.5万石、广南：2.4万石。从记载中看到，淮南三监的盐产量是其他五路盐产量总和的七倍多。在下一页志第135又记载：五年，朱熠复曰："盐之为利博矣，以蜀、广、浙数路言之，皆不及淮盐额之半，盖以斥卤弥望……"在同一页中还记载了：绍兴末年以来，泰州海陵一监支盐三十余万席，为钱六七百万缗，则是一州之数，过唐举天下之数矣。泰州"古税务街"牌坊右侧的对联曰："溯唐宋赋源盐税曾居天下半"，正是对当时这段历史的真实写照。

从秦汉至唐宋，江苏的海盐生产多以淮南盐为主。盐业生产的中心居于泰州、扬州、盐城和南通等地区。以泰州为中心的淮南大盐场，原本是两淮盐业的集中产地。汉至唐宋间，泰州地区所产盐一直史称"吴盐"。吴盐亦是特指江苏淮东吴地所产煮海为盐之海盐。民国初林振翰《盐政词典》对吴盐一词的解释为：玉海。唐肃宗初，第五琦请于江淮置租庸使。吴盐、蜀麻、铜冶皆有税。即今淮盐为我国制盐之最著者。

北宋时期，泰州主要辖海陵、兴化、泰兴、如皋四县。南宋时期，泰州最小时仅辖海陵、如皋两县。根据《宋史·食货志》（下）史载，宋泰州海陵监如皋仓小海场六十五万六千余石的记载。宋室南迁后，随着宋金议和，局势稳定，泰州盐业生产得以迅速恢复和发展。产量达一百七十五万石（亦即八千七百五十万斤）以上。南宋时泰州的盐产量仍约占淮南东路总产量的六成，占全国总产量的近四分之一，其盐业生产量冠绝天下，成为南宋最重要的盐产地。

后来，宋朝为了加强对泰州盐业的控制，设立盐官一职，主管盐政。

天禧五年（1021），范仲淹被派往泰州任盐监一职，管理盐场，征收盐税。制海盐需要盐场，北宋时泰州海陵监辖盐场8处。史载天圣（1023—1031）年间，通楚州场各七、泰州场八。《太平寰宇记》中还记载了北宋初年海陵监的区域为东西宽一百九十里，南北长三百一十里，四至范围为：东至通州静海县界海岸，西至泰州兴化县界，南至泰兴县界并江岸，北至楚州盐城界。说明北宋时期海陵监覆盖的区域大体上包括了今天东台市、海安县、如皋市。海陵监所辖的几大盐场，分布在北起盐城南兴（化）盐（城）界河口、南到今栟茶运河口之间的百余千米的海岸线上。

北宋期间，淮北盐场开始兴旺。在海州设有板浦、惠泽、洛要三盐场，年产盐47.7万余担。当时，涟水县扼淮河入海口，中转运盐最为便捷。至1023年前后，这里设立搬运仓，专门搬运海州、涟水所产之盐。故宋代中叶后，淮北盐场有较大发展。

至元代，江苏盐业已发展到30个盐场，煮海规模居全国首位。当时泰州设过路、州建制，泰州领县是海陵和如皋。那时，国家经费中盐利居十之八，而两淮盐独当天下之半。元大德四年（1300），两淮改立盐仓，规定成盐存储于盐仓，可供销和贮存。两淮盐仓主要设置在扬州、泰州、淮安一带。从《元史》记载看，两淮盐产约2亿斤至3亿多斤，甚至超过了南宋时期的水平，其中淮南盐业的贡献是不言而喻的。

明清时期，淮南、淮北盐场的生产基本不分伯仲。根据《濙光泰州志》记载：明洪武初，省海陵县入州，领如皋一县，属扬州府。洪武元年（1368），两淮都转运盐使司设于泰州，后改设扬州。两淮运司辖泰州、通州、淮安三个分司和泰州、淮安两个盐引批验所。当时两淮盐业的生产主要集中在泰州分司所辖的淮中十场。

苏州报恩寺牌坊（摄影：赵鸣）

清代泰州依然盐业繁荣，最直接的体现就是朝廷对于盐课的征收《江苏省志盐业志》里记载，根据《两淮盐法志》有关资料显示，清代嘉庆七年（1802）至宣统三年（1911）110年间的四次统计，两淮共产盐84.6万吨，其中泰州分司产盐59.4万吨，占同期两淮总产量的58%。又据省盐业志统计，光绪十七年（1891）两淮盐场课税白银8.4万两，其中海州分司、通州分司和泰州分司分别占14%，24.5%和61.4%，泰州盐课居两淮之首。正如汪兆璋在《重修淮南中十场志》序中所述：宇内产盐之省凡八，两淮为最。两淮产盐之区凡三十，而中十场为最。

江苏盐城与南通的盐业生产也曾经在历史上盛极一时。盐城在西汉初，因盐置县，名盐渎，晋改名盐城。在北宋以前，淮南盐场的生产规模最大，当时，"南兖州的盐城县有盐亭一百二十三所，工私商运，每年常有船千艘往来"。后来，因为黄河改道，致使江苏沿海海

盐城盐文化水街陆公祠（摄影：赵鸣）

岸逐步推移，特别是淮河以北地区的盐业生产开始繁盛起来，淮北盐场的发展也初具规模。元代初年（大约1194年），黄河南徙，夺淮入海，所带泥沙大量沉积于河流入海处，迫使海岸线向东扩展，使淮南盐区距海渐远，给盐业生产带来了很大的困难，原有的泰州、南通地区的盐业逐步萎缩衰败。

明清时期，江苏沿海"海势东迁"，昔日斥卤之地，大半去海已远，其间经官方勘明放垦者，所在固有，而民间私垦者亦多。滨海新淤日涨，旧时亭场去海日远，潮汐不至，盐产遂绌……故淮南煎盐渐次衰退。同时，在自然条件上，淮南降水多于淮北，对制盐

连云港中正盐场的清代民居（摄影：赵鸣）

业不利。如此种种原因，淮北盐场生产大大超过淮南盐场，呈现出南煮北滩的制作技艺模式。

清光绪二十九年（1903）之后，由于淮南海势东移，土壤淡化，盐产日绌，煎盐逐渐被淘汰，而日益兴盛起来的淮北日晒滩制盐，通过滩晒技术的不断改进，从分散的小型砖池滩晒逐渐向大型泥池滩晒过渡，使得淮北产盐占到两淮总盐量的80%以上，继续保持着淮盐在我国盐业生产中的重要地位。

清代后期，江苏淮南盐场因海势东迁，卤气渐淡，荡草日绌，供灶维艰，虽有移置亭灶之议，尚未实行。像石港、金沙、刘庄等远离海潮的旧盐场，同时，缺少向新淤荡地搬迁亭场，或者没有尾沙（即新淤荡地），自然"难谋移筅"，盐场的盐业生产难以为继。故石港、刘庄等场产盐极形短绌，金沙一场且久不出盐。此后，淮南地区的安丰场、吕四场、丰利场、角斜场、栟茶场、掘港场、何垛场、梁垛场、丁溪场、安丰场、伍佑场、新兴场和庙湾场等，随着江苏沿海海岸的逐步推移，泰州、盐城、南通等地的盐商"移亭就卤"出现困局，一方面官府往往"专己自是""安于苟且"；而场商则"安享其成，不思振作，吝于接济，惮于休整，以至灶情疲玩"。此时淮南传统煎盐本重利薄、商力衰耗，移筅乏力，徒有增产愿望，缺少生产能力，盐业生产整体逐步衰败。同时，当时的淮盐生产方式也出现了新的变化，既运用日光的滩晒技艺开始兴起。史料载：明初朐阳西海所人丁永"通商贾兼鱼盐"，明成化三年（1467）31岁的他被官府任命为板浦盐业督办，主导了燃薪煮盐改变为池滩晒盐。滩晒工艺的出现，使得当时淮盐的生产出现了新的生产格局，至清代开始大规模使用。正如《明史·食货志》中记载的那样："淮南之盐煎，淮北之盐晒。"这种方法的出现促进了淮北盐业生产的兴盛，使之逐步取代了淮南盐业的生产地位，开始了新生。

江苏苏北的海州地区盐业生产历史悠久。夏王朝为了控制各地部落贵族，加强他们对国家的隶属关系，主张"定九州，任土作贡"，"厥贡盐缔"就是将盐规定为贡物，定期向天子进贡。连云港大村墓葬出土的商周铜器、陶鬲、陶罐等礼器与生活器皿，其中陶鬲极有可能是商周时期煮盐的工具。因为，古人称煎盐为鬻盐，说明在商周时期海盐是以鬲型器皿制作出来的，所以，至少在商周时期就开始煮海为盐的生产。春秋时期，赣榆地区属于琅琊郡，其县治盐仓城就是海盐储存转运之地，直至汉代才逐步衰落。这里曾经出土大量汉代陶片、瓦片，还有箭镞、刀剑、铜镜、五铢钱等遗物。秦汉时期，海州地区设朐县，属于东海郡。汉武帝元狩四年（前119），朝廷招募民众煮盐，以解决财政困难，制盐成为一种专业生产活动。《史记·平准记》中说："愿募自给费，因官器作煮盐，官与牢盆。"《盐铁论》中提到"朐卤之盐"，便是指江苏北部海州地区的生产的盐。根据1992年在东海县尹湾汉墓出土简牍中的《东海郡下辖长吏名籍》《东海郡属吏设置簿》等文献记载，西汉成帝元延年间（前12—前7），东海郡设立盐官，驻在地今灌云县伊芦乡境内。北浦（今之灌云县板浦）、郁州（今之云台山）设有盐官派出机构。东汉灵帝熹平元年（172），东海（其时古海州地属东海郡）相满君在海州立东海神庙碑，碑文中也提到了"源瀩海盐，民赖其利"之说。至汉代，淮北地区已有煎盐炉灶452处。

宋真宗天禧元年（1017），古海州地的煮盐灶户被划分区域设立三个盐场，分别为今之灌南县张店镇的惠泽场、今之赣榆县沙河镇一带的洛要场、今之灌云县板浦镇太平埝一带的板浦场。其时，这些地方都居于海岸线上。《宋史·食货志》

连云港云山李庄战国盐业生产遗址（摄影：赵鸣）

载：板浦、惠泽、洛要三场年产盐47.7万担。

南宋绍熙五年（1194），黄河夺淮入海，新的海滩涂因淤积渐阔，淮北井灶随海北移，兴建了临兴场，洛要场被废，变为草荡，以供板浦场砍取煎盐之柴草。到了元朝，惠泽场亦遭废除。为了保持盐产盐利不减，官府总是随海势变迁再设立新盐场，但均另予命名，陆续出现过临洪场、浣渎场、徐渎场、兴庄场、中正场等。明清时期，淮北盐场下设临兴（今青口盐场一带）、中正（今台南、徐圩二场范围）、板浦（今灌云县北）三场。

在淮北的三大盐场中，以板浦场最为显耀。从近期的考古发现：从周朝开始，板浦就开始出现大规模的盐业生产。春秋战国至秦汉，这里一直是淮北盐业生产的重要基地。唐代，淮北地区的盐业生产迅速扩展，因此，开挖盐河，为输运盐斤之用。元代，元世祖至元二十二年（1285），因板浦场盐产之、高盐运之旺，"板浦、南城舟船云集，商旅熙攘"，使之成长为海州地区经济重镇。元《旧盐法志》载：元世祖至元三十年（1293），板浦场扩建，开始设置场官，有盐司令1人，从七品；司丞1人，从八品；管勾1人，从九品。设置盐管机构，说明了这里在淮盐生产中的历史地位。到元惠宗至元六年（1340），黄河又一次夺淮入海，淮南盐区毁损严重，朝廷将淮北盐区的板浦场第二次扩建。

明清时期是板浦场发展的黄金期。明洪武元年（1368），板浦场属两淮都转运盐使司淮安分司，设有板浦场盐课司。明成化三年（1467）后，板浦场率先推行海盐新的生产方式，一改有史以来的海盐煎制为日光晒制，大大地提高了板浦场的海盐产量。日光晒制法经推广后也使整个淮北盐区的产量大增。据史料载：到明隆庆年间（1566—1572），板浦场所办盐课为25958引，合今之5191.6吨。后来在清康熙五十年（1711），云台山与陆地相连，板浦场盐田有短暂缩减。清乾隆元年（1736），淮安分司又割板浦场的小浦、东大、东辛和中正四疃（场下属的盐区）设立中正场，板浦场区盐滩规模再次缩减，但在几年后的乾隆五年（1740），又将元成宗元贞二年（1296）在板浦场东北海滩上设立的莞渎场划归板浦场管辖。这时的板浦场面积大幅提升，盐滩规模最为广阔，发展进入黄金时期，成为淮北盐区商贾辐辏之地。到清嘉庆时期（1796—1820），年产量87337.5引（每引848斤），合今之37031.1吨，占海州盐产量的一半以上。史料载嘉庆九年（1804），板浦场"户口灶籍二千八百八十户，男妇共一万四千五百三十四口；盐池七疃，计四千九百六十五面，年产盐八万七千三百三十七引；荡地四百四十一顷九十一亩；灶课折价及纳荡租额征银五千五百二十二两六钱四分一厘"。那时，云集在板浦的垣商达396家，可见板浦当时的盐业盛况。清道光十二年（1832），板浦场下辖81个小盐场，有盐滩5000份。清咸丰五年（1855），黄河改由山东入海，云台山麓海岸迅速淤积，板浦场于同治六年（1867）第四次扩建，新辟开泰、程圩、夸圩三处池滩，后又相继建立朱圩、泰和圩、刘圩、唐圩、佟圩、顾圩等处池滩，后来一直顺着盐河向海滨延伸，囊括了新浦、猴嘴、大浦等地的盐滩。在民国 1911 至 1921 期间，板浦场平均年产盐 7.25 万吨。当时虽有济南场七大制盐公司崛起成为"淮北第一巨擘"，板浦场盐量仍可占到淮北盐区总产量的 19%。到民国十八年（1929），年产量竟能突破 10 万吨大关，达到 105550 吨。新中国成立后，板浦场改名为台北盐场，企业生产力得到持续提高，生命力也持续勃发，从 1949—2005 年的 57 年间，共为国家生产盐量 1160.71 万吨，年平均 20.36 万吨。

新中国成立后，淮北盐场生产有很大发展，苏北沿海 12 个县市都有盐场分布。到了 20 世纪 60 年代后期，淮南区域由于地理变迁，早已淡出海卤。淮北盐区继续北徙，归并为青口、台北、台南、徐圩、灌西、灌东、新滩和射阳 8 个盐场，盐田总面积扩大至 6.5 万公顷。1978 年原盐产量达 269 万吨，最高年份生产量保持在 300 万吨左右，且优等和一等品率达 98%，完全可以满足工业原材料和居民食用的需要。

21 世纪以来，随着连云港市"一体两翼"发展战略和徐圩新区开发的强势推进，淮北盐场大部分盐田都逐步转为工业和港口用地，极具淮盐文化色彩的苏北淮盐产区正在急剧萎缩，传统的淮盐工艺及古老的淮盐民俗也渐行渐远，面临流失危机，淮北大地唯一保存比较完整的淮盐生产区——徐圩盐场进入了一个新的发展里程，由此而产生的对淮盐传统生态文化的保护折射出当代人对于两千多年淮盐历史文化风雨沧桑的历史记忆。

## 文化链接：

### 一、苏州张士诚纪功碑

张士诚纪功碑位于苏州人民路 652 号的报恩寺塔东北隅碑亭内，1957 年被列为江苏省首批文物保护单位之一。

张士诚（1321—1367），元代末年泰州白驹场（今属大丰区）人。元至正十三年（1353），他率领盐丁起义反元，后渡江南下，定都平江（今苏州），改平江府为隆平府，自称吴王。至正二十六年（1366）为朱元璋所灭。

据《吴门表隐》所载，张士诚纪功碑为元末江南富豪沈万三所置。据近代金松岑等学者根据图中冠服器物作索隐考证，基本确定为元代雕刻。图中画面大致为元至正十九年（1359）张士诚迎接元使伯颜的场景。

张士诚纪功碑，亦名陵平造像碑、张吴王纪功画像石刻，又称报恩寺石龛造像，碑高 3.06 米，宽 1.46 米，厚 0.4 米，青石质。自上而下画面可分四段。第一段，祥云缭绕中并肩立 12 人，身后张华盖七具。第二段，中为重檐歇山顶正殿，殿前有月台，陛五重，殿后旗幡招展。殿中三人面南端坐，中为王者，两旁为大臣。东西两楹列案，

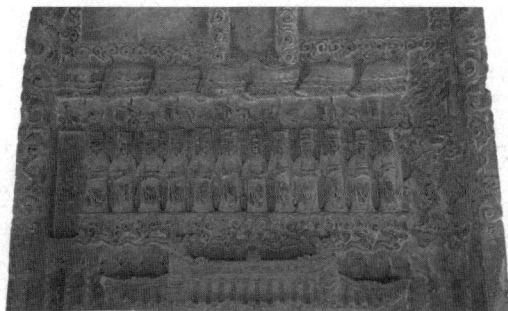

苏州报恩寺《张士诚记功碑》局部石刻
（摄影：赵鸣）

设壶觞肴核，各坐两人。左右又有两掖，各坐两人，西端一人着胡服。第三段，东西配殿中各坐三人，均着胡服。殿前为月台，环以石栏，陛五重，中有甬道通正殿。道中置一巨瓶，内插珍宝。胡服侍者抬宝瓶珊瑚自西南升台进献。第四段，月台前一马盘旋起舞，众多武士披坚执锐，持旌牵马，威武雄壮。

全图共有王者、大臣、胡客、甲士、侍卫、胡服侍从等 118 人之众。碑上端似额，绕以卷云纹，但框内空无一字，似被挖去。

此碑采用高浮雕手法，琢工精细，构图严谨，建筑布局清楚，层次分明；人物面目清晰，姿态各异，衣褶流畅，是一件具有历史价值的元代石雕艺术上品。其雕琢风格与山东东汉武梁祠画像石接近，浑朴、雄健，故亭子上有"武梁遗轨"的匾额，是保留下来的全国唯一的元代盐民起义人物活动的碑刻。

## 二、淮安盐河双金闸

双金闸，始建于康熙二十四年（1685），是"中国运河之都"江苏省淮安市京杭大运河申请世界文化遗产的遗产点之一。

双金闸，是"双金门大闸"的简称。它每孔宽为一丈八尺，双门总宽三丈六尺。其作用是分泄黄河水，可使清口黄河水位下降一、二尺，便于漕船渡黄。康熙二十六年（1687）开中河，在仲家庄建闸控制，运道从仲庄闸进入中河，避黄河百八十里之险。又"自清河县西北起开河，经安东城……迄于平旺河，由安东南潮河（灌河）入海，兼利盐运，名下中河，一名盐河"。双金闸便成为盐河的渠首。

淮安清江浦现代越闸（摄影：赵鸣）

据《咸丰清河县志》记载：康熙二十四年（1685），因黄流倒灌清口，当时的河道总督靳辅给康熙皇帝上疏，力陈挖闸下引河的利处。靳辅疏曰："洪泽周回数百里，所引上流分黄之水难免倒灌，今于清河县西建双金门大闸一座，并于闸下挑引河一万余丈，如遇黄河十分异涨，立启此闸，分泄归海，则淮黄会合之处又可减黄水一二尺，有裨运道。"因此，"奏请于清河县治西建双金门大闸一座，闸下挑引河万丈，分减黄流归海，有裨运道"。康熙帝批准了靳辅的疏请。此时的双金闸是为排泄黄河水之用的，位于清河县治（即今马头镇旧县）之西。

双金闸具有双重功能。它原为泄黄河之水而建。闸建成后，如遇黄河水异涨，则启闸分泄归海，黄河、淮河之水汇合之处，可减黄水一至二尺。康熙四十二年（1703）改运口于杨庄，则专泄中河之水。冬春季节，启闸放水，还可以接济盐河水运。

今存之双金闸为民国十一年（1922）民国政府延聘英国工程师莱茵所规划设计。闸底板采用桩基水泥混凝土，闸墙以水泥砂浆砌筑条石，下游防冲底厚1—1.3米。该闸是我国水工建筑史上使用水泥作为胶结材料的起始。它为辛山正向，梭头式，两金门各宽7.5米，闸墙高8米，叠石21层，矶心围近60米。出口处建有静水池，使泄流自行削减冲击力。下游增置板桩并护以块石，以抵御冲刷。设钢架木面闸门，建工作桥，安装起闭机，但是，为人力操纵。引河上游钳口坝由厢埽改用水泥浆砌石工，口门宽 13.5 米。

双金闸引进了西方水利科学技术，使用的水泥和钢闸门、机械启闸设备为我国河闸的起始。该闸结构整体性较好，强度及耐久性比原来传统闸均大大提高，启闭更为灵便可靠。由于引进了新技术、新材料，使得当时的闸坝的水工建筑技术前进了一大步。20 世纪 70 年代，双金闸被改建为夏家湖南电站。

1958 年，淮沭新河开挖，彻底截断盐河通道，双金闸完成了历史使命，由新建的盐河闸取而代之。1959 年新建的盐河闸，为洞式结构，共有12 个泄水孔，每孔高 4.2 米、宽 3 米，闸底海拔只有 6.8 米，最大可泄水276 立方米/秒，外加三个发电孔，不仅可以在任何时候向盐河补给水源，还保障了近 200 平方千米范围内适时排涝，为淮安、涟水、灌南三区县256 万亩农田提供灌溉水源，这是历史上的双金闸无法与其比拟的。

2003 年，双金闸被淮安市人民政府公布为市级文物保护单位。2011 年12 月，江苏省人民政府将其公布为第七批省级文物保护单位。京杭大运河沿线 35 个城市将大运河沿线遗产点申报世界文化遗产，双金闸作为首批65 处遗产点之一被纳入其中。

## 三、淮安中国漕运博物馆

中国漕运博物馆坐落于江苏省淮安市淮安区漕运广场内漕运总督署遗址附近，为国家 4A 级旅游景区，主要展示我国历史上的漕运文化。它与2002 年在淮安发现的中国重大考古发现之一——漕运总督署遗址相整合，向世人完整地展现漕运古迹和历史。

明清时淮安总督漕运部院（冯家道提供）

该建筑用我国明清时期建筑风格,总体为"品"字形布局,东侧建筑为临时展厅,西侧为多功能报告厅,中间是门厅及服务空间。地下局部一层,面积5000多平方米,有三个展厅和办公配套用房及文物库房。

中国漕运博物馆完整地展现大运河粮食、淮盐漕运古迹和历史演进历程。各个展馆分别陈列了古代漕运及运河水上运输的工具和附属遗留物品,漕运总督府内工作与生活用品,曾经担任漕运总督及其他漕运官员,如唐代副宰相刘晏、宋代范仲淹、明代的李三才、史可法,清代的施世伦、琦善、段祺瑞等的信函、书札、墨迹及生活用品,以及历代有关漕粮流通的记录、证券、量具、代用品。在历史厅,存放着一组清江造船厂彩绘雕塑。画面上,工人们正在制作一艘漕船,只见他们按照各自的分工进行铁钉连接、锔加固、拼接榫构、麻絮桐油砺灰捻缝、船底涂漆,俨然就是一部真人演示版的漕船施工工艺图。大厅里的淮安古城——清江浦模型呈现出昔日主管全国漕运的唯一机构所在地的繁华景象,这个具有1000多年历史的漕运衙门积淀下大量经济、文化、交通、运输、税收、漕粮、漕盐、漕兵、漕略、漕渠、漕议、漕船、漕仓等方面的信息,为我们今天研究大运河和淮盐文化提供了多元的文化素材。

### 四、盐城中国海盐博物馆

盐城中国海盐博物馆坐落于著名的串场河与宋代捍海名堤范公堤之间的盐城市,于2006年11月23日经国务院批准命名,是全国唯一一座经国务院批准的全面反映中国海盐历史文明的大型专题博物馆。2007年10月8日,该博物馆正式开始破土动工;2008年11月18日建成并对外开放。它是由中国工程院院士、中国建筑设计最高奖"梁思成"奖获得者程泰宁先生担纲建筑设计,著名书法家沈鹏先生题写了馆名,建筑总面积达1.8万平方米,总投资1.9亿。

建成后的中国海盐博物馆系统地反映了中国海盐发展史,展示介绍海盐文化的研究成果,收藏陈列中国海盐历史的文物和资料。目前,博物馆共收藏有文物及资料18000件,多为新石器时期至明清时期盐城地区具有代表性的历史文物,还有反映抗日战争和解放战争时期盐城地区革命斗争史的革命文物4000多件。陈列分为五个部分:序厅、第一展厅(生命之侣)、第二展厅(史海盐踪)、第三展厅(煮海之歌)、第四展厅(盐与盐城)。旨在全方位、多角度地收藏、保护和研究中国海盐文化历史资料,反映和展现中国海盐历史文明。博物馆采用蜡像、雕塑、沙盘等演示手法，展现我国古代从"煮海为盐""炼卤煎盐"到"晒海为盐"等海盐生产技艺和盐民生活的多层文化场景。

盐城中国海盐博物馆（摄影：赵鸣）

目前，该博物馆由三处馆舍组成，其中主馆"中国海盐博物馆"并包括"盐城市博物馆"和省文物保护单位"陆公祠管理处"。其中的陆公祠始建于明嘉靖十年（1531），明万历、天启年间曾多次修缮。清顺治十三年（1656）又经重建，康熙、乾隆、嘉庆年间均有修缮。初建时分前门、正殿、后院三进，有"仰止堂""表忠亭""中流砥柱坊"等。后遭到战火摧残，至新中国成立前夕，祠宇已是断壁残垣。2008年秋，盐城市人民政府决定扩建陆公祠，恢复中流砥柱坊、正祠堂、景忠堂、藏经楼，重新设计制作陆秀夫生平事迹陈列展，并配套建成文化一条街，彰显千年古城的历史文脉。现在被列为江苏省重点文物保护单位之一。

## 五、仪征中国两淮盐运博物馆

两淮盐运博物馆位于江苏仪征市真州镇十二圩。该馆占地面积4.79亩，展陈古代至新中国时期的两淮盐运相关文物600余件，是目前国内唯一一家以"盐运"命名的博物馆。

中国两淮盐运博物馆分四大展厅，名称分别为"淮盐转运源远流长""东南盐都利浦尽美""华丽转身继往开来""人杰地灵遗泽流芳"，生动翔实地介绍从古到今两淮盐业的历史。巨幅漆雕开江图再现了十二圩当年万帆云集的盐运场面。

中国两淮盐运博物馆入口处是一副对联："一部淮盐史关系百家咸淡，万年扬子江书写千载春秋"，这副对联表达了十二圩古镇为两淮盐运所做出的贡献。该馆镇之宝是中国盐业协会提供的光绪帝褒奖两淮盐运使江人镜的石牌匾。这块青石牌匾长约 2.5 米，宽约 0.5 米，中间写着"一品顶戴"四个大字，左首一排小字为"大清光绪十九年帝特旨人镜一品顶戴恩赐允谕"，右首一排小字："擢两淮盐运使年减盐商供应金七千余使国税有增所恩"。馆藏的另一件珍品是一块刻有"仪圩航业公所"字样的石碑。碑长约 1 米，宽近 0.4 米，中间刻有"仪圩航业公所"字样，右侧竖着刻有"同治癸酉年桂月立"，左侧的字迹则有些模糊，刻的是"仪征航商，永吉恒驳船，全人公建"。据初步研究，"仪圩航业公所"可能是李鸿章于 1870 年在上海创办轮船招商局后，在十二圩设立的分管处。

馆内展陈了两江总督曾国藩、刘坤一在两淮盐栈留下的"东南利浦"与"东南尽美"匾额，以及张之洞留下的"积雪中春飞霜暑路，洗兵海岛刷马江洲"对联的故事，见证了这座沿江小镇当年的盐务繁荣与商业鼎盛。今日十二圩扬子学校校门，便是清朝淮盐总栈遗迹。

## 六、泰州江苏盐税博物馆

江苏盐税博物馆坐落于泰州城河北岸旧泰坝衙署西南侧，系古代泰州上河运盐屯船码头处，是中国第一家唯一以"盐税"命名的博物馆。2020 年 5 月 18 日，在全国第 44 个国际博物馆日之际，江苏盐税博物馆正式开馆。该馆占地 17285 平方米，分为盐税的起源、盐税的变革、盐税的贡献、盐税与江苏四大板块，结合丰富的史料、实物和多媒体，展示了中国的盐税发展历史，揭示了历史上我国这个农业大国的税收从农业税到盐税和工商税的发展演变过程。

该博物馆由江苏省国家税务局与泰州市人民政府共同建造的。这里原是泰州分司引盐过掣的西浦、郁浦所在地。建筑采用清代民居风格，青砖灰瓦，花格窗棂，通过增加门厅、连廊、玻璃顶等手段将原有三座仓库联合成一个整体，并将中间狭长的巷道改成大小两个庭院，及一个将前后建筑连为整体的玻璃房。

江苏盐税博物馆中共征集（复制）到清代宫廷中保存的档案 2000 多件。内容有关于盐政管理、盐业产销、淮盐运道、盐税征收、盐官考核、私盐查缉及两淮盐引大案等多个方面。这里陈列的 200 多件展品是从馆藏档案中遴选的精品，可以让参观者直接目睹深藏在皇宫中两淮盐务管理的第一手资料，极为珍贵。主要有唐代江淮盐民测试卤水浓度所用的"石莲子"、北宋熙宁年间煮盐的盘铁、元代的银锭、淮南盐民用于运盐运草的牛车、清代的《运盐执照》、民国居民户口购盐证等各个时代的盐税

北宋庆历年间铸造的"泰州西溪镇茶盐酒税务王记"铜印，见证着泰州作为盐运枢纽和盐税据点的悠久历史（冯家道提供）

史料。其中还有大臣们工整书写的奏本与题本，也有皇帝用朱笔的亲笔批示。其中，明代煮盐的盘铁是由多块组成。当时分户保存，煮盐时拼起来才能煮盐，是为了防止盐民私自煮盐而设立的制度。还有一枚刻有篆书"泰州西溪镇茶盐酒税王记"阳文字样的税务铜印是盐税博物馆的镇馆之宝。据专家考证，该铜印为北宋庆历七年（1047）铸造。此印章长 5.5 厘米，宽 5.3 厘米，高 1.3 厘米，印背上纽的右侧"庆历七年"4 字，左边凿有"少府监铸"4 字。此印是公印，本当在过了使用期限时销毁，而这枚公用铜印得以保存下来实属不易。这为研究我国古代税赋历史，尤其是研究江苏大运河沿线盐税史提供了重要的实物佐证。

## 七、泰州清税务告示碑

税务告示碑，或称"货税告知碑"，全名为"扬关奉宪永禁滕鲍各坝越漏南北货税告示碑"，为明代林则徐所立。

税务告示碑是在泰州滕坝遗址附近发现，它的全称为《扬关奉宪永禁滕鲍各坝越漏南北货税告示碑》。碑为白矾石质，长方形，上下高 147 厘米，左右宽 70 厘米，楷书，共 22 行，每行 60 字，全文计 1239 字。

这座税务告示碑是清道光十五年（1835）林则徐任江苏巡抚时，以扬州关名义颁布的一则关于货物税的告示。

清道光十二年（1832），林则徐由东河总督授江苏巡抚时，遇过境的

泰州保留下的税碑亭（冯家道提供）

江西茶商控告泰州"三坝"浮收滥征。林则徐先后两次亲临泰州巡查，查实了泰州违反定规，在滕坝等口滥征货物税与货船私走口岸，盘越滕坝以及由此造成税收偷漏等情况。林则徐认为，要解泰州"三坝"浮收重征和偷漏税收的弊端，必须禁止船只货物在滕坝盘坝越绕，饬令泰州遵行，并在扬州关的各关卡口书写张贴告示，明令禁止偷漏关税；同时，派出司员在泰州滕坝口岸一带不时稽查。该告示一方面禁止货物私绕口岸，另一方面晓喻商户赴关交税，违者追究处治。经过一年实施，扬州关税收有了起色。道光十五年（1835），鉴于以前扬州关禁止的各案已成过去，林则徐恐后日久弊端重生，因此在口岸镇及滕鲍各坝口再次张贴告示，并刻石永禁。晓喻商贩、行户、船埠人等，贩运货物须赴扬州关交税，不得避重就轻，不准私自盘越，否则一经查获，一定从重治罪。至同治十二年（1873），一些商民进行抵制，私挖坝基，拖船过坝，后又被重新修筑加固。光绪三年（1877），滕坝附近的商民又发生拖船过坝事件，扬州关派员钉桩堵闭。光绪二十四年（1898），再次勒石永禁，一置坝署，一立滕坝，一立鲍坝。

## 八、连云港淮北大浦盐校

大浦盐校，原称"新海连市盐业技术学校"，是江苏盐业学校的简称，是淮北地区建造的教育和培养现代盐业专业技术人才的摇篮。它位于盐河末端的猴嘴盐坨，始建于1958年下半年，是经批准、由淮北盐务管理局决定在新海连市（连云港市的前身）创办技术学校，主要为轻工和江苏盐业系统培养中等技术人才。

新办技校整合了当时的猴嘴盐业中学、新浦化工学校的教学资源作为基础，校址设在"大浦久大公司"搬迁后留下的房产院内，挂"新海连制盐工业学校""新海连市盐业技术学校"两块牌子，学制3年，设化工、电工、机械、文化等专业。因学校在大浦，办学宗旨、校名涉"盐"，就被人们叫作"大浦盐校"。

大浦盐校开办初期，校长由时任新海连市副市长王玉焕兼任，常务副校长厉德艮，教导主任袁幼斗，教职员工近百人。学校利用久大公司遗留的房产办学。

学校开建时，校建制为10个班，每班40名学生，主要来自海、赣、沭、灌、徐州、南通、营口等地区。

江苏盐业学校（苏盐集团档案室提供）

学校实行军事化管理。学生不交学杂费，由国家每月发给每人11元生活费。学生住校，吃食堂。学生除上文化课外，还定期到淮北盐场、猴嘴黄海化工厂、海州东风钢铁厂、徐州硫酸厂等盐场、工厂学习技术、技能。1962年，宣布解散。1964年，国民经济好转，大浦盐校复办。"文化大革命"后期，大浦盐校迁址到猴嘴，成立江苏盐业学校。1992年，该学校迁址到宋跳，1998年5月并入淮海工学院，被命校名为淮海工学院东港学院。2019年，淮海工学院升格为江苏海洋大学；这里也相应更名为江苏海洋大学东港学院。

### 九、连云港赣榆盐仓城遗址

盐仓城遗址位于连云港市赣榆区海头镇盐仓城村。春秋时期，盐仓城就是海盐储存转运之地。

盐仓城遗址是1962年被发现的。城址半面近正方形，城墙为筑夯而成。层次分明，曾经出土大量汉代陶片、瓦片，还有箭镞、刀剑、铜镜、五铢钱等遗物。该遗址为高出地表约3米多的土台，面积约有1.6万平方米，形圆而稍椭，周长6到7里，有关学者认为这里是古人堆盐的廪基。据《赣榆县志》记载，盐仓城是春秋时莒国盐官驻地，汉时筑盐仓城，为赣榆县治所在，即赣榆县城遗址，为江苏省第六批文物保护单位之一。

从公元前11世纪周朝初年起，姜太公封于齐，兴渔盐之利，到齐上卿管仲首创盐法，成就春秋第一霸业。赣榆县是公元221年秦始皇首设封建的郡县之一，属琅琊郡。当时的沿海盐业生产兴旺发达，食盐堆山结岑，

连云港赣榆汉代盐仓城遗址的汉代砖瓦
（摄影：赵鸣）

而且地势平坦开阔，上通淮水，下入大海的古游水傍城而过，具备建盐仓所需的条件，极有可能是当时一个重要的盐业集散地。唐代李吉甫在《元和郡县图志》中记载："盐仓为汉赣榆故城。"《江南通志》也记载："汉赣榆，今县东北三十里赣榆古城是也。"从盐仓城城外墓地的考古发掘可以看出，墓主的陪葬品较为丰富，包括陶器、铁器、漆器等，棺木厚大，至今仍保存较好。

东汉末年，由于长期的战乱导致盐仓城一带的劳动力及盐业生产技术人员流失严重，盐仓城开始衰败。后来，江苏海岸线变迁，使得盐仓城逐步远离海卤，当地的盐业生产设施逐渐废弃，盐业荒废，居民临海水而居，逐渐外迁。此外，由于古游水受到黄河泥沙淤积等因素逐渐淤塞，导致了运输成本的增加，影响了盐仓城的盐业运输，而陆路运输成本倍增，逐步使得盐仓城盐业生产丧失优势。

## 十、连云港板浦尤庄周代盐业遗址

海州板浦尤庄东周盐业遗址位于海州区板浦镇尤庄村东部，苏北盐河的西岸。自 2022 年 11 月至 2023 年 11 月，南京博物院与连云港市文物保护和考古研究所先后三次联合尤庄以及对周边区域开展系统的考古调查和勘探。

整个遗址群包含数个面积在七千至一万平方米的遗址，分布范围东西宽约 1300 米，南北长近 2400 米，涉及区域面积约 300 万平方米。根据发掘情况表明，遗址地层堆积自地表以下厚约 0.8—1.2 米，底部生土是海相沉积层。文化层分别为商周、宋元时期两个大层。遗址发掘现共清理各类不同时期遗迹 40 余处，揭露灶址 1 座、废弃坑 25 座、灰坑 10 座、墓葬 12 座、灰沟 2 条，出土有厚胎红陶器残片、圆柱形和方柱形陶支具、石器、瓷器等遗物 200 余件。

此次实际发掘面积 1200 余平方米，发现了西周—春秋时期的制盐遗存，主要分布于发掘区北部，以盐灶、制卤坑和制盐废弃物堆积为主。盐灶位于发掘区的最北部，灶室部分保存相对较好，外沿南北向残长 3.45 米，东西向宽 3.25 米，灶底及四周坑壁部分均留存有烧结面。灶室内填土为灰黑色草木灰和烧土堆积，包含有少量圆柱形

板浦尤庄盐业生产遗址淋卤坑和储卤坑
（摄影：朱良赛、张晨）

支具、厚胎红陶器残片，并夹杂有少量绳纹陶鬲的口沿和鬲足。

遗址内出土了较多陶器和少量石器，以制盐陶器为主。可分为两类：一是厚胎红陶器，主要为泥质、夹砂两种。器形主要特征为大敞口、平沿或斜沿、斜腹、大平底，陶胎普遍厚约 2—4 厘米，推测器形为陶盆一类；二是陶支具，质地有泥质、夹砂和夹贝壳碎屑，器形有圆柱形和方柱形两种，以圆柱形占多数。陶器表面大多还附着有一层白色附着物。经对盐灶内填土和制盐废弃堆积物中采集到的炭屑样品进行碳十四测年，可知其年代约在公元前 780—410 年间。

板浦尤庄海盐生产遗址可能是两周时期具有一定规模的盐业遗址群，也是迄今为止江苏境内发现的最大的海盐生产场所。遗址内发现有盐灶、淋卤取卤等遗迹，以及煮盐的大量陶器残片、支撑陶支脚等遗物，与浙江宁波、山东寿光等地的盐业遗址非常相似，为了解我国早期海水制盐工艺提供了实物证据，同时，也为探讨东部沿海地区盐业生产与社会文明发展提供了新材料，对于探索早期沿海地区海盐手工业的起源和发展，研究先秦时期盐业生产格局的地理架构、海岸线变迁等具有重要意义。

这里距离淮盐滩晒技艺鼻祖丁永祖籍地地板浦丁庄只有 1000 多米。

## 十一、连云港云山李庄战国盐业遗址

连云区云山李庄盐业遗址位于连云港云山街道的运盐河北侧。2023 年，市文物管理单位对其进行了考古发掘工作。经出土文物和碳十四测年结果显示，遗址年代约为公元前 300—400 年的战国末期。从已经揭露挖掘现场来看，该遗址面积较大，可能是战国时期淮盐的生产场所，存有盐

灶、盐卤坑、制盐废弃坑等遗迹多处。这里距离连云港藤花落龙山文化遗址大约 8 千米。

## 十二、连云港于沈村明代淮盐滩晒遗址

海州于沈村明代淮盐滩晒砖池遗址位于现连云港市海州区东南，海州烧香河从地块侧流经。在勘测和考古过程中发现，在地表层下 0.4 至 0.5 米处发现有 11 处砖铺面的地块，该遗址的勘测面积为西北至东南长约 2000 米，西南至东北走宽 460—1800 米，面积 2.3714 平方千米。钻探显示评估区域地层分为 3 个大的层次，即表土层、自然淤积层和深度自然淤积层，其中自然淤积层为黄色，偏下部土色略灰，含砂量较高。其土质、土色类似废黄河口黄泛形成的淤积层。而深度自然淤积层为青灰色，黏土质，软、粘，含少量贝壳，其底部埋深可达 10 米，属海积形成的淤土层。根据淮盐生产工艺的历史演变和该地域盐场历史变迁研判，这一带曾经是徐渎场盐田滩晒制盐区域，发现的砖块可能是滩晒盐田铺面砖。时间推测为明末清初，大约民国时期被废弃。该遗址的发现进一步佐证了淮盐生产技艺的演进历程，客观地反映了连云港淮盐生产的历史与国家大运河淮盐文化建设的密切联系。

## 十三、连云港灌云公济公司旧址

公济公司旧址位于连云港市灌云县灌西盐场东二圩。光绪三十四年（1908），盐商在海州洋桥镇一带兴建了济南盐场，意为接济淮南产盐之不足。济南盐场下辖大德、大阜、公济、大有晋、大源、庆日新、裕通 7 家公司。公济公司由淮南盐商陆费颂陔、周扶九、萧云浦、毕儒臣等组建。公司共铺设池滩 192 份，在燕尾港还建有坨地和木质码头。公济盐业公司旧址是盐商稽核盐斤的办公场所，所在地称之为"公济二圩"。

连云港灌云 20 世纪 20 年代建造的公济公司

（摄影：赵鸣）

公济公司旧址坐北朝南，整体呈正方形，西侧是

辅助用房，东侧是两个独立的三合院，中间则是日字形四合院。建筑群占地面积约 500 平方米，有房屋 30 余间。从南面可直达后院，也可进入其他院落。中间是带有落地门窗的木结构房屋，门窗上均为浮雕或镂雕图案，刀工细腻，瑞兽、花鸟栩栩如生。后面院落则是带有木质走廊和楼梯的二层小楼，东北角还有一幢别致的二层小楼，老百姓称之为"望海楼"。该旧址具有江南民居及徽州建筑的特色，采用清一色的青砖小瓦，房屋错落有致、高低有别。大门采用青石门框，顶部有细雕八卦等避邪图案，院墙则高大厚重。每个庭院风格各异，相互连通，步移景换。后院两侧还有精致的走廊，既有曲径通幽的清雅，也有凝重庄严之气派。目前被确定为连云港市文物保护单位之一。

### 十四、连云港板浦精勤书院

精勤书院位于连云港市海州区板浦镇中正东街，已有 120 多年的办学历史。它始建于清光绪二十五年（1899），创建者为时任海州正堂鲍毓东、淮北盐运使彭家骐以及中正场盐大使陈汝芬。院名取义于韩愈《进学解》："业精于勤荒于嬉，行成于思毁于随。"书院设在文昌宫，陈汝芬任第一任院长。

精勤书院是淮北地区创办较早的学堂之一，与当时的胸山书院、石室书院、卫公书院、天池书院、郁州精勤书院、敦善书院、怀仁书院、选青书院、沂溯书院，并列为明清时期海州地区十大书院。当时有校舍 20 余间，教师五六人，学生 80 余人。书院开设国文、经文、数学、时务等课程。学生中设斋长、学长负责管理学生的学习和生活。"精勤书院"的诞生，极大地推动中正乃至周边教育事业的发展。

清光绪三十二年（1906），受西方办学思想影响，清政府废科举，兴学堂，精勤顺应潮流，由书院改为学堂，学制 7 年，设国文、算术、物理、化学、体育、唱歌、图画等课程，故有"文化开淮北，精勤着先鞭"之说。1912 年改为"精勤小学校"。改为学校的第二年，由于清政府垮台，百事待兴，经费拮据，学校难以维系。垣商李味辛挺身而出，请缨担当精勤小学校长。为了维持学校的生存，他毅然捐献出自己用巨资铺设的四排盐滩，作为学校常年固定财源，从而解决了教师薪俸和办学的困难，改善了办学条件、环境，添置了教学设备，还于 1912 年聘请清末秀才、留学日本、教育世家出身的板浦镇张伦清到精勤小学执教国文、数学等主要课程，使得学生学业大进，成绩显著，后来该校的很多毕业生考入海州第八师范。

目前，该书院建筑主体还得以保留。建筑物为硬山式，院内有"精勤书院""精勤学堂""文昌宫""业精于勤""例禁重申"等石刻。原卞赓纪念馆部分文物也存放于此。门额题刻"精勤书院"四个大字是由清代书法家王晓农题写，字宽98厘米、高26厘米、厚9厘米、字径15厘米×15厘米。

精勤书院兴办后，硕果累累，桃李满天下。在民国九年（1920），"灌云三才子"的朱仲琴在《新青年》杂志

连云港中正盐场的精勤书院旧址（摄影：赵鸣）

发表了《海属社会面面观》一文，深受李大钊赏识，该文被选入当时全国中等学校国文课本和大专院校国文参考资料，他被誉为"海属泰戈尔"。此外，还有海属地区著名学者、教育家、开研究《镜花缘》之先河、做过板浦中学校长的孙佳讯、宋长禄也都毕业于此。1945年，该学堂改名为中正中心小学。1948年恢复精勤小学。2009年精勤中心小学举办百年校庆活动，来自国内外的百余名校友在母校欢聚一堂，共话当年同窗友情，盛况空前。

# 第三章 | 千年淮盐育文化

花果山吴承恩塑像
（摄影：赵鸣）

海州白虎山庙会淮海戏演出
（摄影：赵鸣）

扬州瘦西湖公园熙春台
（摄影：赵鸣）

# 引子：无处不在的淮盐

大运河横穿我国东部沿海，是一条地跨我国南北的文化之河。它的流动强化了南北的人文联系、沟通四方文化，成为一条南北交融的文脉。借助大运河，通过人员往来、书籍流通、信息传播等，全国各地的戏曲、曲艺、文学、艺术、美食、园林，以及众多非物质文化遗产的花会、庙会、河灯、舞龙、高跷、号子、民谣、习俗、信仰等相互交融，互动互鉴，辐射四面八方，渗透到各个阶层和各个角落。千里大运河南北沟通起的地域文化相互吸收、彼此借鉴、互补融合，共同积淀了兼容并蓄、引领潮流的大运河社会文化形态。

自商周、春秋战国到民国时期，在上下五千年中华文明史中，诗歌、小说、文赋、歌谣等文学事项，一直是我国古代文化的标的物。淮盐文化作为其主题之一，渗透在各类文学作品中，而且，借助大运河流布八方。

板浦李汝珍纪念馆收藏的各类《镜花缘》书籍（摄影：赵鸣）

浸透着盐味的各类文学艺术也是流动的。我国的传统戏曲、音乐、曲艺等如此，工艺美术更是如此。大运河的水流到哪里，就会将盐文化艺术形态带到哪里，艺术之花就盛开到哪里。文艺形态千差万别，随着大运河的河水，交错融合，生根异处、传承致远，不断发扬光大，在新地区开出美丽的盐文化奇葩。

盐运带来城市的兴盛。人们在安居乐业的同时，还要追求宜居、宜享的乐土，于是争奇斗艳的中国园林、古代建筑层出不穷，装点着运河沿岸城镇。苏州的拙政园、扬州的个园、何园、泰州的乔园、淮安的清宴园，就是连云港、南通、盐城这

海州五大高调演出活动（摄影：赵鸣）

些江苏的海水与河水文化的交汇地区，也留下了板浦秋园、如皋水明楼、安丰鲍家大院等古典建筑的杰作。我们只能说哪里有淮盐，哪里就有淮盐文化，就会有盐文化的兴盛和繁荣，就可能留下千年的淮盐遗芳。

镇江西津渡街区（摄影：赵鸣）

# 第一节　流布四方的盐诗赋

诗歌辞赋是我国古代历史文坛上的重要文学形态。它作为一种文学表达方式受到历朝历代文人的推崇。在大运河的诗歌辞赋中，涉及淮盐文化的比比皆是。淮盐以及地域的独特风光环境和盐民辛苦的劳作生活，给诗人们留下了深刻印象，也促使他们写下了很多关于盐业生产、盐民艰辛、盐田风光的诗篇。

《诗经》中有诗句"江汉浮浮，武夫滔滔，匪安匪游，淮夷来求"，这是最早记载淮盐历史的文献（冯家道提供）

诗歌作为我国文学艺术的经典，最早可以追溯到《诗经》《楚辞》和汉乐府。到了汉代，家学和私学兴起，涌现出一批文学大家，逐步形成了辞赋的文学形式。如汉赋大家枚乘、枚皋父子，"建安七子"之一的陈琳等。到了魏晋南北朝时期，尽管江苏地区长期处于战争和对峙的前沿。但是，盐业生产依然兴盛如故。三国时期，南朝诗人马融车曾在《海赋》中有这样美丽浪漫诗句："漉沙构白，熬波出素。积雪中春，飞霜暑路。"诗中场景将煮海为盐的最为精彩的一面展示在世人面前，于是有了"熬波出素"的诗情画意。

到了唐代（618—907），淮盐生产进一步发展，吟诵海盐的诗歌更为丰富，历代文人墨客云集江苏，如李白、白居易、韦应物、刘长卿、李邕、苏轼、范仲淹、王安石、米芾、陆游等文豪。他们泊舟于运河上，浏览运河沿线的盐业生产场景，留下无数脍炙人口的盐诗词文赋。

唐代开元时期（713—741）诗人刘长卿，擅长五言诗，知名当世，与韦应物齐名，时称"韦刘"。一天，他自海州乘船到艾塘湖（今赣榆境内），看到绮丽的盐田景象，不禁诗兴大发：

> 向夕敛微雨，晴开湖上天。
>
> 离人正惆怅，新月愁婵娟。
>
> 伫立白沙曲，相思沧海边。
>
> 浮云自来去，此意谁能传。
>
> 一水不相见，千峰随客船。
>
> 寒塘起孤雁，夜色分盐田。
>
> 时复一延首，忆君如眼前。

诗中所云"湖""寒塘"即现在的赣榆艾塘湖。而湖边"夜色分盐田"描述了夜色中的盐田的静谧和优美。

两淮所产的海盐，历史上曾经被称为"吴盐"，主要是因淮南通泰一带古属吴地而得名。唐肃宗时（756—761），盐铁铸钱史第五琦大力发展两淮盐业，当时的海盐以洁白著名。对此，诗仙李白和诗圣杜甫对此均有吟诵。如诗仙李白在《梁国吟》云："玉盘杨梅为君设，吴盐如花皎如雪。持盐把酒但饮之，莫学夷齐事高洁。"而诗圣杜甫在《夔州歌》有"蜀麻吴盐自古通，万斛之舟行若风"之句。

《大运河古诗词三百首》

唐代宝应年间（762），朝廷盐政管理理财家刘晏致力于两淮盐政改革，盐业产销两旺，出现了生产新气象。淮盐输运至扬州后，使得那里商贾如云，富冠天下。大诗人白居易在《盐商妇》中对当时盐商的豪富奢华有一极为精彩的描绘：

> 盐商妇，多金帛，不事农桑与蚕绩；
> 南北东西不失家，风水为乡船作宅。
> 本是扬州小家女，嫁到西江大商客；
> 绿鬟溜去金钗多，玉腕肥来银钏窄。
> 前呼苍头后叱婢，问尔因而得如此？
> 婿作盐商十五年，不属州县属天子。
> 每年盐利入官时，少入官家多入私。
> 官家利薄私家厚，盐铁尚书远不知。

此外，唐代还有多位诗人在诗中提及了煮海为盐的状况。如许棠在《讲德陈情上淮南李仆射八首》一诗中写道："九郡竟歌兼煮海，四方皆得共和羹。"吴融的《绵竹山四十韵》诗中有："又如煮吴盐，万万盆初熟。"这些诗歌都从不同的侧面反映了当时淮盐的生产方式和发展状况。

一个时代的文学现象表明了一个时代这一事物自身的强盛和发展。就文学而言，宋代盐业辞赋较同期的其他文学形式更为凸显，这主要得益于诗词大师多为从事过盐政事务。如王禹、柳永、欧阳修、苏轼、晏殊、吕夷简、范仲淹等。

北宋时，由于盐商垄断淮盐的买卖，造成一些地区的民众"斗米换斤盐，斤盐过半年"的淡食境况。当时边远乡村里面有三十年未吃过盐者，人们痛苦地以稻草灰、辣椒、酸菜汤代替盐巴。嗷嗷待哺的孩子想吃咸食，父母常

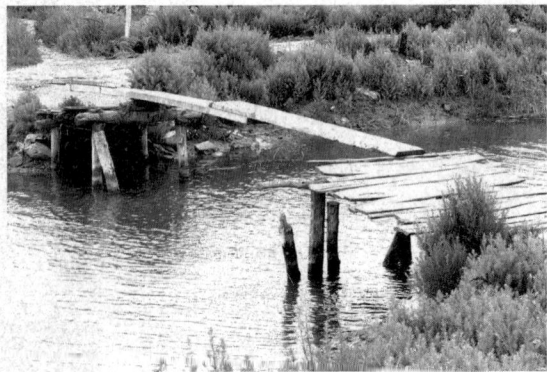

以前盐场人出行的小艇（冯家道提供）

用一块石头放在水里蘸一蘸，样子很像当地的灰色盐巴。孩子真的以为是盐，拼命吸吮着。以至有些地方，以盐当作药。文学家欧阳修嗟怨道："岂知戴白民（白发老），食淡有至死。"宋神宗熙宁年间（1068），苏轼任杭州通判时，目睹"食盐之家，十天二亡"的惨状，诗中流露出一种悯恤之情："老翁七十自腰镰，惭愧春山笋蕨甜。岂是闻韶解忘味，迩来三月食无盐。"

宋代苏轼曾在浙江湖州做官，目睹了盐民的疾苦。他的《汤村开运盐河雨中督役》这首诗则另有写照，主要反映了盐民的疾苦，历来为人所称道。

> 居官不任事，萧散羡长卿。
> 胡不归去来，滞留愧渊明。
> 盐事星火急，谁能恤农耕。
> 薨薨晓鼓动，万指罗沟坑。
> 天雨助官政，泫然淋衣缨。
> 人如鸭与猪，投泥相溅惊。
> 下马荒堤上，四顾但湖泓。
> 线路不容足，又与牛羊争。
> 归田虽贱辱，岂识泥中行。
> 寄语故山友，慎毋厌藜羹。

后来，人们常把此诗和《吴中田妇吟》《乡村五绝》等诗放在一起，作为苏轼描写劳动人民疾苦的一组诗歌。

柳永是北宋初期著名的词人，他的作品流传极广，"凡有井水处即能歌柳词"。晚年，他在浙江永海县任盐官时作《煮海歌》是最为著名的关于盐的一首宋词，反映了盐民的悲惨生活和深重苦难。从这首诗里也可见当时淮北盐区的影子。

> 煮海之民何所营？妇无蚕织夫无耕。
> 衣食之源太寥落，牢盆煮就汝输征。
> 年年春夏潮还浦，潮退刮泥成岛屿。
> 风干日晒盐味加，始灌潮波增成卤。
> 卤浓咸淡未得间，采樵深入无穷山。
> 豹踪虎迹不放避，朝阳出去夕阳还。

　　船载肩擎未遑歇，投入巨灶炎炎热。

　　晨烧暮烁堆积高，才得波涛变成雪。

　　自从潜卤至飞霜，无非借贷充糇粮。

　　秤入官中得微值，一缗往往十缗偿。

　　周而复始无休息，官租未了私租逼。

　　驱妻逐子课工程，虽作人形俱菜色。

　　煮海之民何苦辛？安得母富子不贫？

　　本朝一物不失所，愿广皇恩到海滨。

　　甲兵洗尽征输辍，君有余财罢盐铁。

　　太平相业何惟盐？化作夏商周时节。

　　元代文学家杨维桢《盐商行》则把两淮盐商之阔绰，铺叙得淋漓尽致。大盐商的富有让人艳羡，盐运司改法开河也要依靠大盐商出资出力，以至于盐商的大船载盐时，盐运司检制官也不敢拦船检查，大盐商的豪横让人惊异。

　　人生不愿万户侯，但愿盐利淮西头。

　　人生不愿万金宅，但愿盐商千料舶。

　　大农课盐折秋毫，凡民不敢争锥刀。

　　盐商本是贱家子，独与王家埒富豪。

　　亭丁焦头烧海榷，盐商洗手筹运幄。

　　大席一囊三百斤，漕津牛马千蹄角。

　　司纲改法开新河，盐商添力莫谁何。

　　大艘镇鼓顺流下，检制孰敢悬官铊。

　　他的《卖盐妇》中将盐民妻子因"良人贾勇身先死，白骨谁知填海水"。为了养活家中"老姑"，又因"东邻西舍夫不归，今年嫁作商人妻"。尽管"绣罗裁衣春日低，落花飞絮愁深闺"，盐妇作为妻子依然"妾心如水甘贫贱，辛苦卖盐终不怨"，以至于"得钱籴米供老姑，泉下无惭见夫面。莫弃吾侬卖盐妇，归朝先奏明光宫"。

　　明清时期，有人说："凡民间户役最重者莫如盐、军、匠三户，三籍中尤重且苦莫如盐户。"两淮盐区的灶民者海为生，苦不堪言，有良知的文人墨客常以诗为穷苦的人们鼓与呼。这时关于淮盐的诗词作品更是多起来。

明代乔楚在其描写东台安丰场的诗赋《安丰八景·盐山灿玉》中描写了当地淮盐生产的浪漫图景，诗中写道：

> 蜃市霏微烟岛迷，月明霜霰万峰低。
>
> 惊沙龙子翻银窟，炼液真人弃绛泥。
>
> 鱼海常悬军国计，波渍应笑篝东秭。
>
> 东南珠玉原增重，蛟火从看百叠齐。

明代《西游记》作者吴承恩的诗作中也蕴含着的海盐味。如《杨柳青》：

> 村旗夸酒莲花白，津鼓开帆杨柳青。
>
> 壮岁惊心频客路，故乡回首几长亭。
>
> 春深水涨嘉鱼味，海近风多健鹤翎。
>
> 谁向高楼横玉笛，落梅愁绝醉中听。

而在《一轮明月满乾坤》中则描写淮盐的漕运事宜。

> 十里长亭无客走，九重天上现星辰。
>
> 八河船只皆收港，七千州县尽关门。
>
> 六宫五府回官宰，四海三江罢钓纶。
>
> 两座楼头钟鼓响，一轮明月满乾坤。

这时，一方面，封建朝廷借助淮盐生产敛财聚富，另一方面，盐工灶民的度日如年、饥饿难忍，受尽人间困苦。

明代诗人任宏远在他的《盐工叹》中叹道：

> 无雨盐丁愁，天晴盐丁苦。
>
> 烈日来往盐池中，赤脚蓬头衣褴褛。
>
> 斥卤满地踏霜花，卤气侵肌裂满肤。
>
> 晒盐朝出暮始归，归来老屋空环睹。
>
> 破釜鱼泔炊蛎房，更采枯蓬连根煮。
>
> 糠秕野菜来充饥，食罢相看泪如雨。
>
> 盐丁苦，盐丁苦，凭谁说与辛苦多，
>
> 呜呼，凭谁说与辛苦多！

诗人的这首诗仗义执言，既代表衣衫褴褛不遮体、糠秕野菜来充饥的盐民们，又对腐败朝廷的血泪控诉，全诗如泣如诉。

清初盐民诗人吴嘉纪出生于盐乡，专注于抒写盐业诗词。他把目睹的煎盐艰辛倾诉在《调寄·望君来》的一首词里："小舍煎盐火焰举，斯人身体亦犹人。何异鸡鹜釜中煮，况复今夏雨复息，沙桑卤淡绝卤汁，坐思烈火与烈日，求受此苦不可得。"该词生动记录了古代盐城、南通一带盐民"煮海为盐"的艰辛，今人读了为之动容。这首词的大意是，今夏雨水绵绵不绝，泥淡没卤，无法熬盐，生计断绝。灶民们反而盼望"烈火与烈日"，可是还"享受"不到。这是多么可悲的心灵扭曲啊！诗人在另一首七言绝句《白头灶户破房》里写道："白头灶户低草房，六月煎盐烈火傍。走出门前炎热里，偷闲一刻是乘凉。"该诗也反映了相似的煮盐之苦。

清嘉庆年间（1796—1820）徐宗干在《煎丁歌》中有过这样的描述："瞥见灯火明，隐隐居荒舍。卤井在其左，草灰积其右。门前编以芦，檐则复以瓴。吞鱼以为食，饮水以为酒。寒不能育儿，饥不能顾妇。盛夏火不离其身，严冬衣不蔽其肘。破屋只客两三人，土壤为墙户无牖。妻子围贤处，足涂而且垢。年年风潮来，吹卷忽乌有……煎丁无以保父母。"灶民之苦惨不堪言。

关于清代盐官腐败问题，在诗词中也时有体现。清代汪琴山《海陵竹枝词》写道："来往行船唱棹歌，淮南盐舶北门多。不知清化桥头水，近日平添几尺波。"康发祥《海陵竹枝词》说："抬盐浦在北门西，丰歉居民命不齐。满地雪花多拥彗，天将余利养穷嫠。"后注："盐浦抬盐，有抛落碎盐，穷民嫠妇扫去鬻钱，不得为私盐。"赵瑜的《海陵竹枝词》说泰坝的坝官是"泰坝官儿缺最优，自称本府忒风流。一年一度真调剂，不愿生封万户侯"。

还有一些关于淮盐的诗词，把人生哲理寓于咏淮盐诗中，读来隽永清新，余味无穷。如清乾隆末期（1736—1795）被称为"海州阿凡提"的苗坦之，他的诗词中这样写道："垒垒晶莹富贵盐，初尝入口苦丁咸。苦咸本是人间味，燃尽青春慢慢甜。"

道光年间（1821—1850），两江总督陶澍目睹施行票盐法出现的盛景，情不自禁作诗赞道；"茫茫海水利无涯，不富农家富灶家。天上不如人力巧，烘烘红日雪飞花"。与陶澍一起参加在淮北推行票盐制改革的积极践行者谢元淮，于道光十一年（1831）二月，奉命赴海州调查淮北盐政。十二年（1832）正月，谢元淮被任命为青口盐务委员，着手协助陶澍筹划票盐改革。谢元淮与海州州判龚兆琪、孙从九等人共同出资，购买五百盐引为先导，销往安徽怀远、凤台等地，众多商贩见有利可图，便踊跃随行。时年七月，谢元淮拜别陶澍回到青口，着手办理票盐归团法。在《碏言二十二首》中谢元淮曾写道："七月来祝其，开辟披荆榛。"由此可见，此次发生在青口的票盐制改革，谢元淮面临的困境是何等的严峻。在《青口设局收税章程禀》一文中，谢元淮向朝廷疾呼："查临兴场之唐生、兴庄、柘汪三疃，相距百有余里，远在海隅，踹地成池，引潮晒卤，费工最省，产盐最旺，每年所产何止三四十万担！商既弃之如遗，官亦鞭长莫及。煮海之利，遂为私枭所擅。"经过一番大刀阔斧的改革，仅数月时间，青口所辖的三疃已售盐引万余担，上缴税银五千九百四十两。谢元淮在《碏言》中感叹："惟兹票盐法……其利在万世！"

此外，海州云台山乡里诗人张百川在其《云台导游诗抄·于公疃》一诗如是描述云台山南凌州一带灶户煮盐盛况。

青山何处访于公，疃址俱归寂寞中。
讼少冤民夸梓里，德培阴鹭振家风。
熬波流漉千池白，煮海烟炊万灶红。
驷马门高留后世，兴衰转眼总空空。

明清时期，淮安大运河上迎来多位帝王驾临。明武宗南巡，在此滚龙落池；康熙、乾隆皇帝"六下江南"巡视淮安漕运治水。处于文化鼎盛时期的淮安科举状元、名人辈出，运河畔不乏勺湖、萧湖、钵池山等湖山胜境，《西游记》等文学名著、"东南第一佳味"淮扬菜也应运而生。因此，在一些文赋中，也总能看到盐文化的影子。如林春的《新开运盐河记》记述了盐运河工工程建设以及盐运对于盐业生产和发展的重要性，说明了盐业生产给盐运和城市带去的重要作用。文中写道："其间国帑挥洒如土，脂膏流于街衢，尤为清江浦之繁华，涂抹奢靡之色。"清江浦古有"南船北马"之誉，是当时连云港淮盐南运的枢纽。它的繁荣主要得益于盐的漕运。由此，可见一斑。

到了清末民国时期，大运河的发展带动了漕运的兴盛，同时，也便利了人流往来，催生了记事文学、游记等文学题材的出现。人们都知道"世上三行苦：行船，煎盐，磨豆腐"。在 20 世纪 20 年代，上海学者李升伯在他的回忆录中有一节，写到他去南通，亲耳聆听张謇先生讲述自己亲历煮盐灶区，实地察看灶户生活生产实况的回忆文字，资料之翔实，叙述之生动，真实反映了盐民的困苦生活。回忆录中写道："那时，清廷任命他（指张謇）做驻扬州的盐政总理。就任日子是冬天，他要去看看烧盐的灶地。照着官衔，有轿班、二爷、卫兵，前呼后拥。因为海边寒风凛凛，他穿着狐皮袍套。到达灶地，因为冬天不烧盐，只看见一片烧盐荒场，一堆一堆散在灶场上的矮草篷。"他们寻找当地盐民，没有答应。这时"忽然看见一个人臂上挂着一篮草籽（即盐蒿种子）"。他听到卫兵呼斥他，丢掉一篮洗过的草籽，跪倒地上，口里喊着："老爷！老爷！"身子发抖。张謇出轿，亲自扶他起来问询情况。他回答说家中有六口人，只有一条棉裤。因为他要洗草籽、煮草籽做饭，这条棉裤给他穿了，他们没有裤穿，不能出来。隔年夏天，张謇又去灶场看烧盐，这又是一个景象。灶场非常热闹，走近盐灶，一看灶民烧盐工作，他吓了一大跳。灶里面是烘炉，人跑进去烧，是跑进洪炉里去烤，灶外面是猛烈的太阳。一个赤身露体的人，烤到全身发红，烤到吃不消了，跑出来，在烈日底下深呼吸，换一句话，在烈日中乘凉。烧盐日子，灶民吃大麦饭和盐萝卜，一天吃盐鲞鱼（咸鱼干），隔一天吃盐肉（炒盐粒）。到冬天，大麦饭也没得吃，只好吃草籽。

盐民居住的小丁头屋子（赵鸣提供）

民国时期，盐文化的发展日趋平民化。特别是"五四"新文化运动的发生，文化的普及，原来藏身于象牙塔内的诗歌、辞赋等文学形式得以延续外，盐民、船民的小曲和民谣也逐步出现，在大运河流域的盐场广泛流传。特别是抗日战争、解放战争时期，为了鼓舞盐民、船民参与反抗活动，民谣通俗易懂、朗朗上口，易于被广大民众接受，所以成为最有效的唤醒民众斗争意识、启迪民智的传播方式，快速地在盐民中流传，许多民谣还为盐工苦涩的生活增添了乐趣和佐料。

民国时期，有一首仿照宋·邵康《一去二三里》又名《山村咏怀》写的民谣，叫《四季不开花》。民谣如是写道："一去两三里，烟村四五家。楼台无一座，四季不开花。"这首民谣描述了当时盐区盐场的自然历史面貌。

当时盐民生活十分困苦，在苏北盐乡流传着一首《头子歌》，民谣是这样说的："人称盐大头，家住山东头；土墙破丁头，进屋低着头；盖的芦被头，脚穿毛窝头，破褂露肩头，冬天敞着头；吃的霉秸头，就的苦菜头；垣商黑心头，盐警土匪头；剥削敲骨头，灶民没活头；卖儿卖丫头，逃荒在外头；这种苦日头，哪年巴到头。"他们深受盐商、盐警、土匪的多重压榨，整日劳作，"吃的霉秸头""盖的芦被头"住的"破丁头"最后还时有"卖儿卖丫头，逃荒在外头"的生活困境，其感受是可想而知的。

还有一些民谣流传在表现了当时某个地方的状况。在当时的苏北盐都——板浦，流传着这样一首民谣："年三十，板浦城，找垣商，去要粮；假借三升霉秸头，派人半路抢回头。"当时盐商的狠毒和盐民的疾苦一目了然。

许多流传坊间的民间小调，也从各个侧面反映当时盐民、船民的生活场景。有一首小调《灶民歌》（自由调）：

> 滩歌每天唱得早，盼求温暖吃得饱。
> 今年巴望明年好，明年仍穿破棉袄。
> 板浦场长张先家，本是黑心大坏瓜。
> 当官不到三个月，钞票动车往家拉。

反映盐民生活状况是民间歌谣的主题。盐民饭后茶余，蜷缩在盐圩子内的丁头屋内，打牌、喝酒消磨时间，冬季天寒地冻，全家都拱在破棉被里，唱着小曲，消磨时间。那时盐民中流传着民谣中有《要吃盐场饭》是这样写的：

世上三样苦，晒盐、撑船、磨豆腐。

小辫扣铜钱，要吃干饭顶过年。

要到盐圩来，带上薄皮材。

要吃盐场饭，能拿老命攒。

有女莫嫁盐滩上，卤腿卤脚卤衣裳。

盐场猴，盐场猴，地瓜干，咸菜头。

生无衣，肚无油，满身腥臭似马牛。

终年累月实在苦，姑娘不嫁盐场猴。

春吃海菜芽，夏靠烂鱼虾。

秋采盐蒿种，冬咽苹荭楂。

庳水拐水弯着腰，出格捆盐用筐挑。

征池压池石碾拖，灶民累成驼背腰。

当时，行走在大运河的盐运船只上，生活着大批的船民，他们的生活也是如此。清末民国时期，淮盐的生产逐步北移，原来的南通、盐城地区远离海卤，大批盐场逐步复垦，淮盐的生产主要集中在盐城的建湖、滨海、响水陈家港和连云港的板浦、青口、猴嘴、徐圩、燕尾港等广大地区，板浦盐河南运淮盐的压力加大。随着清江浦河闸的修建

20世纪80年代的西盐河码头（摄影：赵鸣）

和盐河、蔷薇河航道的疏浚，淮盐通过盐河运送至淮安，沿大运河邗沟至扬州，然后再通过京杭大运河运送到全国各地。当时流传在盐河上的《纤夫小唱》（民谣）就说明了这一点。

春装淮盐下扬州，千里盐河纤夫愁。

一根长弹系腰间，好像缰绳马头扣。

弓腰顶风汗如雨，春风干人裂石头。

脸黑如炭形似鬼，舌焦唇裂人儿瘦。

饿了啃稻团，渴了捧水流。

三月未见油和菜，敢想鱼和肉？

夏装淮盐下扬州，炎炎烈日罩当头。

腰间长弹长盐硝，破裤遮羞汗湿透。

地烫我脚蚊叮背，河边芦叶戳我肉。

伏夏热难受！浑身晒成黑滩虎，

父母见儿认不得，妻小见了眼发怵。

人不饿死莫背纤，盐河边上纤夫苦。

小曲中的"长弹"，即纤夫拉纤用的细麻绳，又称麻弹或弹绳。"黑滩虎"是滩涂上的弹涂鱼，穴居，身体长而侧扁，暗褐色，生活在浅海中河口附近的滩涂上，常借胸鳍和身体的弹力跳跃在滩涂上。

还有一首流传在盐河上的《船民谣》写道：

船民风雨拉纤走，身上衣单活抖抖。

忍饥受饿没力气，吃饭不如富家狗。

有女不嫁弄船郎，十家九家没住房。

水冷草枯河封冻，船舱成为光棍堂。

西北风刮冷飕飕，船民十家九家忧。

儿子抓丁当兵去，父母年老靠谁过。

家中三天未见粮，盐蒿蘩菜充饥饿。

那天生活能改善，运盐船民吃顿肉。

烧香磕头千百年，未见菩萨发善心。

新中国成立，盐民的生产生活发生了翻天覆地的变化，同样，精神面貌也大有不同，民谣写的内容自然随着时代变化而有所改变。

当时有一首民谣，叫《共产党来真正好》，内容是：

共产党来真正好，遇事开会来商讨。

男女平等讲民主，领导大伙生产搞。

工作越苦越觉甜，心中越甜越干好。

上冬学呀进夜校，打球演戏唱小调。

原有的《灶民歌》也赋予了新的内涵：

自从盐场得解放，来了救星共产党。

工人当家做主人，齐心建设新盐场。

旧滩改成规格化，电灯照得亮堂堂。

文化生活也改善，扒盐不用扁担筐。

纳潮制卤按电钮，抽水机器把歌唱。

盐场一派好景象，丁头舍变成新瓦房。

百里盐滩变得美，盐工个个喜洋洋。

向后还要大发展，改出一个新盐场。

草若无根不生长，人若没志难向上。

立志改革搞四化，盐工红心献给党。

20 世纪 50—70 年代，淮北盐场掀起了新生产运动，革命斗志空前高涨，那时的民谣记录下盐工的生产生活，更显示出他们的精神风貌。如反映盐工疏浚盐河的民谣《如今盐工胆包天》和《小小铁锹七寸长》。《小小铁锹七寸长》是这样写的："小小铁锹七寸长，扛上工程去挖方，圩河洼地来干活啊，不怕寒潮增产量。一天能挖两方土，就能得到九斤粮。多得粮食多生产哪，多得粮食防春荒。"这一篇写的是上河工"一天能挖两方土，就能得到九斤粮。"《如今盐工胆包天》的内容是这样的："挖河挖到水晶殿，急得龙王团团转。如今盐工胆包天，逼我吐出万宝泉。"这第二篇写的是上河工时的精神面貌，说"如今盐工胆包天"，能够让龙王急的"团团转"。可见盐民生产生活的气势。

文学是反映社会发展的缩影，什么样的时代就有什么样的文学作品。诗歌、辞赋、小说、民谣都随着时代的变化而变化，走下圣殿，走进到人民中间。大运河上的淮盐文学也是如此，不断在生活中淬炼和升华，赋予大运河文化的持久魅力和不竭源泉。

## 文化链接：

### 一、"唐宋八大家"之一——苏轼

苏轼（1937—1101），世称苏东坡，字子瞻，号东坡居士，汉族，眉州眉山（今四川省眉山市）人，祖籍河北栾城，北宋文学家、书法家、美食家、画家，历史治水名人。苏轼其名"轼"原意为车前的扶手，取其默默无闻却扶危救困，不可或缺之意。苏轼是北宋中期文坛领袖，在诗、词、散文、书、画等方面取得很高的成就。文纵横恣肆，诗题材广阔，清新豪健，善用夸张比喻，独具风格，为"唐宋八大家"之一。

苏轼不同于其他"唐宋八大家"的是曾经是我国历史上的治水名人。元祐四年（1089），苏轼任龙图阁学士知杭州。由于西湖长期没有疏浚，淤塞过半，"葑台平湖久芜漫，人经丰岁尚涸疏"，湖水逐渐干涸，湖中长满野草，严重影响了农业生产。苏轼来杭州的第二年率众疏浚西湖，动用民工20余万，开除葑田，恢复旧观，并在湖水最深处建立三塔作为标志，即今日的三潭印月。他把挖出的淤泥集中起来，筑成一条纵贯西湖的长堤，堤有6桥相接，以便行人，后人名之曰"苏公堤"，简称"苏堤"，成为西湖著名的十景之一"苏堤春晓"。

苏轼为官时，十分关心盐业生产和盐民疾苦。元丰八年（1085）12月，他在登州任职时写状上奏朝廷关于地方盐政事务。文中写道："朝奉郎前知登州军州事苏轼状奏：右臣窃闻议者谓近岁京东榷盐，既获厚利，而无甚害，以谓可行。以臣观之，盖比之河北淮浙，用盐稀少，因以为便。不知京东旧日贩盐小客，无以为生，大半去为盗贼。然非臣职事所当言者，故不敢以闻。独臣所领登州，计入海中三百里，地瘠民贫，商贾不至，所在盐货，只是居民吃用。今来既榷入官，官买价贱，比之灶户卖与百姓，三不及一，灶户失业，渐以逃亡，其害一也；居民咫尺大海，而令顿食贵盐，深山穷谷，遂至食淡，其害二也；商贾不来，盐积不散，有入无出，所在官舍皆满，至于露积，若行配卖，即与福建、江西之患无异，若不配卖，即一二年间举为粪土，坐弃官本，官吏被责，专副破家，其害三也。官无一毫之利而民受三害，决可废罢。窃闻莱州亦是元无客旅兴贩，事体与此同。欲乞朝廷相度，不用行臣所言，只乞出自圣意，先罢登莱两州榷盐，依旧令灶户卖与百姓，官收盐税。其余州军，更委有司详讲利害施行。谨录奏闻，伏候敕旨。"

## 二、宋代婉约派代表——柳永

柳永（约984—约1053），原名三变，字景庄，后改名柳永，福建崇安人，北宋著名词人，婉约派代表人物之一，是第一位对宋词进行全面革新的词人和两宋词坛上创用词调最多的词人。

柳永出身官宦世家，少时学习诗词，有功名用世之志。咸平五年

（1002），柳永离开家乡，流寓杭州、苏州，沉醉于听歌买笑的浪漫生活之中。大中祥符元年（1008），柳永进京参加科举，屡试不中，遂一心填词。景祐元年（1034），柳永暮年及第，历任睦州团练推官、余杭县令、晓峰盐监、泗州判官等职，以屯田员外郎致仕，故世称柳屯田。景祐元年（1034），柳永曾调任余杭县令，抚民清净，深得百姓爱戴。宝元二年（1039），柳永任浙江定海晓峰盐监，作《煮海歌》，对盐工的艰苦劳作予以深刻描述。由于为政有声，被地方百姓称为"名宦"。

宋代词家柳永所作的《煮海歌》，全面描写了江浙灶户从事盐业劳动的特殊艰辛，为后人所传诵（冯家道提供）

### 三、清代布衣盐民诗人——吴嘉纪

吴嘉纪（1618—1684），字宾贤，号野人，淮北东台安丰场（今东台安丰镇）人，淮北盐民诗人，著有《陋轩诗集》，共收入诗歌1265首。因其住所仅草屋一楹，名其为"陋轩"。又由于住所四周杂草丛生，蓬蒿遍地，而他却终日把卷苦吟，不与外人往来，故人又称他为"野人"。

吴嘉纪出身盐民，工于诗，其诗法孟郊、贾岛，语言简朴通俗，内容多反映盐民贫苦，以《盐场今乐府》诗闻名于世。其祖父吴凤仪是明代著名哲学家王心斋的学生。他少时受业于吴凤仪的弟子刘国柱，因天资聪明参加府试，名列前茅，中第一名秀才。他出身清贫，年轻时煮过盐，家无余粮，虽丰年常断炊，但不以为苦。喜读书作诗，好学不倦，曾应府试，但因亲见明王朝覆灭，清兵南下，居民惨遭屠杀，遂绝意仕途，隐居家乡。

他长期生活在贫民中间，亲身体验了官吏、盐商对灶民的盘剥和频繁的水灾、军输对灶民的侵害，终日把卷苦吟，从而写出了大量反映社会黑

盐民诗人吴嘉纪（1618—1684），江苏东台人，著有《陋轩诗集》（冯家道提供）

暗、民不聊生的诗篇。他的诗以其真实而深刻的内容和高度概括的手法，反映了当时劳苦大众苦不堪言的生活困境和自己的思想感情，有的诗篇还隐含讽刺和鞭挞。如小诗《望君来》：

小舍煎盐火焰举，卤水沸腾烟莽莽。

斯人身体亦犹人，何异鸡鹜釜中煮。

况复今年春夏雨，沙柔泥淡绝卤汁。

坐思烈火与烈日，求受此苦不可得。

吴嘉纪的诗多数为运用现实主义手法，表达他对盐场及灶民的关切。扬州诗友汪楫（舟次）得知吴嘉纪安贫乐道，长于吟咏，又自立一家，遂将其诗送两淮盐运使周亮工阅览；周又转扬州推官王士禛，王十分推崇说："有才如嘉纪天下之人不知也，乡曲之人不知之也，独有汪楫知之。"后来，周、王二人都为诗卷作序，随后由泰州分司汪兆璋（荑斯）搜集吴诗400首刊刻问世，从此名闻四方。《陋轩诗》一书以盐为主题，在清代一直被列为禁书。1684年，67岁的吴嘉纪在悲痛和穷愁潦倒中离开了人世。他身后萧条，由挚友汪舟次、程云家为其料理丧事。汪舟次题写墓碑："东淘布衣吴野人先生之墓"。辛亥革命后，由南通著名实业家张謇资助，树立了石牌坊，设了石桌、石凳等。张謇还亲笔为牌坊撰写了对联："蒹葭秋水伊人思，禾黍西风故国愁"，以寄众人哀思。

# 第二节　浸透盐味的盐文学

在我国唐宋时期，小说开始兴起。盐成为小说中挥之不去的话题。许多小说中涉及盐商、盐民生活，既深刻描述了盐商生活的奢华和心灵的丑陋，同时，也反映和表现了一些盐商的仁心爱意。

明清时期，随着商业经济的发展，居于"士农工商"中首尾位置的"士"与"商"这两大社会群体，在争夺社会地位时不可避免地进行着一场博弈。而明清小说作为其中的一个文学载体，对此有着形象生动的反映。《儒林外史》广泛描写了士人与盐典的冲突，其本质就是"士""商"之争，这种斗争深刻地揭示了盐典阶层的命运，也对中国社会的发展有着深远的影响和生动的诠释。

这时，我国盐业进入了生产力发展的巅峰时期，其影响力和辐射力渗透到社会文化的各个领域。同样，对明清小说的创作和繁荣作出了重大贡献，产生了一定的影响。比如盐业走私孕育的绿林文化及官商勾结垄断盐业经营权、牟取高额利润等腐败行为都在明清小说中有所反映。盐商的豪奢生活和附庸风雅对明中叶以后形成的浇薄世风也有着推波助澜作用，催生了《金瓶梅》《儒林外史》《红楼梦》《镜花缘》《三国演义》等几部重要小说。

从"四大名著"中，它们虽然没有特别集中地写盐业的情节，但是，涉及"盐味"的人物形象时有表现，显现出盐业"百足之虫"触须延伸至社会各个角落。同样，这个时代的《英烈传》《隋炀帝艳史》《说唐》《豆棚闲话》《东周列国志》《七侠五义》《官场现形记》《孽海花》《老残游记》也多为如此。比较而言，《金瓶梅》《儒林外史》《二十年目睹之怪现状》等小说中盐文化现象的展现更充分一些，可以为研究当时盐业、盐商与盐政现象和社会风俗发挥一些作用，算得上典型的"盐味小说"。

我国古典小说创作的巅峰期集中在明清时期，大批的传世佳作流传后世，如《西游记》《镜花缘》《水浒传》《儒林外史》《三国演义》《红楼梦》《金瓶梅》《窦娥冤》等，这些中国古典文学名著都蕴含着与盐文化的千丝万缕的联系，特别是《西游记》《镜花缘》，还有大量的文赋古籍，一方面，演绎了文学语境中的盐文化，奠定盐文化在江苏大运河文化叙事体系构建中的主导地位，使之在明清小说占有重要的位置。另一方面，从各个侧面助推了大运河淮盐文化的成长和发展，并奇迹般地孕育出与淮盐文化有密切渊源的《西游记》《镜花缘》《儒林外史》《金瓶梅》《老残游记》等明清文学名著，在中国的文化史上留下光彩的一页。

花果山猴石（摄影：赵鸣）

长篇神话小说《西游记》的作者吴承恩是淮安人。他自小在淮盐产销区成长，盐文化给他留下了深深的烙印。如《西游记》第一回《灵根育孕源流出，心性修持大道生》中所写"只见海边有人捕鱼、打雁、挖蛤、淘盐"，与海州地区灶民的生产、生活场景如出一辙。发生在灌河口最经典、流传最广的与《西游记》相关的故事莫过于"二郎神"，尽管传说版本多样，各不相同，精彩万分，但都与灌河同源。据说，吴承恩著《西游记》时，曾顺着灌河东下灌河口，登花果山实地采访，小说第六回就是以灌河口附近地形、地物为背景的。《西游记》中的"灌江口"即"灌河口"，灌河重镇陈家港很早以前曾建有一座"二圣庙"，又称"二神庙"。这些传说都被吴承恩收集熔铸到《西游记》中。《西游记》虽然是神话小说，但是，小说成书的文化背景和盐文化的要素则贯穿其中，不可忽视。

无独有偶的是《水浒传》的作者施耐庵和《三国演义》作者罗贯中。他们为师徒关系，都曾经在淮盐漕运中心淮安居住过。施耐庵原籍苏州，后迁淮安，为至顺辛未进士，曾官钱塘二载，以不合当道权贵而弃官归里，闭门著述。张士诚起义抗元时，

元、明间长篇白话小说《水浒传》（冯家道提供）

施耐庵参加了他的军事活动。张士诚在苏称王以后，施耐庵又在他幕下参与策划，和他的部将卞元亨相交甚密。张士诚身亡国灭后，施耐庵浪迹天涯，漫游山东、河南等地。随后还旧东台白驹场，隐居不出，感时政衰败，作《水浒传》寄托心意，又与徒弟罗贯中撰《三国演义》《三遂平妖传》等多部小说。

《三国演义》的作者罗贯中是施耐庵的学生，一直在淮安与恩师学习，探讨文学创作，并照顾恩师直至去世。据考施耐庵、罗贯中同属元末明初，二人曾先后参加张士诚起义。明洪武三年（1370）施耐庵在淮安逝世，在料理完恩师的后事之后，罗贯中带着未完成的《三国志通俗演义》和其师施耐庵的《江湖侠客传》书稿，离开了客居二十余年的淮安大香渠巷，首先借道汤阴县凭吊完岳飞之后，返回北方隐居写作。

百回长篇小说《镜花缘》是一部与《西游记》同样辉煌璀璨、传奇色彩浓厚、浪漫幻想迷离的中国古典长篇小说。乾隆四十七年（1782），李汝璜任板浦场盐课大使，李汝珍随兄来到海州，住在盐课司大使衙署。板浦河流纵横，是苏北三大内河盐运码头之一，被誉为海州地区的"盐都"。淮北盐场生产、管理、运销的衙署设立于此，吸引大量盐商云集，还有许多著名的乾嘉学派人物活动于此。由于淮盐生产的支撑，使得板浦富豪云集，多为"腰缠十万贯"，可以"骑鹤下扬州"。板浦也因此被称为"小扬州"。他自1795年到1815年，常驻于板浦。他利用此机会，遍访名师，

奠定了他博学多识的根柢，为创作"以小说见才学者"的《镜花缘》积累了丰厚的知识，最后用20年时间写成的《镜花缘》。

板浦李汝珍纪念馆中的"镜花水月"（摄影：赵鸣）

《镜花缘》与盐业有着千丝万缕的联系。一方面，作者李汝珍是盐官子弟，其家乡大兴有许多人在两淮做盐官，另一方面，李汝珍长期生活在盐区，成书的地点也大多在盐区。《镜花缘》的写作地方除了板浦场盐课司的衙署，还有草堰盐场的玉真楼。嘉庆六年（1801），李汝璜调任草堰场盐课司大使，李汝珍也携妻小来到草堰。草堰是一个古盐场，南距东台15里，北距《水浒传》作者施耐庵的故居白驹盐场30里。李汝珍凭借草堰盐场盐文化的人文环境，在玉真楼中，憧憬着美轮美奂的镜花情缘。

《红楼梦》中的主角生活在明清时的盐业繁盛的两淮地区，其中大观园的生态环境活脱脱的就是一个盐官家族的发展史。《红楼梦》作者曹雪芹与淮盐存有千丝万缕的联系。由于他的生父、继父管理过淮北盐务，祖父曹寅还做过两淮盐区的高官，在当时淮盐的转运之地仪征真州十二圩居住了一段时间，非常了解盐民习俗，并熟悉盐官的宦途和家境。在曹寅留下的诗集中，我们随处可见到盐文化的诗题。因此，曹雪芹在《红楼梦》里描绘的淮盐风俗如数家珍，没有家世经历和身临其境，凭空杜撰是不可能的。

盐官有钱，所以会玩，更讲究吃。曹寅与名流宴咏，殆无虚日，食物中也多有与盐滩相关的活物。如沿海滩涂有许多种类的鹿，吃鹿肉就成了曹家的嗜好。《红楼梦》中还写道"前儿三姑娘和宝姑娘偶然商议了要吃个油盐炒枸杞芽儿来",还有盐炒杜仲等,这些皆堪称是以淮盐为主要调味的上等美食料理。显然,曹雪芹所生长的曹家,其政治和经济命脉都牢固地维系在两淮盐政上。

《金瓶梅》是我国明清时期的又一本与盐业有关的小说。小说主人翁西门庆不仅巴结朝廷官吏,而且还利用关系为盐商化解危机。小说写一位扬州盐商无辜被扣入狱。西门庆收下了盐商的两千两银子为其说情,结果他求蔡京太师的一封信,便将这位大盐商给放了。明清时期,盐业施行盐票制,做盐业生意需要先颁发盐引,即盐票。西门庆利用官场关系赚钱。《金瓶梅》中曾经两次提到西门庆向蔡御史递话、递条子,疏通关系。书中写有:"去岁因舍亲那边,在边上纳过些粮草,坐派了有些盐引,正派在贵治扬州支盐,只是望乞到那里,青目青目,早些支放,就是爱厚。"书中还说:"商人来保、崔本,旧派淮盐三万引,乞到日列挚。"而蔡御史则答道:"我到扬州,你等径来察院见我,我比别的商人早挚取你盐一个月。"可见当时盐业管理的腐败,以及其权利给盐商带来的利益。

明清时期的《英烈传》也与淮盐有关。其中第二十回对于元代的盐民张士诚起义做了描述。书中写道:"张士诚系泰州白驹场人,原是盐场中经纪牙侩,因夹带私盐,官府拿究,癸巳年六月间,聚众起兵,便陷了泰兴……"第五十二回"惟兹姑苏张士诚,私贩盐货,行劫江湖,首聚凶徒,负固海岛,其罪一也",这是张士诚起义过程和内容的小说版。虽说没有对贩卖私盐起家的张士诚起义过程进行交代,但是,对于这一历史事件的叙述足以说明盐民张士诚起义在当时影响很大,意义深远。

《说唐》虽成书较晚,却以更早的隋唐为题材,也写到私盐现象。"他乃是一个惯好闯祸的卖盐浪汉,那人身长力大,因卖私盐打死巡捕官……监在牢内……因有几个无赖,和他去卖私盐……不料一日撞着一起盐捕,相打起来,咬金性发,把一个巡盐捕快打死。"这段话简略地描绘了武力抗拒巡盐的情景。"(出狱的)程咬金道:……快拿些银子出来,待我再去贩卖私盐,就有饭吃了。"为生计铤而走险。"程母道:'……不要贩私盐,买些竹子回来……'"善良的人并不愿如此。"咬金大怒道:'我乃是卖私盐,劫王纲,反山东的程咬金便是。'"书中的程咬金,不以卖私盐为耻,反而以此为荣,可见当时贩卖私盐也是公开的秘密,在民间是寻常之事。

小说作为我国文学中的重要表达方式，是呈现大运河淮盐文化的经典范例。在我国明清小说涉猎的内容中，淮盐始终贯穿在各类小说叙事的主干，也是不可或缺的内容之一。这种淮盐文化现象是我国历史上其他商品所无法比拟的。尽管，在明清长篇小说中，没有一部作品是完整叙述盐的乐章，但是，它们总是不断地跃动盐的动听音符，把它们交织汇集到一起，成就了一部宏大的盐文化交响乐。

## 文化链接：

### 一、《红楼梦》与曹雪芹

曹雪芹（约1715—约1763），字梦阮，号雪芹，是中国古典名著《红楼梦》的作者。他祖籍辽宁铁岭，生于江宁（今南京），为清代内务府正白旗包衣世家，是江宁织造曹寅之孙，曹颙之子（一说曹頫之子）。作为中国文学巨匠，曹雪芹不仅是我国最伟大的文学家之一，而且在世界文学史上的地位与成就，与莎士比亚、歌德、巴尔扎克、普希金、托尔斯泰等齐名。

曹雪芹早年在南京江宁织造府亲历了一段锦衣纨绔、富贵风流的生活。曾祖父曹玺任江宁织造；曾祖母孙氏做过康熙帝的乳母；祖父曹寅做过康熙帝的伴读和御前侍卫，后任江宁织造，兼任两淮巡盐监察御使，极受康熙宠信。

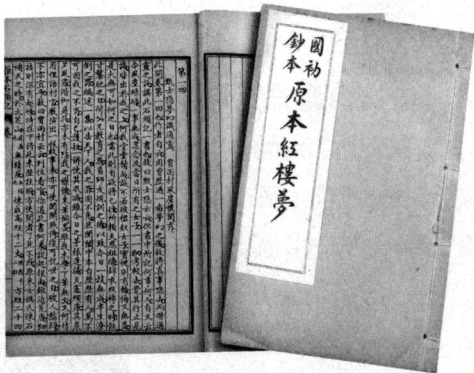

长篇小说《红楼梦》（冯家道提供）

雍正六年（1728），曹家因亏空获罪被抄家，曹雪芹随家人迁回北京老宅，后又移居北京西郊，靠卖字画和朋友救济为生。从此，曹家一蹶不振，日渐衰微。经历了生活中的重大转折，曹雪芹深感世态炎凉，对封建社会有了更清醒、更深刻的认识。他蔑视权贵，远离官场，过着贫困如洗的艰难日子；并以坚韧不拔的毅力，不负所望，在隐居西山的十多年间，将旧作《风月宝鉴》"披阅十载，增删五次"，写成了巨著《红楼梦》。晚年，曹雪芹移居北京西郊，生活更加穷苦，"满径蓬蒿"，"举家食粥酒常赊"。

曹寅病逝后，盐商们还捐资建过一座"曹公祠"，以示祭祀。可见，两淮盐商对于曹雪芹祖父曹寅治盐德政的感激之情。雍正时，曹家失势，继任官吏隋赫德奉旨抄了曹家。曹家盛衰与两淮盐政息息相关，可谓是"一荣俱荣，一损俱损"。

小说中的另一个主人翁林黛玉也是盐官之女。其祖上曾经袭过列侯，业经五世。林黛玉的父亲林如海乃是前科的探花，又是钦点的巡盐御史。小说第十七回中，宝玉在谈到香芋的故事时曾经这样说："我说你们未见世面，只认为果子是香芋，却不知盐课林老爷的小姐才是真正的香芋呢！"其中隐喻不言而知。

《红楼梦》以苏州阊门作为全篇的伊始之处，体现曹家对于盐运的关切和青睐。全书以贾宝玉和林黛玉的爱情悲剧及贾宝玉与薛宝钗的婚姻悲剧为经线，纵向剖析了造成悲剧的深刻社会根源；同时以贾府的兴衰为纬线，横向展示了由众多人物构成的广阔的社会生活环境，情节纵横交错，形成了一个严密完整的网状结构，既宏大又清晰，有条不紊地将错综复杂的内容表现出来。有人认为：《红楼梦》是曹雪芹本身的自传小说，也是我国当时盐业发展的社会风俗画。

## 二、《西游记》与吴承恩

吴承恩（约 1500—1583），字汝忠，号射阳，淮安府山阳县人。他祖籍安徽桐城高甸（今枞阳县雨坛乡高甸），故称高甸吴氏，是中国明代杰出的小说家和《西游记》的作者。

吴承恩父亲吴锐，字廷器，卖"彩缕文羯"，是"又好谭时政，竟有所不平，辄抚几愤惋，意气郁郁"之人。吴承恩自幼敏慧，博览群书，尤喜爱神话故事。他经常自署为"射阳居士"，是因为淮安在汉

淮安河下古镇吴承恩纪念馆（摄影：赵鸣）

代曾叫射阳县，县的东南有一湖泊叫射阳湖，所以吴承恩以"射阳"为

号，经常自署为"射阳居士"。而射阳湖则是大运河上的重要节点。《淮安府志》载他"尝爱唐人如牛奇章、段柯古辈所著传记，善摹写物情，每欲作一书对之""髫龄，即以文鸣于淮"，颇得官府、名流和乡绅的赏识。在科举中屡遭挫折，嘉靖中补贡生。嘉靖四十五年（1566年）任浙江长兴县丞。由于宦途困顿，晚年辞官离任回到故里，专心创作《西游记》。

吴承恩杰出的长篇神魔小说《西游记》以唐代玄奘和尚赴西天取经的经历为蓝本，在《大唐西域记》《大唐慈恩寺三藏法师传》等小说诗歌文学作品的基础上，经过整理、构思最终写成。小说借助唐僧师徒在取经路上经历的八十一难折射出人间现实社会的种种情况。由于生活或经常行走在盐区，所以《西游记》中提及盐的内容也不少。如有"须臾积粉，顷刻成盐""道姑道：……堆盐夸咏絮，腻粉说吟柸""好大雪，怎见得？但见……飞盐撒粉漫连天"。把说话很有应验的嘴称为盐酱口，"这和尚盐酱口，讲什么妖精，妖精就来了"。小说还运用盐以喻浪花，写道"那江里头白头浪茫茫一片，就如煎盐叠雪的一般"等等。

在世界文学史上，《西游记》是浪漫主义的杰作，也是我国古代长篇小说中浪漫主义的高峰。《美国大百科全书》认为它是"一部具有丰富内容和光辉思想的神话小说"，《法国大百科全书》说："全书故事的描写充满幽默和风趣，给读者以浓厚的兴味。"从19世纪开始，它被翻译为日、英、法、德、俄等十几种文字流行于世。

吴承恩墓位于淮安城东南的马甸乡二堡村，在大运河东堤东面的南干渠东侧。

### 三、《镜花缘》与李汝珍

李汝珍（1763—1830），字松石，清代小说家，直隶大兴（今属北京市）人，曾在河南任县丞，著有《镜花缘》《李氏音鉴》《受子谱》等书。

《镜花缘》的作者李汝珍是盐官子弟，曾经在历史上的淮盐之都——板浦长期居住，接触了大量的垣商、盐民、盐官和地方乡绅。李汝珍的家乡大兴有许多人在两淮做盐官，仅清朝初年康、雍、乾三朝，在海州任"板浦场盐课司大使"的就有四位，其中就有李汝珍的兄长李汝璜。

李汝璜任板浦场盐课司大使的衙署在板浦的东南隅。随兄初来海州时，李汝珍约20岁，就住在盐课司大使的衙署里。李汝珍到海州后，与板浦中正盐场的许氏乔林、桂林兄弟过从甚密。李、许之间的唱和及交流，使李汝珍对以盐务经济为主脉的地方文化有了深刻的感知。书中的许多细节直接取材于海州地区的地方风物、乡土俚语、历史传说及文物古迹，处处可见海州、板浦的乡言土语和风物民情。如海州湾为中国

连云港板浦李汝珍纪念馆（摄影：赵鸣）

著名八大渔场之一，物产丰富，《镜花缘》第十三回写以打鱼为业的渔翁、渔婆；第十五回写元股国土人不准外人来分其业，外人只得暗将腿足涂黑假冒土人，取鱼糊口的细事，海州湾风土人情习俗跃然纸上。

《镜花缘》成书地除了板浦场盐课司的衙署，还有一个地方，即盐城建湖的草堰盐场玉真楼。嘉庆六年（1801），李汝璜调任草堰场盐课司大使，李汝珍也携妻小来到草堰。草堰是一个古盐场，南距东台15里，北距《水浒传》作者施耐庵的故居白驹盐场30里。李汝珍在草堰场结识了自号蔬庵老人的卞蜚。他是施耐庵表弟盐民卞元亨的后人，他熟识卞元亨跟随张士诚领导盐民暴动的故事，也了解施耐庵写作《水浒传》的掌故。这对李汝珍写《镜花缘》有所启迪。《镜花缘》第八十七回文末有卞蜚即蔬庵老人的评语为证："施耐庵著《水浒传》，先将一百八人图其形象，然后揣其性情，故一言一动，无不效其口吻神情。先生写百名才女，必效此法，细细白描，定是龙眼粉本。"更为有趣的是在《镜花缘》中，李汝珍从淮北盐场一带的民俗风物中汲取很多素材，对于盐区的山川树木和日常生活都有描述，如垣商的奢靡形象、与海外交流的见闻，以及海州五大宫调、海州辣黄酒、葛藤粉等地方风物，这些人物和风物在《镜花缘》中闪烁着明亮的光彩。

为纪念李汝珍，板浦镇在镇中心建了一座"李汝珍纪念馆"供人瞻仰。该馆坐落于连云港市海州区板浦镇东大街，建成于1992年，占地1500平方米。纪念馆采用仿古建筑形式，门楣上悬挂着巨大的"李汝珍纪念馆"金字匾额，该匾由江苏省著名的书法家、省书法协会主席尉天

池手书。主展厅中间矗立着李汝珍半身塑像。大厅的陈列橱中展出了中外多种文字的《镜花缘》版本及许多相关资料，从中人们可以具体地了解到各方研究李汝珍及《镜花缘》的概貌。大厅的墙壁上挂满了时贤名流的佳作，书法妙绘，满壁生辉。后院有一棵清代栽植的大皂角树，阅尽沧桑，傲骨凌空。中庭的石榴树也已逾百年，表现了书中百花仙子中石榴花仙子。北边院墙上的"镜花水月"四字正点示出《镜花缘》这部小说的深刻主旨。

## 四、《儒林外史》与吴敬梓

吴敬梓（1701—1754），字敏轩，一字文木，号粒民，清代文学家，安徽全椒人，因家有"文木山房"，故晚年自称"文木老人"。又因自家乡安徽全椒移至江苏南京秦淮河畔，故又称"秦淮寓客"。

吴敬梓少时随父亲来到赣榆，曾在这里生活了10年，为其后撰写名著《儒林外史》打下了坚实的基础，积累了许多素材。当时赣榆境内的临兴盐场（今青口盐场），是淮北盐产区之一。这里盐商云集，与扬州来往频繁，吴敬梓所见所闻，自然烂熟于心。他33岁时，家徒四壁，生活穷困潦倒，他在这种环境中花了近十年时间，"仿唐人小说为《儒林外史》五十卷，穷极文士情态，人争传阅之"。

在《儒林外史》中，关于淮北盐民生活习俗处处可见，个个鲜活的盐商形象如跃眼前。他们仪态轩昂而胸藏城府，庸俗浅薄而诡谲精明，令人拍案叫绝。名著对社会的种种黑暗现象进行了辛辣讽刺和抨击，书中掩藏不住淮北盐商的真实面目。在《儒林外史》中，作者谈到淮北盐商时说：他们是"五精"："他轿里坐的是债精，抬轿的是牛精，跟轿的是屁精，看门的是谎精，家里藏的是妖精。"这种文字可以说是对盐商及其影响下的淮盐盐区社会风尚的概括。

《儒林外史》中有一段描述奴仆经商致富的故事：徽商万雪斋原是徽州盐商程明卿的家奴。他从小充当程明卿的书童，十八九岁时，被程家用作"小司客"，专替主子到衙门去跑腿，办理些琐碎事务。万雪斋利用小司客之便，抓紧时机，每年都攒几两银子作本钱，先带小货，后弄盐滩窝子，几年工夫就赚得四五万两银子。他用这笔钱从主子家赎回了卖身契，买了房子，自己行盐，成了独立经营的盐商。后来，他竟发展为拥资数十万两的富商，还娶了翰林的女儿为妻。万雪斋的发家史虽出自小说家的手笔，但却是现实生活的真实反映，当时淮北盐区类似的现象并非鲜见。

《儒林外史》第六回写到一个悭吝人严监生，因为灯盏里燃着两茎灯草，便死不瞑目。后来有人挑去一茎，严监生才点一点头，放心地咽了气。这可能是根据清代阮葵生笔记小说《茶余客话》卷十五中载的一个盐商的真实故事而来的。

李勉，字啸村，工诗、能书、善绘花鸟，与吴敬梓是好友。据说《儒林外史》中的那个贫穷而浪漫的才子季苇萧即是以他为原型的。吴敬梓经常出入淮北盐区，

《儒林外史》

与盐民和盐商多有交往，李勉与吴敬梓同气相求，自然也就容易从笔尖下流露出来。

在生活中，吴敬梓与盐商程晋芳之间的关系不同一般。程晋芳的族祖程廷祚与吴敬梓是莫逆之交，而族伯程丽山与吴敬梓嗣父吴霖起的侧室程氏存有姻亲关系。在《儒林外史》中，有个人物庄濯江，他家境富有，但屡试不第，仕途不顺。这位人物"性好客，延揽四方名流"，耽于风雅而不理财产，最终由巨富变成了赤贫，据说庄濯江就是以盐商程晋芳为原型的。乾隆六年（1741），吴敬梓曾应程晋芳之邀，从南京渡江到淮安程家度岁，直到乾隆七年（1742）春，吴敬梓才返回南京。吴敬梓之所以远离南京去淮安程家作客，一方面因生活拮据，另一方面因与程家是世交。后来，程晋芳穷困潦倒，丧事全靠友人料理，吴敬梓在《儒林外史》中那样深刻地写出两淮盐民和盐商的生活起居，为人处事，多与此有重要关系。

## 五、《水浒传》与施耐庵

施耐庵（1296—1370），名耳，字子安，号耐庵，或称"钱塘施耐庵"。他是江苏兴化人，祖籍苏州，出生于兴化县白驹场，元末明初文学

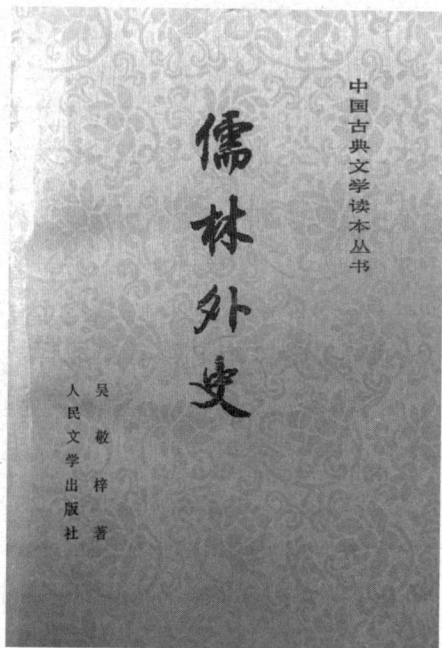

家，是中国四大名著之一《水浒传》的作者。根据《施氏谱序》等有关资料记载：施氏由苏州迁兴化，复由兴化徙居白驹场。

施耐庵19岁时中秀才，28岁时中举人，36岁与刘伯温同榜中进士。其曾在钱塘（今浙江省杭州市）为官三年，因不满官场黑暗，不愿逢迎权贵，弃官回乡。施耐庵曾经在白驹场居住生活。那时的白驹场为古代两淮盐场之一，是盐民义军领袖张士诚的故乡。元至正十三年（1353），在白驹场一带，张士诚率领"十八条扁担"造反抗元，后在平江（苏州）称吴王，聘施耐庵为军师。张士诚降元，施耐庵屡谏不从，因而弃官去江阴祝塘东林庵坐馆。朱元璋发兵围攻平江，战乱波及江阴，施耐庵将大弟彦明留在苏州原籍，带着续娶的妻子申氏、二弟彦才和门人罗贯中，冒着烽烟，渡江北上，在兴化以东人烟稀少的海滨白驹场购置了田地房产，隐居著《水浒传》。

《水浒传》与盐业关联之处甚多。水浒中的许多人物王伦、宋江、吴用、林冲等在白驹场盐民起义军中也可以寻觅到原型。甚至，宋江、吴用与王伦之间的关系也与施耐庵和盐民起义军将领张士诚、卞元亨的交往相类似。一些地名可能取自于祝塘附近。如"三打祝家庄"是

长篇白话小说《水浒传》作者施耐庵雕塑
（冯家道提供）

全书中的重头戏，其实祝家庄原型就是祝塘镇。张士诚的盐民起义军也曾驻扎过海州，元朝廷派遣在沭阳屯兵的将领攻打海州，为了借助水攻，王信开掘了下通盐仓的洪门堰坝，使张士诚的起义军陷于困境，终至退出。根据《宋史·张叔夜传》的记载，历史上的宋江确曾攻打过海州，但施耐庵在《水浒传》中却隐去了这场激烈的海上攻坚战。在《水浒全传》中，有"为是他性急，撮盐入火""这两个兄弟是此间浔江边人，专贩私盐来这里货卖""掉船出来江里赶些私盐""李俊引着李立、童威、童猛，也带着十数个卖盐火家""柴进与燕青……行至海盐县前"等多处带"盐"的

文字，涉及非常重要的贩卖私盐现象。

施耐庵曾在盐城的白驹盐场居住生活过一段时间。据咸丰四年（1854年）陈广德（字懋亭）所撰《施氏谱序》云："吾兴氏族，苏迁为多，白驹场施氏耐庵先生生于明洪武初，由苏迁兴化，复由兴化徙居白驹场。其第二世处士君，杨一鹤先生曾为作墓志铭。及于施氏之自苏施家桥来迁，即场之田庐复名以施家桥……清咸丰四年岁次甲寅，处暑后二日赐进士出身，诰授奉直大夫户部主事加一级。陈广德顿首拜撰。"施耐庵死后，他的十二世孙施奠邦发起，将其在白驹镇上的故居改建为施氏宗祠。后来几经修复扩建，遂成前后三进，旁有偏殿为礼堂。第一进为门厅，内设茶坊；第二进为书坊，供艺人说《水浒》；第三进为福荫堂，供奉迁兴始祖施耐庵及其后裔的灵牌，每年春秋二季在此祭祖。抗日战争中，施氏宗祠不幸毁于战火。

## 六、《三国演义》与罗贯中

罗贯中（约1330—约1400），名本，字贯中，号湖海散人，山西太原人，元末明初著名小说家、戏曲家，是中国章回小说的鼻祖。他的主要作品有小说《隋唐两朝志传》《残唐五代史演义》《三遂平妖传》和《三国志通俗演义》等。

罗贯中14岁时，其母亲病故，于是辍学随父亲去苏州、杭州一带做生意。罗贯中的父亲是元仁宗延祐年间（1314—1320）的一位丝绸商人。到了元代中期，由于灭宋战争的创伤逐渐平息，社会的经济、文化重心也开始由北方转移到了南方。南宋的故都杭州不仅成为人口云集、商业发达的繁华城市，也成为戏剧演出和"说话"艺术发展的重要中心。因此，不少北方的知识分子、"书会材人"，如关汉卿、郑光祖等人，都先后搬迁到了杭州一带。身为小说兼杂剧作家的罗贯中，也必然受到这一社会潮流的影响，成为这类南迁作家中的一个。大约在1345—1355年间，他来到了杭州。许多说话艺人在这里说书，一些杂剧作家，也在这里活动。元惠宗至正十六年（1356），"有志图王"的罗贯中离开杭州到农民起义军张士诚幕府作宾。第二年在罗贯中的建议下，张士诚打败了朱元璋的部下康茂才的进攻。后来，罗贯中对张士诚失去了信心返回老家太原。到了至正二十六年（1366），罗贯中又回到了杭州，开始了《三国志通俗演义》的写作。明太祖洪武三年（1370），罗贯中完成了12卷。之后卷数的写作，是洪武三年以后的事了。罗贯中创作了历史演义系列作品，陆续写了《三国志通俗演义》《隋唐志传》《残唐五代史演义传》和《三遂平妖传》的章回体小说。这些作品中以《三国志通俗演义》的成就最高。

《三国志通俗演义》，简称《三国演义》。它以宏大的结构描绘了三国时期复杂的政治军事斗争，起自黄巾起义，终于西晋统一。作品谴责了统治者的残暴和丑恶，反映了动乱时代人民的痛苦和对清明政治、对仁君的向往，体现了鲜明的"拥刘反曹"倾向。书中所描绘的宏大农民战争的画卷，与淮盐有密切的关系。如汉

《三国演义》

建安元年（196），刘备领兵抵御袁术，吕布乘机偷袭下邳，家小被俘，被迫转移到广陵海西（今灌云县南）。就在刘备落难之时，云台山关里村"祖世货殖，资产巨亿"的大盐商麋竺，不仅将妹妹嫁与刘备，还资助钱粮若干补充刘备军饷，并将2000奴客补充兵源，刘备因此而得以重振军威。历史家说麋竺"雍容敦雅"，少有文豪的风韵，亦乏英杰之气度，然长于货殖商贸，堪称理财有方。麋家世代从商，"货财如山，不可算计"。麋竺财力之雄厚，一直在历代经济地理学者的视野之中。其财力来源，很大一部分来自淮盐。当时的云台山关里村位于莞渎场境内，其鱼盐之利让麋竺富可敌国。麋竺、麋芳兄弟都跟随刘备征战天下。麋竺死后迁葬于海州石棚山北麓，立有"安汉将军麋公墓碑"。20世纪80年代，考古学家曾看到过关里村"益州院"的门楣刻石，还有刻着"麋竺井"字样的井圈石栏，并在那里搜集到一块煮盐的盘铁。

在我国"四大名著"中，出现最早的《三国演义》也有多处文字涉及盐现象，"除坚为盐渎丞""齐之无盐，善美者不掩其丑""洞西二百里，

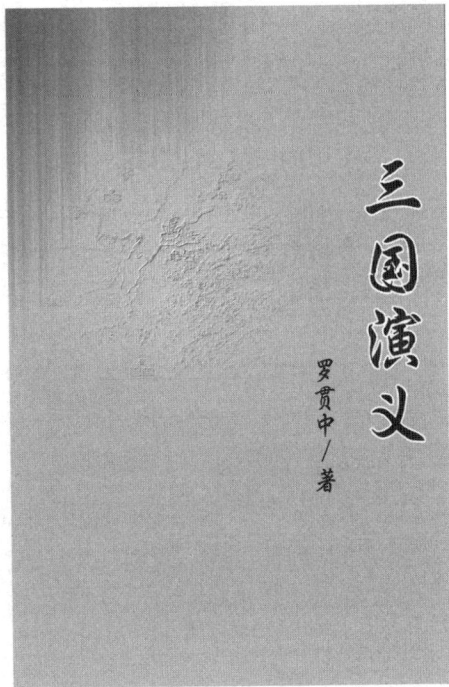

有盐井"。只寥寥数语，体现了盐文化的涉猎范围和内涵。罗贯中是中国文学史上一位有特殊贡献的作家。他从社会的、文学的需要出发，对几种在民间影响较大的话本小说材料，进行了搜集、整理、充实等扎实的工作。罗贯中的作品，尤其是《三国演义》的出现，标志着中国古代小说从"话本"阶段向长篇章回体过渡的完成，揭开了中国小说发展历史崭新的一页。罗贯中大约活了七十岁，在宋代民族英雄文天祥的故里庐陵（今江西吉安）逝世。

# 第三节　同出一宗的戏曲艺术

中国戏曲艺术种类繁多，源远流长。据不完全统计，中国各民族地区地方戏曲剧种有360多种。大运河沿线自然也不乏戏曲经典，保留下了人文荟萃、绚丽多彩的戏曲种类和曲目。

中国戏曲主要是由民间歌舞、说唱和滑稽戏三种不同艺术形式综合而成。它起源于原始歌舞，是一种历史悠久的综合舞台艺术样式。经过汉、唐到宋、金才形成比较完整的戏曲艺术，它由文学、音乐、舞蹈、美术、武术、杂技以及表演艺术综合而成。

戏曲艺术的发展经历一个从娱神向娱人转变的漫长过程。在原始社会，氏族聚居的村落产生原始歌舞，并随着氏族的逐渐壮大，歌舞也逐渐发展与提高。在大运河沿线的许多地区存有诸多源远流长的歌舞传统，如蕴含"傩戏"元素的香火戏、童子戏、淮剧、通剧等；

20世纪80年代的淮海戏《杏花烟雨》场景（摄影：赵鸣）

同时，一些新的歌舞如"社火""秧歌"等适应人民的精神需求而诞生。正是这些歌舞演出，在各地不断创造出一批戏曲艺术，出现了一批又一批技艺娴熟的民间艺人，并向着戏曲的方向一点点迈进。

唐宋时期，我国戏剧飞跃发展，戏曲艺术逐渐形成。唐代经济高度发展，文学艺术空前繁荣，促进了戏曲艺术的自立门户，并给戏曲艺术以丰富的营养，诗歌的声律和叙事诗的成熟给了戏曲决定性影响。音乐舞蹈的昌盛，为戏曲提供了最雄厚的表演和唱腔的基础。教坊梨园的专业性研究和正规化训练，提高了艺人们的艺术水平，使歌舞戏剧化历程加快，产生了一批用歌舞演故事的戏曲剧目。宋代的"杂剧"、金代的"院本"和讲唱形式的"诸宫调"等，从乐曲、结构到内容，都为元代杂剧打下了基础。宋代刘埙（1240—1319）在《词人吴用章传》中提出"永嘉戏曲"。这类"永嘉戏曲"就是后人所说的"南戏""戏文""永嘉杂剧"。而刘埙也是历史上最先使用戏曲名词的人。

元代是戏曲舞台的繁荣时期，"杂剧"在原有戏曲的基础上大大发展，成为一种新型的戏剧。它具备了戏剧的基本特点，标志着中国戏剧进入成熟的阶段。12世纪中期到13世纪初，逐渐产生了职业艺术和商业性的演出团体及反映市民生活和观点的元杂剧和金院本，如关汉卿创作的《窦娥冤》、马致远的《汉宫秋》以及《赵氏孤儿大报仇》等作品。元杂剧作为一种成熟的高级戏剧形态，最初以大都（今北京）为中心，流行于北方。元灭南宋后，逐步流布全国，发展成为全国性的剧种。元代剧坛群星璀璨、名作如云。

明代，新的传奇发展起来了。其前身是宋元时代的"南曲戏文"，简称"南戏"，是在宋代杂剧的基础上，与南方地区曲调结合而发展起来的一种新兴的戏剧形式，而温州是它的发祥地。南戏在体制上与北杂剧不同。它不受传统元杂剧四折的限

东海县吕剧团在表演（赵鸣提供）

制，而是经过文人加工和提高后出现的。这种本来不够严整的短小戏曲，终于变成相当完整的长篇剧作。如高明的《琵琶记》就是一部由南戏向传奇过渡的作品。这部作品的题材，来源于民间传说，比较完整地表现了一个故事，并且有一定的戏剧性，曾被誉为"南戏中兴之祖"。

明代中叶，传奇作家和剧本大量涌现，其中成就最大的是汤显祖。他一生写了许多传奇剧本，《牡丹亭》是他的代表作。16世纪明朝中叶，江南兴起了昆腔，涌出了《十五贯》《占花魁》等戏曲剧目。产生于安徽、江西的弋阳腔主要在中下层流行，受到欢迎；而昆腔在中上层人士中流行，受封建上层人士的欢迎。明后期的舞台，开始流行以演折子戏为主的风尚。《牡丹亭》中的"游园""惊梦"；《拜月亭记》中的"踏伞""拜月"；《玉簪记》中的"琴挑""追舟"等众多的折子戏，已成为观众爱看、耐看的精品。明末清初时的地方戏，主要有北方梆子和南方的皮黄。到了清代，京剧在地方戏高度繁荣的基础上产生了。

大运河漕运的发展带动了全国性的戏曲交流。京剧的形成就说明了这一点。在同治、光绪年间，出现了名列"同光十三绝"的第一代京剧表演艺术家及不同流派的宗师，标志着京剧艺术的成熟与兴盛。清代乾隆五十五年（1790）起，原在南方演出的三庆、四喜、春台、和春等多以安徽籍艺人为主的四大徽班陆续进入北京，与来自湖北的汉调艺人合作，同时接受了昆曲、秦腔的部分剧目、曲调和表演方法，又吸收了一些地方民间曲调，通过不断地交流、融合，最终形成京剧。不久，京剧走向全国，特别是在上海、天津等地，京剧成为具有广泛影响的剧种，将中国的戏曲艺术推进到一个新的高度。

辛亥革命前后，众多戏曲剧种逐步形成，其中重要的依次为京剧、越剧、黄梅戏、评剧、豫剧等。由于明代的传奇这种戏剧样式一直延续至清代，故又被人习惯地称作明清传奇。明清传奇包括众多地方声腔。其中流传最广、影响最深远的是昆山腔和弋阳腔。江苏戏曲众多，历史上曾经出现了多种世界知名的剧种，如昆曲。

昆曲是汉族传统戏曲中最古老的剧种之一，戏曲艺术中的珍品，被称为百花园中的一朵"兰花"。它原名"昆山腔"，简称"昆腔"，早在14世纪中叶的元朝末期产生于苏州昆山一带。它与起源于浙江的海盐腔、余姚腔和起源于江西的弋阳腔，被称为明代四大声腔，同属南戏系统。

昆山腔开始只是民间的清曲、小唱，流布于苏州一带。到了万历年间，便以苏州为中心扩展到长江以南和钱塘江以北各地，万历末年还流入北京。这样昆山腔便成为明代中叶至清代中叶影响最大的声腔剧种，很多剧种都是在昆剧的基础上发展起来的，所以，昆曲被称为"百戏之祖，百戏之师"，有"中国戏曲之母"的雅称。昆曲发源于江苏苏州昆山阳澄湖畔，有长达1000多年的历史。

京剧表演（摄影：赵鸣）

清代乾隆、嘉庆年间，对昆腔以外的其他剧种统称"乱弹"。雄霸明清商界500余年的徽州商帮以盐商出名，黄山歙县的盐商尤其出名，富甲一方，商业的成功引发了文化消费欲望的高涨。随着社会经济的发展和戏曲声腔昆山腔的兴起，纷纷蓄养家班、角色斗艺，并为乾隆下江南收集声色歌舞，不惜重金包装徽剧色艺。徽商广蓄家班也引发了江南江北文人士大夫和富商巨贾纷纷效仿。徽州艺人带着乡音下扬州，得到了徽商们的亲情惠顾和重金扶持。他们或出没于码头街肆，或为徽商富贾所容留。尤以诞生在安徽安庆市怀宁县的石牌调最著名。而徽腔因声腔及剧目丰富，逐渐压倒了当时盛行于北京的秦腔与昆剧。许多秦腔和昆剧演员转入徽班，形成徽秦两腔的融合。最值得一提的是歙县大盐商江春。他是一位品位极高的戏曲鉴赏家，酷爱戏曲。他的家中常常"曲剧三四部，同日分亭馆宴客，客至以数百计"。他把各种名角聚在一起，又让不同声腔同台互补，使异军突起的徽班具有了博采众长的开放格局。现代的"乱弹"戏曲由此产生。

"乱弹"称"梆子腔"，京剧兴起之初，有人也称其为"乱弹"，是明末继昆腔衰落之后兴起的较大规模的声腔，源于山西、陕西一带，属于板腔体，分花音和苦音。它原来是一个多声腔剧种，其声腔包括乱弹腔、昆腔、扬州乱弹、高腔、罗罗唢呐二黄和杂腔小调，用木质梆子为主奏乐器。至清嘉庆、道光（1796—1850）时，它已形成自己独特的风格。随着京徽的合流，乱弹便脱颖而出，自立门户，成为独特的戏曲形式。当时的扬州"乱弹"乱唱，红火异常。最出彩的是来自安庆的戏曲艺人。清李斗在《扬州画舫录》中写道：安庆色艺最优，盖于本地乱弹，故本地乱弹间有聘之入班者。徽商在商界进一步站稳了脚跟，他们和戏曲艺术的关系也越来越密切。而涌现出大批戏曲家的"徽班"，也在新的历史条件下得到了进一步的发展。

大运河上的盐船在向全国各地输送食盐的同时，也携各类戏曲班子登临船头，游走四方。当时，山东地区流传着一种周姑子戏，有着戏曲"活化石"之说。传

赣榆肘鼓子亮相上海东方卫视（摄影：赵鸣）

说是从周公敲锣聚集人演进而来。演唱者手臂提锣，因此，也称为"肘鼓子"。据《中国戏曲曲艺辞典》206页记载："周姑子，也叫肘鼓子。民间小演唱。清代中叶流传于山东南部……打狗皮鼓伴奏。逐渐与用弦乐器伴奏的'拉魂腔'合流……"在中国戏曲史上，"周姑子戏"有过重要的影响，早在明代晚期的传奇《钵中莲》中就有"山东姑娘腔"的记载。而在昆曲《麒麟阁·反牢》和《虹霓关》等剧目中都曾穿插使用过"姑娘腔"声腔。"姑娘腔"与"昆曲"混搭并同台演出现象不断出现，说明早在明末清初之时，山东"姑娘腔"与江南的昆曲、"乱弹"戏曲形式就互学互鉴，都成为具有全国广泛影响力的重要戏曲声腔。

肘鼓子戏是具有浓厚乡土气息的地方戏。曾经被称为"周姑子""拉魂腔"等名字。它开始只是一种小唱，后来被乞讨者学习沿用，成为"唱门子"讨饭的手段，慢慢发展成肘鼓子戏。其戏的声腔具有独特的艺术魅力，尤其在表现怨妇悲戚的情感层面，具有如泣如诉、催人泪下、摄人心魄的力量，因此，有人称之为"拉魂腔"。肘鼓子是拉魂腔戏曲剧种的早期形态。据江苏、山东、安徽三省戏曲理论家研究并著文，它对柳琴戏、淮海戏、泗州戏及山东茂腔等地方剧种的形成都产生过巨大的影响。江苏北部、山东等一些地方戏曲，比如南路的柳琴、东路的茂腔、西路的五音戏都与周姑子戏有着密切的亲缘关系。周姑子戏到底起源于何地、形成于何时，目前也无从考证，但是，其育化了茂腔、柳腔、拁腔、五音戏、柳琴戏、泗州戏、淮海戏等多个古老剧种，则是戏曲界公认的史实。假如，没有大运河文化的流动，也许它只有囿于一地，墨守成规，难于发展。

　　淮海戏的演进是一个多元文化融合的过程。在历史上，淮海戏发源于江苏苏北的海州、灌云、灌南、沭阳等地，现在主要流布在连云港市、淮安市、宿迁市及徐州市、盐城市部分县区，已有二百多年的历史。一方面，淮海戏的初始来自山东的肘鼓子戏；另一方面，它的流布又传承出新的剧种。当时淮海戏的流布区域是重要海盐生产地——海州，盐商大贾云集。他们随船蓄有声伎，且留心词曲，运盐河沿线雅乐小曲相闻。正是由于盐河的流动和盐商的青睐，使得淮海戏有了新的作为。

　　早期淮海戏只是流传在民间的小曲形式。它起源于沿门说唱民间故事的"门头词"。坊间流传说，清道光十年（1830）后，艺人自由结社发展成为打地摊演出的小戏。

　　清光绪六年（1880）后，淮海戏演出规模渐渐扩大，行当也日渐齐全，从而形成了季节性的演出班社。随着徽剧、京剧的流入而与徽剧、京剧等先后搭班合演，吸收了徽剧、京剧的一些剧目，革新了声腔，大大丰富了这一戏曲形式的艺术手段。光绪二十六年（1900）后，沭阳出现了女艺人，演唱艺术上也有了新的发展。

　　流传在江苏苏北的泗州戏，也属于拉魂腔系列，是江苏省地方戏剧种之一，主要分布于洪泽湖西岸和安徽淮河两岸的大部分地区，大约形成于清乾隆年间（1736—1795），距今已有二百多年的历史。因艺人多为古泗州人，又因唱腔有"泗州调"的唱法，故于1952年定名为"泗州戏"。它与柳琴戏、淮海戏同由"拉魂腔"发展而来，彼此之间存在着一定的血缘关系。

　　的确，一些业界专家认为泗州戏发源于江苏省北部海州一带，原因是泗州戏中存有"猎户腔"和"太平歌"等民间曲调的演唱方式。它的唱腔念白有北方戏曲的激昂慷慨、南方戏曲的温柔舒缓；有难度极大的花腔和花舌及民间琴书的平实质朴。

　　泗州戏流布区域以淮河流域为中心，向东西南北扩展。东路至泗阳、淮安、洪泽、涟水、阜宁、灌南、灌云、盐城、东海、连云港。西路至安徽省泗县、灵璧、固镇、怀远、宿州、淮北、涡阳、蒙城、亳州及河南省永城、夏邑、商丘。南路至盱眙、六合、南京、如皋、海安、东台、大丰、兴化、建湖及安徽省来安、天长、滁州、嘉山、五河、凤阳、蚌埠。北路至宿迁、新沂、邳州、徐州、丰县、沛县及安徽省萧县、砀山及山东郯城、临沂、枣庄等。可见其辐射范围之广。

从徐州地方的柳琴戏形成，也可以看出肘鼓子对于他的影响。据说柳琴戏的缘起时间大体是清朝道光至咸丰年间，即1820年至1860年前后，距今两百年左右。柳琴戏，早期称"小戏"，后因其唱腔独具魅力而也被人称为"拉魂腔"。它最初是流行民间小演唱"拉魂腔"和"肘鼓子"相结合而形成。其形成过程，最初只是由单人或双人清唱的曲艺，艺人称为"唱门子"或"跑坡"。他们手持竹板或梆子敲打节奏，用八句子，唱"单篇子"，内容多为民间故事，篇幅可长可短。

关于它的艺术形式的源头和发源地各有各的说法，但是，归结起来还是来源于山东肘鼓子戏和海州地区淮海戏。据说在明末清初时，苏北海州等地的民间流行着两种曲调，一种是在收获的季节里，农民为了抒发喜悦之情，根据当地所流行的秧歌、号子，创造出一种叫"太平歌"的曲调。另一种是当地的猎户们在狩猎之余，根据当地流行的民歌、号子，并结合当地的山川景色和自然音响形成的一种叫"猎户腔"的曲调。后人把"太平歌"和"猎户腔"糅合到一起，并不断地加工润色，再把当地的民间传说编成易于演唱的故事，进行演唱，从而形成了柳琴戏。

柳琴戏主要的流布区域是苏、鲁、豫、皖接壤的黄淮海地区，即山东的济宁、枣庄、临沂，江苏的徐州、宿迁、淮安，安徽的蚌埠、宿州、淮北、滁州以及河南商丘与山东、安徽接壤的永城、夏邑和虞城几个县（市）。习惯上把它分为东、北、中、南、西五路，其区域大致为：东路为山东的临沂、苍山、郯城和江苏的海州、新沂、淮安等地。北路在山东的济宁、藤县、邹县、微山和峄县等地。中路是江苏的徐州、铜山、邳州、睢宁、泗洪、宿迁等地。南路为安徽的淮北、宿县、灵璧、泗县、蚌埠、五河、凤阳、明光、滁州等地。事实上，柳琴戏不管其缘起何处，大体与淮海戏、泗州戏等同出一宗，而且都与大运河盐运的流布和盐商的推波助澜有着密切联系。

长江以北的盐淮地区，自古巫风极盛。明、清以来，香火会、船头会、火星会、青苗会等民间文化活动甚众。人们设花坛，扬门幡，击鼓串铃，载歌载舞，举行驱邪纳吉，酬神祭鬼的图腾仪式。苏北民间逢节或集镇，都有民间歌舞、打花鼓、狮子舞、玩麒麟、舞龙灯、荡湖船等本民族的民间表演活动。为达人神共喜，娱乐大众，教化民众之目的，一些灯会、庙会和神会活动中，渐渐有了由童子妆扮人物、演唱故事之类，内容多为神书、劝世文等，这可以看作是淮剧萌芽的艺术土壤。

在江苏的大运河沿线的苏中地区广泛流布着香火戏，也是一种江苏省的传统戏曲剧种。原起源于江苏的扬淮一带，在镇江、南京、常州地区尤为盛行。香火戏，旧称大开口，又叫江北戏。它的唱腔、说白具有浓郁的苏北地方特色和朴实的乡土气息。由民间敬神念佛、跪拜祈祷，用以坐唱香火演变而成，故名香火戏。乾隆十一年（1746）以后，皇帝弘历南巡，两淮盐务御前承应，"例蓄花雅两部，以备大戏"。今盐城市上冈石桥头《吕氏家谱》中有如下记载："嘉庆元年（1796），吕氏九世凰公演香火戏。"这段文字，是迄今最早的、关于香火戏演出的史料记录。

香火戏的唱腔由东、西两大支流汇合而成。东路的盐城、阜宁等里下河地区演唱香火调，也称"下河调"，由弹词曲调和香火会童子调衍变而成，音调刚柔相济。西路的清江、淮安、宝应等上河地区演唱淮调，又称"淮蹦子"，由田歌、劳动号子发展而来，音调高亢粗犷。演出没有弦乐伴奏，仅有大锣、小锣、响板和竹根鼓。

香火戏是祭祀与戏剧的混生体，因此，可见它与海州、南通等地区的童子戏有同源之嫌。它的存在是基于因循《周礼·大司乐》九变过程为载体的架构，与《金史·礼乐志》记载："初盏毕，乐声尽，坐至五盏后，六盏、七盏杂剧。"过程亦是一样。金虽距周近二千年，但社会状况与周朝相当接近，礼乐的继承与延伸是可信的。与童子戏有着异曲同工之妙。

连云港市文化遗产日上的童子戏表演（摄影：赵鸣）

香火戏历史可追溯到新石器时期（约公元前六世纪），从业人员称"香火""童子"，是一种集祭祀、信仰、娱乐、教化为一体的民间活动，蕴藏丰富的表演艺术（说唱、舞蹈、戏弄、杂耍等）和造型艺术（剪纸、绘画、民间工艺等）等文化内涵，以达到敬神祈祷、娱神乐人的目的，与连云港童子戏的起源相近。它保留了戏剧界梦寐以求的"藏钩戏""参军戏""弄痴剧"等古老的活态形制。如《三曹对案》，正是盛行于唐代的"参军戏"在"香火戏"中的体现。所以说，流传于江淮的香火戏，应是唐代梨园的遗子和江淮地方戏淮剧、扬剧的鼻祖。与淮安的淮剧、南通、连云港的童子戏等诸多戏曲同出一宗，各擅其能，借助大运河的盐运流动，行走四方，传播天下。

在江苏沿海盐区的南通和连云港地区流布着一种童子戏。它源于唐代，是由古老的传统祭祀舞蹈演变，是"傩戏"的一种，与古代的巫觋活动有着密切的渊源关系。明代以后，童子戏已具雏形。清代中叶，童子戏演出日趋盛行，逐步完成了从娱神到娱人的过渡，发展为一种戏剧样式。著名学者王国维在《宋元戏曲考》中提出，戏曲起源于古巫，"古代之巫，实以歌为职，以乐神人也"。如果说"巫"为戏曲远祖的话，那么童子戏无疑是中国戏曲现存的"活化石"。

童子戏主要分布于沭阳境内及周边海州、淮安等部分地区，以及江苏南通的崇川、海门地区。

海州童子戏起源甚早，与古代的巫觋活动有着密切的渊源关系。海州自古巫风盛行，考古学家在连云港市锦屏山将军崖遗存的原始社会岩画中，就发现许多巫的形象和"皇舞祭天""执干戚舞"的傩舞场面，海州童子戏艺人至今仍自称为"乡人傩"，而乡人傩正是古代每年乡间举行的驱鬼除疫的重要仪式。明代后，海州地方志中有傩戏的零星记载，约清乾隆年间（1736—1795），童子戏的演出已由"娱神"向"娱人"方向发展，渐渐衍变为具有戏曲形态的海州童子戏。

童子戏"跳加馆"的面具
（摄影：苗运杰）

沭阳也是童子戏流布的地区之一。在南北朝时为"童县"，因童子戏流行于该地区而得名。当地民间有"老阴阳、少童子"之说，童子亦指演唱者为童子，剧种因其演唱者身体而得名，因为，傩舞为童子戏的直系起源。

南通童子戏流传于江苏省南通市崇川区北部、通州区中西部和周边部分地区，当地称之为"上童子"或"童子上圣"，其表演形式已有千年以上的历史。童子戏使用南通方言演唱，同时配以打击乐器的敲奏，声腔怪戾奇特、高亢悲怆，具有强烈的冲击力，演唱内容则多与降妖捉鬼、神仙灵异有关。童子戏作为古老的戏曲剧种，依然散发着活力，在江苏各地传播发展。

童子戏的演出，至今仍保留了充满神秘色彩的傩祭仪式。如"烧猪""牛栏会"等，都有一系列的"设坛""请亡""踩门八字""安坐""过桥""升文""送圣"等关目。童子戏在乡间被视为正宗的"大戏"，无论角色行当，还是服饰道具，一应俱全。它的演出形式别具一格，每到演出场地，都将许多牛车轮子竖起，排列成方形，上面盖土垫平，观众三面看戏，艺人称之为"车台"。海州地区的童子戏演出还保留了"含铲""砍刀""咬鸡""口吐白丈"等特技。

淮剧是表现海盐文化的典型剧种，最初流行于江苏淮安。它是吸收了"香火戏""童子戏"的文化形式后，逐步形成的典型剧种。淮剧原是江淮地区的一种傩戏，当地贫民，包括大批盐民的困苦生活为其唱词的主要表现内容，唱腔多为悲剧色彩的哀怨的民间小曲，为"门叹词"和"香火戏"所吸收和应用。明代开始，由于海盐运销制度的变革，许多徽商来到东台地区，作为京剧艺术的主要前身的徽剧也开始在东台沿海一带流传。清代中叶，在淮安府（今盐城市和淮安市）和扬州府两地区，当地民间流行着一种由农民号子和田歌"儴儴腔""栽秧调"发展而成的说唱形式"门叹词"，形式为一人单唱或二人对唱称之为"二可子"，仅以竹板击节。淮剧后与苏北民间酬神的"香火戏"结合演出，之后又受徽戏和京剧的影响，称之为"徽夹可"，或"徽夹淮"，从而逐步发展成江淮地方小戏，并在唱腔音乐、演出剧目和化装服饰等方面逐步丰富起来，为淮剧的形成和后期发展为完善的地方剧种作出了一定的贡献。

总之，江苏大运河沿线的各类戏曲都具有相互交融合同进化的痕迹。虽然，名称各有不同，语言存在差异，但是，在演进历程、表现方式、声腔借鉴等方面，往往存在着千丝万缕的联系，同时，其传承演进的过程也隐藏着淮盐的影子，得益于盐商的推崇和传承。

# 文化链接：

## 一、肘鼓子戏（周姑子戏）

周姑戏，俗称"周姑子戏"，有时依照方言写为"肘鼓子戏"，在江苏苏北连云港、徐州、宿迁等地区和山东临沂、日照、青州、章丘、沂源、安丘等地以及周边区域流布，流传区内的人口约三千多万。它以其独特的艺术魅力和浓郁的地方特色深受江苏、山东人民群众的喜爱，是具有浓厚乡土气息的地方戏。近几年来，它分别被江苏连云港市、宿迁市、徐州市和山东日照市、临沂市、青州市确认为市级非物质文化遗产保护项目和江苏、山东省级非遗项目。

作为一种古老的曲艺演唱形式，肘鼓子戏因演员在演唱时用肘部击打太平鼓而得名，也叫"肘鼓子""拉魂腔"。山东、江苏其他一些地方戏曲，比如南路的柳琴、东路的茂腔、西路的五音戏都与周姑戏有着密切地亲缘关系。它是拉魂腔戏曲剧种的早期形态，艺人们至今保留着原始的演唱形态。

肘鼓子艺人在家中演唱（摄影：赵鸣）

肘鼓子戏原本是乞讨者作为"唱门子"要饭的帮腔。演唱时，演唱者肩背布袋，手抱月琴，自弹自唱；有时，两人搭档，一人操琴伴奏，一人打板行腔；这种说唱形式，无角色可言。该戏以表演民间故事居多，经常演出的有《三劝》《四京》《八大记》等，多系反映男女爱情、家庭伦理等生活片段，颇得乡民，特别是农村妇女的喜爱。江苏、山东流传着一首民谣说："周姑戏，娘们（儿）的事，男人不屑听，老婆抹上蜜（儿）。"其传统剧目有 300 多个，但无笔录剧本，皆以师承关系腹本传授，要想学戏必须拜师。

肘鼓子的演唱班组多以家庭班为主。比如清代连云港赣榆地界内，门河镇纪瓦沟的"封锅班"和大岭乡的"帮友社"、马站乡的"仲家班"等都曾名噪一时。到抗日战争至新中国成立以后一段时间内，江苏赣榆地区隶属山东滨海军区，这一带许多村庄还专门成立了周姑子剧团，以此娱乐和宣传教育群众。如小店乡的山西头、夏庄乡的李家抱虎、麦坡子、棋山乡的车峰峪、安庄镇的黄家河等，都有这类民间剧团。至 1950 年时，赣榆地区有民间剧团 27 个。21 世纪初，王起娥、吴隆柯、鼓仁善等民间传人一直非常活跃，在乡镇社区文艺活动及节庆、庙会时摆点演唱。

肘鼓子是一种以唱为主、唱念相间的民间曲艺，唱念全用山东鲁南地区地方方言。主要唱腔为"大花腔""小花腔""四平调""阴阳腔"等多种，其中"大花腔"旋律较快，热情奔放，多用于表达人物欢快的心情。"小花腔"松松舒畅，多用于叙事。"四平调"又称"老头腔"，多用于男性，中速而稳重。"阴阳腔"速度较慢，用于抒情咏叹，表现人物悲哀凄凉的情绪，所以又称"哀怜腔"。板式有慢板、散板、垛子板、流水板等。演唱时一韵到底，若须转韵，中间必垫道白。女腔演唱时可用假声，曲终时带哼声截腔，戛然而止。伴奏多用柳叶琴或板三弦，演唱者持太平鼓击打节奏。

## 二、五音戏

五音戏诞生于齐鲁大地，有近三百年的历史，曾广泛流行于山东中部的济南、淄博及周边地区。2006 年，五音戏被列为首批国家级非物质文化遗产项目。

五音戏的发展历经了秧歌腔、周姑子戏、杂社、五音戏四个时期。"肘鼓子"是一种声腔系统，因演唱时肘悬小鼓拍击节奏而得名，是流布于山东地区和苏北一带地方戏曲。秧歌腔最早就属于"肘鼓子"一类，发展到后来，由于"周姑子戏"的加入，无论是腔调还是表演风格都发生了巨大的变化。

关于五音戏的来源，据坊间流传说：清光绪年间（1876—1906），山东章丘青野村艺人赵宝子，原名赵国清，学习并改革了"周姑子戏"，同村的靳成章和靳成花兄弟拜他为师。后来，靳氏兄弟把戏名定为"周姑子戏"。民国初年，周姑子戏在章丘及周边地区已声名远播。20世纪20年代，靳氏兄弟率领戏班赴济南大观园演出，引起轰动。梆子戏班主邓洪山喜欢周姑子戏，便与靳氏戏班合并，拜靳氏兄弟为师，就是后来的名角"鲜樱桃"。此时周姑子戏形成了较为独立完整的板腔体系，并借鉴了京剧、昆腔、梆子等剧种的伴奏、服装、道具、化妆，形成了专业演出社班，影响不断扩大。1935年10月，经人介绍，邓洪山带领由两个"武场"和两个男演员组成的"五人班"，到上海百代唱片公司灌制唱片，将剧种名称最终确定为"五音戏"，一直沿用至今。

五音戏有近三百年的历史，唱腔婉转、妩媚，素有"北方越剧"之称，地方特色浓郁，方言纯朴自然，娱乐性强，易引起观众共鸣。它的唱词极具民间口头文学特点，多使用方言、歇后语、倒装句，语言风格亲切、形象、生动，具有鲜明的地方特色和浓郁的生活气息。唱词中常使用的鲁南地区方言，有着浓厚的地方文化特色。比如：头午（上午）、晌饭（午饭）等等。

五音戏的板式源于民歌，通常由一个上句、一个下句的两句体组成，唱腔以板腔体为主，还有部分的曲牌音乐穿插其中。五音戏主要有"悠板""二不应""鸡刨爪""散板"四种基本板式，并由这些基本腔型变化出各种板式，形成了本剧种的特色。

五音戏早期只用打击乐伴奏，主要有鼓、板、大锣、小锣、小钱等乐器组成，只使用一套简单的锣鼓经，形式单调、表现力弱。演出有时需要演员兼奏或一人演奏不同乐器。上场能演戏，下场能打锣，既是演员，又是伴奏人员，拥有了演员和伴奏人员的双重身份。不能适应复杂的大型剧目。后来，五音戏逐渐进入了弦乐伴奏和管弦乐的即兴伴奏阶段，先后加进二胡、月琴、小提琴、板胡、中胡、三弦、琵琶、笛、唢呐和高胡等乐器。

五音戏的表演以二小（小旦、小生）戏、三小（小旦、小生、小丑）戏为主，开始无文场伴奏，内容多反映民间生活，后经发展增添了文场伴奏，剧目也更为丰富。传统剧目主要有《王小二赶脚》《王二姐思夫》

《拐磨子》《彩楼记》《王定保借当》《墙头记》《赵美蓉观灯》《王林休妻》《乡里妈妈》《王婆说媒》《张四姐落凡》《松林会》《亲家顶嘴》《安安送米》等。

### 三、淮海戏

淮海戏，因以板三弦伴奏，故亦称"三刮调"，是江苏省苏北地区的地方戏曲剧种之一，流行于连云港市、淮安市、宿迁市及徐州市、盐城市部分县区，包括鲁南、皖东北一带，已有两百多年的历史。流布区域内人口数量约三千多万。海州、沭阳是淮海戏的发源地。2006 年，淮海戏被确立为国家级首批非物质文化遗产保护项目名录。

淮海戏起源于沿门说唱民间故事的"门头词"。相传清代乾隆年间（1736—1795），海州（今连云港市）一带流行由秧歌号子发展而来的【太平歌】和猎户所唱的【猎户腔】，有邱、葛、杨（一说张）三人将其加工润色为【怡心调】和【拉魂腔】，并以此来演唱农村生活和民间故

80 年代的淮海戏演出（赵鸣提供）

事。后邱去淮北，葛去山东，杨留在海州，他们各自吸收了当地民歌和语言的特色，遂形成泗州戏、柳琴戏和淮海戏。1830 年前后出现了淮海戏的演出班社，1880 年后仅海州的东海、灌云两县就有一百多个淮海戏班。1940 年抗战期间，淮海戏艺人成立"艺人救国会"，编演了《小板凳》《大后方》《三星落》等一大批现代剧目，利用戏曲宣传抗战，起到了鼓舞士气民心的作用。

开始时，淮海戏艺人大多是"随身衣，就脚鞋"，圈内称这种演出为"下场子"。此时演员很少，有"七忙八不忙，九人下厨房"之说。班组演员无严格的行当区分，一个演员必须要生、旦、净、末、丑行行精通，称为"一脚踢"。演出剧目多为对子戏，内容多为演唱当地农村生活和一些民间故事。

清光绪六年（1880）后，演出规模渐渐扩大，行当也日渐齐全，从而形成了季节性的演出班社。随着徽剧、京剧的流入，淮海戏与徽剧、京剧等先后搭班合演，吸收了剧目，革新了声腔，大大丰富了这一戏曲形式的艺术手段。1947年，艺人自发成立了"大众淮海剧团"，从此小戏正式搬上舞台演出，并正式将"淮海小戏"定名为"淮海戏"。新中国成立后，流行区域各地专业的淮海戏剧团纷纷成立，并一直紧跟着时代的发展不断编演新戏，淮海戏逐步发展为颇具特色的地方性剧种。主要剧团有江苏淮海剧团、连云港市淮海剧团、灌南县、灌云县、沭阳县淮海剧团等。

淮海戏的剧本数量可观，号称有三十二大本、六十四单出，又被统称为"两骂、两关、三朵花，七大、八小、十一记"。这些剧目大致可分五类：一为民间生活小戏，二为家庭伦理戏，三为男女情爱戏，还有一类公案戏，一批新编剧也在淮海戏的声腔、表演等各个方面进行了大胆的改革尝试，并取得了一定的成绩。无论是传统戏还是新编戏，淮海戏的剧目总体上都能既贴近生活，又贴近时代，具备乡情野趣及爽朗明快、清新生动的美学风格。现在保留的主要代表性剧目有民间生活小戏《催租》《骂鸡》《站花墙》等；家庭伦理戏《皮秀英四告》《鲜花记》《大书馆》《孝灯记》等；男女情爱戏《三拜堂》《小隔帘》《小玉环》《访友》等；反映爱国主义题材的戏《樊梨花点兵》《夜战北平关》等；公案戏《井泉记》等；新编剧《生死怨》《儿女情》《果园风情》《陈毅三会韩德勤》《小镇有口甜水井》《代代乡长》《草包村长》《临时爸爸》等。

淮海戏唱腔明快、爽朗、优美动听，乡土气息浓厚，流行区域流传着"三天不听淮辜腔，吃饭睡觉都不香"之谚语。该戏以板式唱腔为主，兼唱部分民间小调。男女同弦异腔，女腔以好风光为基本腔调；男腔以东方调为基本腔调。此外，复腔还有二泛子、串十字、双起腔、彩腔、八句子等；男腔还有金风调、龙门调、小丑调、童子调及各种形式的弹唱等。伴奏乐器以板三弦、淮海高胡为主。

土生土长的淮海戏以民间生活小戏为多，是典型的大众化艺术。它的唱、念、做、表，均平实易懂，幽默风趣，载歌载舞的形式尤显热烈生动。形式上的乡风野趣与直接表达当地民众生产、生活的内容相结合，具有鲜明的地方特色。由于淮海地区处于北方鲁文化和南方吴文化的中间地带，因此其总体风格既有北方剧种的粗犷豪放，又有南方剧种的温柔婉约。

## 四、泗州戏

泗州戏，原名"拉魂腔"，是江苏、安徽地方戏剧种之一，主要分布于洪泽湖西岸和淮河两岸的大部分地区，距今已有二百多年的历史，起步于清乾隆年间（1736—1795）。该剧起源于江苏海州，发展、成熟于泗州，故名。因艺人多为古泗州人，又因唱腔有"泗州调"的唱法，故于1952年定名为"泗州戏"。它与流传在江苏省徐州一带的柳琴戏以及海州、鲁南的淮海戏是同属于一个剧种—"拉魂腔"的不同流派。柳琴戏和淮海戏属"拉魂腔"的北派，泗州戏是"拉魂腔"的南派。

泗州戏在最初阶段主要是以说唱形式出现的，艺人三三两两走村串户"唱门子"，仅用竹板或木梆子敲击节拍，唱一些庄稼话或反映农村生活片段的"篇子"，这些"篇子"叫"门头词"。

泗州戏属于民间说唱，源于海州地区的【太平调】【猎户腔】，其发源地在江苏海州（今连云港）、沭阳一带。后经艺人收集、整理不断丰富，形成了原始的"拉魂腔"。传入泗州后，它吸收当地民间演唱艺术，形成安徽"拉魂腔"的泗州戏。据说，当时有位姓邱（丘）的艺人以唱为生，因生活所迫，四处流浪，最后从海州流落至淮北一带的泗州。1955年前，泗洪县为安徽所辖。他又吸收了当地的民间音乐素材，进行创造和演唱，最终形成具有苏北地方特色、为当地群众所喜爱的"泗州戏"。泗州戏唱腔优美、旋律动听，其唱腔念白中既有北方戏曲的激昂慷慨，又有南方戏曲的温柔舒缓；同时，也有难度极大的花腔和花舌及民间琴书的平实质朴。

最初的泗州戏，常在庙会上为招徕观众，会主或场主接班子唱会戏或赌场戏。有时，富商和豪绅家中做寿、办喜事也唱堂戏。有些地方的农村，乡民请神还愿亦请泗州戏班子到家唱"还愿戏"。因连续演唱比较劳累，即采取帮腔与和唱的形式，这种表演形式一直延续到新中国成立初期。当泗州戏由民间走向舞台后有了角色分工，其角色行当不像其他剧种分得那么清晰，主要有生分大生、小生、老生；旦分老头（即老旦）、二头（即青衣）、小头（即花旦）；丑分文丑、武丑、老丑等。在说唱基础上吸收民间的"压花场""旱船舞""花灯舞""跑驴"等舞蹈表演形式，带有活泼质朴、热情泼辣的特点，与泗州（今泗洪县）一带人民的习俗及流行于当地民间音乐舞蹈有着密切的关系，充满浓郁的乡土气息。

泗州戏起初以弹拨乐器为主，一般为一只土琵琶，形状如同缩小了的琵琶。它是由泗州戏艺人自己制作，柳木做身，泡桐木做面板，高粱秆做品，两根丝弦，亦称柳叶琴。只能演奏一个半八度音程，无半音品，音域少，外加一只梆子。20世纪70年代形成社团后，改用四弦柳琴、二胡、三弦、扬琴、竹笛、笙等。伴奏技巧分捧、送、闪、托、衬等手法。打击乐器有四大件，即板鼓、大锣、镲、小锣。

泗州戏代表性剧目：大戏有《鲜花记》《空棺记》《大书观》《钓金龟》《破洪州》《罗鞋记》等50多出；小戏有《打面缸》《挡马》《双下山》《喝面叶》《英台劝架》《拾棉花》等60多出；加工整理剧目有《恩仇记》《双玉蝉》《十二寡妇征西》《十五贯》《合家欢》等30多出；后来创作的现代剧目有《风展红旗》《稻花香》《半条意见》《战斗在洪泽湖畔》《青阳红霞》等。

## 五、柳琴戏

柳琴戏，因用柳叶琴伴奏，也称"柳琴书"，清末产生于山东省临沂、枣庄一带，1953年正式定名为柳琴戏。

柳琴戏形成于清代中叶以后，主要流布在苏、鲁、豫、皖接壤的黄淮海地区，即山东的济宁、枣庄、临沂，江苏的徐州、宿迁、淮安，安徽的蚌埠、宿州、淮北、滁州以及河南商丘与山东、安徽接壤的永城、夏邑和虞城几个县（市），大多居于大运河沿线。2006年，柳琴戏被列入首批国家级非物质文化遗产项目保护名录。

柳琴戏形成的时间应该是清朝道光至咸丰年间，即1820年至1860年前后，距今二百多年。它的来源是以鲁南民间小调"拉魂腔"为基础，源自山东徐海地区的肘鼓子和淮海戏，同时，受当地柳子戏的影响发展起来的，曲调流畅活泼，节奏明快，并有多种花腔。

在清朝末年至民国初年，随着大量的柳琴戏班社的建立和柳琴戏伴奏手段的日益完善，柳琴戏艺术已全面进入成熟期，并开始登陆城市，逐渐走向繁荣。清朝同治年间，仅山东藤县和峄县境内的有名有姓的柳琴戏班社，就多达一百多个，至于那些由一家一户或两三个人组成的无名无姓的流浪戏班，几乎每个村都有三五个。清末咸丰至光绪年间，柳琴戏就被流浪游食的艺人们顺着大运河带到了流布区域的各地，完成了它的流布与拓展。20 世纪 20—30 年代，由于各地的风俗习惯和方言土语的不同，柳琴戏又逐渐形成了不同的地域特色。

柳琴戏的音乐唱腔是在花鼓、肘鼓子、四句腔、溜山腔、锣鼓冲子等说唱艺术的基础上发展起来，其全部唱腔由基本腔、色彩腔和民歌小调三部分组成。其音乐唱腔以基本腔为主干和基

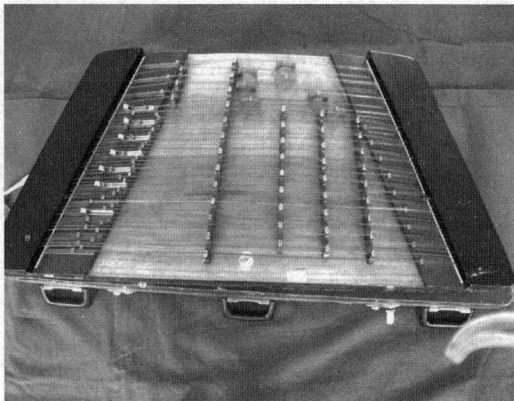

说书用的柳琴（摄影：赵鸣）

础，以色彩腔为装饰。此外，它还吸收了流行区域内各地的民歌、小调，从而使柳琴戏的唱腔更加丰富多彩，同时也使柳琴戏散发出浓郁的生活气息和地域色彩。

在柳琴戏形成初期，艺人们演唱的都是"篇子"，也就是描写人物情境和故事的唱段。随着柳琴戏的不断成长、发展，其唱词格式也开始在模仿、吸收民间俚曲的基础上逐渐规范定型，形成了自己的特点。柳琴戏的唱词格式主要有"娃子""羊子"和"狗撵狗"等三种常见的格式。

柳琴戏的角色有自己特殊的名称，在小头、二头、二脚梁子、老头、老拐、大生、勾脚、毛腿子、奸白脸等行当中，小头即闺门旦；二头即青衣；二脚梁子即青衣兼花旦；老头即老旦；老拐即彩旦；大生即老生；勾脚即丑角；毛腿子即花脸；奸白脸即白面。

柳琴戏与其他戏曲不同的一大特色就是演员的身段特技。在表演时，演员将根据剧情的需要，显示出不同的身段动作，如有"凤凰展翅""踩席头""蹉四步""门腋窝""压花场""顶碗""提灯影""鸭子扭"等。

目前，柳琴戏有小戏和大戏之分，共有传统剧目 200 多种。大戏中有各行当专工的所谓"台柱戏"，如小头的《四平山》《八盘山》《鲜花记》《鱼篮记》；二头的《点兵》《观灯》《书馆》《四告》；老头的"四氏"，即老康氏《断双钉》、老阎氏《小鳌山》、老邓氏《英台劝嫁》、老杨氏《孟月红割股救母》；勾脚的《二、五反》《雁关》《拦马》《跑窑》；小生的《大、小隔帘》《白罗衫》《刘贵臣算卦》；老生的"五王、四相"戏等。

## 六、童子戏

童子戏，属傩戏的一支，与古代的巫觋活动有着密切的渊源关系，为江苏省流布最为广泛的地方传统戏剧。主要分布于宿迁北部的沭阳，以及连云港、淮安、南通等地区。2008年6月7日，童子戏被列入第二批国家级非物质文化遗产项目保护名录。

在古代，祭祀是社会活动的头等大事。《春秋左氏传》有"国之大事，惟祀与戎"，可见祭祀是与军事并列的头等国家大事，因而巫的社会地位很高。《论语·乡党》中有"乡人傩，朝服而立于阼阶"的记载，说明早在春秋战国时期，"傩戏"已经在社火等每年举行驱邪除疫中成为重要的仪式。

童子戏起源于唐朝，由古老的祭祀舞蹈演变，至清代中叶，逐步完成了从娱神到娱人的过渡，发展为一种戏剧样式。相传唐太宗李世民因与龙虎山张天师有隙，设计欲加害他，李世民将关外的五兄弟乐师藏于金殿地下奏乐，佯称宫内有鬼作祟，要张天师捉鬼，张遂将五弟兄杀死，杀死的五兄弟冤魂不散，日夜在宫内闹腾，李世民贴出皇榜招贤驱鬼，玉皇大帝九仙女下凡揭榜。九仙女带领童子铺设坛场，开坛了愿，领圣安宅。九仙女走后，童子就依她留下的关目，与官宦人家在宫内开坛驱鬼。以后，这种"开坛驱鬼"的形式流传到民间，就形成了后来的童子戏。

中国传统傩戏主要分为四类型：即民间傩、宫廷傩、军傩、寺院傩等。江苏沭阳地区的童子戏属于民间傩和宫廷傩系列。据《史记·货殖传》载："彭城以东、东海、吴广陵，此东楚也。"《汉书·地理志》载："楚人信巫鬼。"由此可见，海州、沭阳一带曾为楚国属地，受巫文化的影响很深，对于巫文化有其历史的继承性。同时，后来的童子戏在演出形式上仍有浓烈的巫文化遗风，演出时完全依附于祭礼许愿等活动形式，如"烧猪"等；而且已存童子戏的剧目均为生活小戏和公案

艺人表演童子刀（摄影：苗运杰）

戏，因此说属于民间傩和宫廷傩系列。

江苏海州地区的童子戏属"乡人傩"的一支，也就是"民间傩"。海州地区自古巫风盛行，位于连云港市锦屏山将军崖遗存的原始社会岩画中，就发现许多巫的形象和"皇舞祭天""执干戚舞"的傩舞场面，海州童子戏艺人至今仍自称为"乡人傩"，而乡人傩正是古代每年乡间举行的驱鬼除疫的重要仪式。历史上，海州童子多在灌云、东海、沭阳等地演出。20 世纪 30 年代，以陈三（陈汝强）、曹三（曹宜殿）和佘三（佘之山）为代表的南山童子可谓称雄一时。海州西南的卸甲坊也是有名的"童子窝"，海州洪门有位艺人叫郭三兆，擅长演童子戏，坊间流传有"东不要，西不要，专要洪门郭三兆"之说。海州童子戏虽兴盛一时，但终因其唱腔单调，渐渐为新兴的淮海戏所替代，至新中国成立前已日渐衰退。新中国成立后许多艺人不愿从事消灾了愿等带有迷信色彩的祭祀仪式，大多改演淮海戏。

江苏通州地区约在南北朝时期开始成陆，至后周显德（958 年）年间始有建置。成陆之初，四面环水，荒凉贫穷，初民来自四面八方，遂把楚越等地的巫风也传承过来。至明代中叶以后，以童子戏为主要标识的通州民间巫风活动已经十分活跃。据地方史料载，万历四十四年（1616）通州城隍会上，"装饰诸魑魅魍魉之状，游行于衢市，易人于幽冥"。可见那时坊间就有规模宏大的"童子会"。到了清代，童子会已遍及城乡，文人作品《海陵竹枝词》中时有描绘："万宝秋成祝满仓，村村赛鼓觋巫忙。"民国年间，巫人活动已由单纯的家庭祭祀、祈福消灾向民间戏剧活动发展，参加演出的巫觋动辄多人，观众成千上万。新中国成立以后，这类活动逐渐消散或被扼制，童子戏逐步被通剧等其他剧种替代，走向衰落。

"童子会"，亦称消灾胜会，是民间集体进行的一种消灾祈福的活动。活动时，组织者，即"会头"可根据节气、时令、地区、行业、天灾人祸等分别取名，如玉皇会、都天会、东岳会、观音会、老爷会、盂兰会、青苗会、丰收会、龙王会等等，名目繁多。随着社会进步，科学昌明，以及传统"庙会"形式的淡出，各类大型童子会活动已属罕见，现在逐步变为戏曲形态，走入剧场，或是在乡间大舞台上演艺。

童子戏使用的方言土语，唱的是俚曲小调，具有浓郁的地方特色和乡土气息，同时，童子戏属高腔系统，唱腔高亢清亮，如泣如诉，有"九腔十八调"之称。主要有铃板腔、点鼓腔、圣腔、书腔、喜腔。唱词句式多为老百姓喜欢的七字句、十字句。别具一格的表演艺术海州童子戏属高腔系统，其唱腔粗犷质朴，高亢有力。它的原始唱腔"揖荷大嗨铩"，据传是根据农村耕田时所唱的赶牛号子演化而

童子戏小戏班演出（摄影：赵鸣）

成，后逐渐发展了"揖童子调铩""揖老可调铩""揖十拜调铩""揖满台腔铩"等多种基本唱腔，唱腔多样而丰富。

目前，江苏童子戏的传统剧目有近百个，一类源于道教故事和民间传说；另一类多从徽剧、京剧中移植演变而来。其代表作有《西游记》《唐王游地府》《刘全进瓜》《审包公》《摇钱记》《花仙果》《刘文龙求官记》《王清明合同记》《李兆庭写退婚》《赵五娘吃糠》《李三娘推磨》等。还比如《白访》《夜访》《仙花记》《金锁记》《跑山》《劝嫁》《井泉记》《结拜》《跑窑》《西回》《钥匙记》《双槐村》《三岔口》等。

在江苏，目前连云港市仍保留一个以专门从事童子戏演出为主的民间职业剧团——曹艳玲童子剧团，成员多为前辈艺人曹宜殿的后代。该团艺术顾问曹秀芝是该团团长曹艳玲的父亲，也是该项目江苏省非物质文化遗产代表性传承人。

## 七、香火戏

香火戏，有地方亦称其为"童子戏"，是一种江苏省的传统戏曲剧种。原起源于江苏的扬淮一带，在镇江、南京、常州地区尤为盛行，广泛流传于江苏里下河地区。2009年，香火戏被列入江苏省非物质文化遗产项目保护名录。

香火戏，旧称大开口，又叫江北戏。它的唱腔、说白具有浓郁的扬州、仪征特色和朴实的乡土气息。由民间敬神念佛、跪拜祈祷，用以坐唱香火演变而成，故名香火戏。

做香火时演出的戏即称"香火戏"，它作为祭祀与戏剧的混生体，也

是"童子戏"的孪生兄弟，历史十分悠久，可追溯到氏族社会时期。它保留了传统"藏钩戏""参军戏""弄痴剧"等古老的活态形制。如盛行于唐代的"参军戏"剧目《三曹对案》。所以说，流传于江淮的香火戏，应是唐代梨园的遗子，可能是江淮地方戏——淮剧、扬剧等戏剧的鼻祖。

在清代，江苏苏中地区传统民俗中流传着"青苗""火星""牛栏"等会社习俗。活动中，人们都用香火酬神还愿，俗称"香火会"或"香火"，主要为祈求人祛病消灾、风调雨顺、吉庆丰收等。

香火戏的从业人员称"香火"，或称"童子"，是一种集祭祀、信仰、娱乐、教化为一体的民间活动，蕴藏丰富的表演艺术，如说唱、舞蹈、戏弄杂耍等，也体现了造型艺术，如剪纸、绘画、民间工艺等文化内涵，以达到敬神祈祷、愉神乐人的目的。

最早的香火戏均为业余演出，用大锣大鼓伴奏，风格粗犷，由二人对唱，或三人同台，所以又称做"二可子""三可子"，曾被称为"大开口"。所演剧目系根据神书改编，有《魏徵斩龙》《刘全进瓜》《秦始皇赶山塞海》等。后来在扬剧、淮剧成长发展，香火戏的剧目、表演、音乐的形式和唱腔均分别被吸收，成为其组成部分。

香火戏以说唱为主要形式，其唱本内容是地道的各种民间文学传统故事和传说，大约有 60 万字，时常被香火们称之为"神书"的忏文。演唱时多采用江淮地区的方言、土语，谐语、歇后语、谚语、俗语等。韵文说唱中的拆字歌，"故事传说""寓言吉采""时令嘌唱"似妇孺儿童的"启蒙读物""扫盲课本"。香火戏反映了楚文化的《天问》与《浑天元》，《大招》《招魂》与《叫号》《晚事》《过关》，相互之间可以互为解读。而《斩龙》《灶君》《高王采猎》《马鞍鞭》《抽勾砍筹》等，蕴含着丰富的民俗文化。此外，香火戏还有古杂剧"弄痴剧"的《跳五郎官》；地方原创性的民间"杂剧"型的《跳张仙》《刘结子》《耿七公》；蛹型戏曲式的《陈九龙跳（打）太平桩》和连台（本）戏型的"兵场"如《支、放、收伏兵》《稳兵祭将》等，以及全能戏剧式的《捉水母娘娘》和应酬型加官戏如此等等，展现一个线条明晰的戏剧发展过程。它的大大小小的民间戏剧和"准戏剧"形式的脚本，是研究古代戏剧形成与发展的珍贵的史料。

香火神会也名目繁多，可分为村落举办的神会、行业举办的神会、家庭举办的神会和香火童子自办的神会四种。在演出时，有近一百多种关目，一般要三天三夜，甚至七天七夜的时间，才能演绎完。此称"满朝会"。根据规模递减，或称为"全朝会""半朝会""一角会"。

该戏还兼备歌舞与音乐等形制。其中《踩五花云》收入《中国民间舞蹈集成·江苏卷》中。剪纸作品也多有收入"国展"中，众多的民间文学形式，说唱内容以及众多曲调都为其他地方戏曲所吸收。香火戏可以歌，可以舞，可以扮，可以演，是一个不可多得的活的民间的混合式的民俗文化，可以称得上是江淮的小"敦煌"，也是研究地方民俗的珍贵史料。

## 八、淮剧

淮剧，又名江淮戏、淮戏等，是一种古老的地方戏曲剧种，发源于今江苏省淮安以及盐城里下河一带，发祥于近现代的上海，现流行于江苏省、上海市以及安徽省部分地区。

淮剧是表现海盐文化的典型剧种，原是江淮地区的一种傩戏，当地下层贫民、盐民的困苦生活为其唱词的主要表现内容，唱腔多为悲剧色彩的哀怨的民间小曲，为"门叹词"和"香火戏"所吸收和应用，被称为"江北小戏"。从明代开始，由于海盐运销制度的变革，许多徽商来到江苏地区，作为京剧艺术的主要前身的徽剧也开始在江苏扬州、淮安和沿海一带流传。清代以后，徽剧与唱"门叹词""三可子"的香火戏艺人同台演出称之为"徽"夹"淮"，以后又逐步发展成江淮地方小戏，又称淮剧，并在唱腔音乐、演出剧目和化装服饰等方面逐步丰富起来，为淮剧的形成和后期发展为完善的地方剧种作出了一定的贡献。

淮剧语言是以今江淮官话的方言为基调，并兼顾附近的淮安、盐阜等地方言而戏曲化的一种舞台语言。该地的语言与周围地区相比，具有语调工稳、四声分明、五音齐全、富于韵味、发音纯正、悦耳动听等优点，为不同时期的淮剧艺人所采用。

淮剧从唱法表演还可以分为"西路淮剧"和"东路淮剧"。早在淮调和"呵大咳"形成阶段，因为语言等因素，主体曲调就有东、西路派系之分。东路唱腔富于旋律，音调纯和；西路唱腔近似口语化，短促强硬。早期淮剧以"老淮调"和"靠把调"为主，唱腔基本上是曲牌联缀结构，多用二胡等弦乐器演奏。西路淮剧主要是淮安和宝应地区，该地区是早期淮剧的发源地，表演唱法以"老淮调"为主调，表演略显生硬；东路淮剧以盐阜地区为主要发源地，表演唱法以"自由调"为主调，表演灵活。从地区来分可分为"南片和北片",南片主要指上海和周边地区,北片主要指盐阜、两淮、扬泰等地区。

新中国成立后,流行在江南的淮剧以自由调为主体贯串发展,清新明快;而苏北的淮剧,仍然保持以淮调、拉调为主要发展线路的做法,乡土气息甚浓。不少有成就的淮剧著名演员,从这些不同声腔体系中创造新腔,如筱派(筱文艳)、马派(马麟童)的自由调,李派(李少林)的拉调(闪板),何派(何叫天)的拉调(叠句、连环句)等。

淮剧唱腔的曲体结构,系从原无伴奏高腔音乐系统演化为戏曲化、抒情性的板腔音乐体系,主要唱腔有《香火调》《淮蹦子》,分别源于门叹词、童子腔和靖江、淮安、宝应地区的田歌、号子等。

由于历代艺人的不断吸收创造,到20世纪30年代末,淮剧逐步形成【拉调】【淮调】【自由调】三大主调。围绕三大主调而派生的曲牌有【叶子调】【穿十字】【南昌调】【下河调】【淮悲调】【大悲调】等数十首。与此同时,从民间小调中吸收并衍化成戏曲唱腔的还有【兰桥调】【八段锦】【打菜台】【柳叶子调】【拜年调】等160多首。这些曲调除部分民间小调外,其主调的调式、调性都较相近,结构形式亦完整统一。

淮剧的传统剧目有早期的生活小戏《对舌》《赶脚》《巧奶奶骂猫》等,大戏"九莲十三英",即《秦香莲》《蓝玉莲》等9本带"莲"字的戏和《王二英》《苏迪英》等13本带"英"字的戏,以及《白蛇传》《岳飞》《千里送京娘》《状元袍》《官禁民灯》等。

2008年6月,上海淮剧团、江苏省盐城市申报的淮剧被列入第二批国家级非物质文化遗产项目保护名录。2011年5月,江苏省淮安市、泰州市联合申报的淮剧经国务院批准被扩展入第三批国家级非物质文化遗产名录。

# 第四节　透射着盐味的音乐曲艺

我国传统音乐，包含着"民族音乐""传统音乐"和"民间音乐"，来源于民歌、曲艺、舞蹈、器乐等多种音乐成分，有自己特有的结构形式、表现手法、艺术技巧，具有强烈的民族艺术风格。

传统音乐始于我国古代人的日常生活、劳动生产，诸如儿歌童谣、劳动号子之类的音乐形式。日前在河南舞阳县贾湖遗址中出土的骨笛，是迄今为止发现的最早的新石器时期的七声音阶的乐器，有大约 8000 多年的历史。由此可见，早在远古黄帝时期，音乐就成为劳动人民生活的组成部分，并经

艺人们正在玩麒麟（摄影：赵鸣）

历了夏、商、西周，直至春秋、战国、秦汉逐步发展起来了。在音乐体裁方面，经历了由原始乐舞到宫廷乐舞的进化。在旋律音调、音阶形式方面，经历了由原始音乐重视小三度音程的音调，到春秋战国强调宫、商、角、徵、羽的上下方大 3 度的"曾"体系，以"三分损益法"相生五音、七声、十二律，初步确立了中国传统音乐旋法的五声性特点。南北朝到隋唐，外来引进乐器、乐律、乐曲和音乐理论方面的因素，致使我国音乐不断融合发展。宋元至明清，我国音乐文化不断发展，上承前代，下接后世，广泛吸收民间文化的成果，形成了集古今音乐大成的现代民间音乐

宝库。

民歌是各类民间音乐的基础。在中国，由于幅员辽阔，人口众多，各地存有丰富多彩的民歌。一般来说，我国民歌可以划分成三大类别：即山歌、小调和劳动歌曲。

有人的地方就有歌声。因为歌声是人类情感最原始、最朴素的一种表达方式。莽莽苍苍的黄土高原有引吭高歌的陕北信天游，天高云低的大草原有忧伤的蒙古长调，小桥流水的江南水乡自古就有船上人家的悠悠棹歌。而在江苏江南水乡流行着一种具有数千年悠久历史的地方民歌——吴歌。

吴歌是以吴语方言地区广大民众的口头文学创作的，发源于江苏省东南部，苏州地区是吴歌孕育、缘起、产生、发展的中心地区。主要集中在上海青浦的练塘、赵巷、金泽、商榻四个郊县，以及江苏的吴江和浙江的嘉善、嘉兴等邻近地区。吴歌口口相传，代代相袭，具有浓厚的地方特色。

吴地民歌民谣总称"吴歌"，是吴文化的重要组成部分。它发源于江苏省东南部，是具有浓厚的民族和地域特色的民间文学艺术，距今已有3200多年历史。早在公元前十三世纪的殷商时代，周太王之子泰伯、仲雍来到江南无锡、常熟一带立国，即倡导"以歌养民"。将歌统称为山歌的原因，据明代叶盛《水东日记》解释："吴人耕作或舟行之劳，多讴歌以自遣，名'山歌'。"山歌的演唱，在农村有特定的时间和场合。水乡演唱山歌大都从春天插秧开始，直到秋季收割稻谷后收场。

吴歌，包括"歌"和"谣"两部分。从内容来看，它既包括情歌，又包括劳动歌、时政歌等；按音乐形式进行区分，吴歌有命啸、吴声等六类音乐。这类歌起源于农民劳动之中。歌词内容包含社会生活的方方面面，讲究比兴的运用；句式以四句七字韵文为基础，但又不限于七字，长短句参差又不失音乐节奏。常熟的石湾位于江南水乡，当地乡民所唱的山歌是吴歌的杰出代表。这里的山歌曲调柔美，特别是女性所唱的情歌，轻柔、婉约、缠绵，富有吴歌的典型特色。具有代表性的歌有《长工苦》《长工歌》《姐勒园里摘杨梅》《亮月亮》《十二月花名山歌》《为啥勿替我做媒人》等。

大运河的流动带动了吴越地区吴歌的传承和流动。在南通地区流行着海门山歌。这是由清代大批崇明及江南移民带来的方言习俗及民歌俚调发展而来的，与江南吴歌一脉相承，是吴歌伸向苏北的一个分支。海门山歌分为即兴山歌和叙事山歌两大类，流传于海门、启东、通州、如东等地。1768年，清政府重新恢复了海门建制，大批北方先民和崇明、太仓一带的人纷纷过来开拓盐业生产。他们带来了南北方的方言习俗，也带来了家乡的山歌。在后来的数百年的发展过程中，与古老的南通东部老海门山歌融合，受到海门当地社会生活、生产环境的影响，两种语言和山歌的互学互鉴，交相融合，相互辉映，孕育出自己独特的音乐风韵，形成了现在绽放异彩的海门山歌，千百年来，代代相传，久唱不衰。

淮海琴书，又名"扬琴书"，亦称"打蛮船"等，流行于大运河沿线的淮安、徐州、宿迁、连云港的东海、赣榆、鲁南、皖北一带，至今已有600多年的历史，可追溯到1350年前后。根据坊间流布的传承人传承谱系，可以看到淮海琴书的源头属于邱祖龙门派体系。据传，琴书始祖柴氏辈分相传到十五世时，琴书大师李义成因师兄弟相处关系不洽，一同门师弟陆陋决定自立门户，并自称南门或陆门，原来的柴门称为北门，这便是琴书史上所说的南门和北门之分。

从"淮海琴书"的名称变化，我们不难看出它的传扬和流布区域。在不同的地方，淮海琴书各有不同的名称，在徐州称"徐州琴书"，在淮海、宿迁、连云港一带被称为"苏北琴书"。直至1975年，淮安地方文化部门才将这个在淮海大地上流传深广的民间地方

苏北柳琴演出（摄影：赵鸣）

曲种定名为"淮海琴书"。1990年，《中国曲艺志》（江苏分卷）根据淮阴市文化局上报的曲种条目，将"淮海琴书"载入国家级志书。

淮海琴书一般是"双档"演唱，多是一男一女，俗称为"死夹档子"，一人拉坠子，另一人敲琴打板。有时也有单档演出的，只敲扬琴唱，或者是只拉坠子唱，用脚板代板，有时采用多人演唱，配以笛子、二胡、三弦

等。唱腔曲牌分为"滚板""抒情""喜调"和"悲调"等数种类型，音乐的表现力极为丰富。

工鼓锣，又名淮海锣鼓，是流行于江苏省苏北地区广泛受到人民群众欢迎的一种地方传统曲艺形式。它又叫公鼓锣，俗称唱小辞书、说书、唱书，是徐、淮、盐、连地区历史悠久的曲艺品种。

据艺人口碑，工鼓锣的形成和大禹治水有关。但据有关专家考证，大约在清代中叶，工鼓锣才形成了完整的说唱形式。清同治、光绪年间（1862—1875），开始在苏北地区盛行。这一代不仅声名显著的艺人辈出，而且形成了不同的艺术流派，争奇斗妍。由于工鼓锣的唱

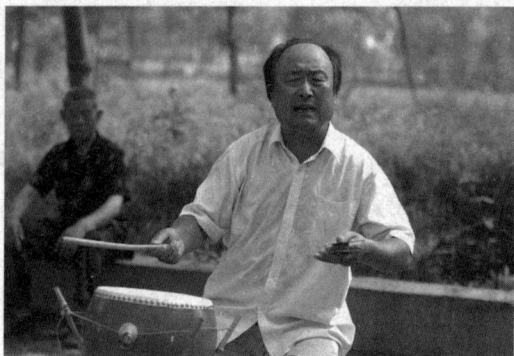

苏北琴书传承人许家昌在表演（赵鸣提供）

腔与道白全部都是沭阳方言，或是沭阳话夹上中州韵。而中州韵以河洛地区的中州官话为基础，是中国许多汉族传统戏曲剧种在唱曲和念白时使用的一种字音标准。这说明淮海锣鼓夹杂着中原文化的韵味，绝非纯净的本地产物。

至于为什么称之为"工锣鼓"，可能是因为演艺者使用的器具是锣和鼓，且表演方便，自由灵活。日常出摊子，艺人只携带一鼓一锣，摆上一条长凳便可说唱。使用的乐器，一鼓一锣，鼓小如球，两旁有环，宜吊于鼓叉上；锣小如盘。左手敲锣，右手敲鼓。而特别奇怪的是工鼓锣的鼓出淮安及沭阳十字镇，锣来自苏州，这种状况也许与当时的运河漕运有着一定的联系。

工鼓锣与其他曲艺不一样的地方，是说唱结合，尽管唱腔比较单调，说多于唱，但是，其唱法一般分两种：一种是"浮调"；一种是"老工调"。浮调不带膛音，多用于"针线匾"和悲叹的内容；老工调带膛音，多用于"刀马词"和"叫头""悲腔""喜腔""扬子声""滚板""数板"等。锣鼓经有【开场锣】【收场锣】【唱腔锣】。开场锣分【凤凰三点头】【三跺脚】【长番锣】【短奋锣】等；唱腔锣中分【老八板】【慢流水】

【点点花】【一盆水】【鱼啧嘴】等几种锣鼓经。淮海鼓锣的唱分三字、五字、七字、十字四种句式的唱法。三字称"赞";五字叫"垛";七字叫"韵";十字叫"清"。因此,与海门山歌、吴歌有着异曲同工之妙,只是一个注重于双人对唱,一个以说为主,说唱结合。说唱的曲目主要有《封神榜》《杨家将》《岳飞抗金》《薛仁贵征东》等。

在我国,说唱的民间舞蹈也是一朵艺术奇葩。江苏是水文化的发源地,江南水乡袅袅,苏中河湖并举,苏北则海河竞流,各地都流传着玩旱船的民俗。而江苏各地玩花船的风格则迥异,形态不一。比如海州地区的旱船,在表演形式上,一旱船娘"坐"于船舱之中,一丑角手执竹篙为艄公。表演时"船娘"两手提着船的两边,走着碎步,晃晃悠悠,犹如坐在船上,艄公在一旁配合,边演边唱。艄公的唱腔和唱词则来自民间小调,也是说唱结合的方式。

双人花船表演（摄影：赵鸣）

由此可见"苏北琴书""工鼓锣""玩花船"等在演出时,时常采取说唱、跳唱结合的方式,而且演唱方式多采取各类曲牌,唱词多为五言、七言不同,这种类似的唱说结合曲艺形式,彼此之间即有各自特点,也似乎存在相近之处,也许是盐商、盐运的活动催生了这些艺术的流动、融合和交织,形成了现在的文化艺术形式。

在传统音乐中,最为有趣的是一对孪生兄弟——"扬州清曲"与"海州五大宫调"。两者几乎如出一辙,而且因盐而兴,因盐而动,因盐而生。

扬州清曲是在明清时期流行于扬州一带的俗曲和小调基础上发展形成的曲艺唱曲形式,又名"广陵清曲""维扬清曲",俗称"小唱"或"唱小曲",主要流行于江苏省的扬州、镇江和上海等地,用扬州方言表演。

扬州清曲有六百多年的传承历史,至清代初期才完整形成。其传统的表演形式为一二人至八九人分持琵琶、三弦、月琴、四胡、二胡、扬琴及檀板、瓷盘、酒杯等自行伴奏坐唱，走上高台后大多由 5 人分持琵琶、三弦、二胡、四胡和扬琴自行伴奏坐唱。唱腔曲调为各类曲牌，早期主要用【劈破玉】【银纽丝】【四大景】【倒扳桨】【叠落金钱】【吉祥草】【满江红】【湘江浪】等，后来主要用【软平】【骊调】【南调】【波扬】【春调】【补缸】【鲜花调】【扬子调】【杨柳青】【雪拥蓝关】等。节目分为采用单支曲牌演唱的"单片子"和两支以上曲牌连缀或联套演唱的套曲两种类型。套曲又分为"小套曲"和"大套曲"，以【满江红】为主要曲调的套曲俗称"五瓣梅"。

从晚清到民国年间，小曲有了很大的发展，影响也日益扩大。在与外地说唱艺术的长期相互交流过程中，一方面，有不少小曲曲牌流传到四川、湖北、湖南、江西等省；另一方面，本地小曲也汲取了一些外地民歌，从而使曲牌逐步变得更为丰富，曲调更为丰富多彩。许多曲牌被本地扬剧吸收，丰富了扬剧音乐。在曲牌丰富的基础上，又出现了大量用多支曲牌连缀的"套曲"，以及由数首套曲组成的连本套曲，可以演唱有较多情节的长篇故事，表现各种人物的思想感情，如《三国志》《红楼梦》《凤儿呀》以及难度相当大、被认为可用作检测扬州清曲歌唱水平高低的《九腔十八调》（即《俏人儿我的心肝》）等，一直流传至今。在演唱方面逐渐以男性居多，唱法上有了"窄口"与"阔口"的区分，前者指男性模仿女性声腔，后者指男性用本来声腔，伴奏渐趋统一用二胡、琵琶等丝弦乐器和敲打檀板、瓷盘、酒杯，更显典雅和富有地方特色。扬州清曲还保留了大量元、明以来的俗曲，对许多其他曲艺品种乃至地方戏曲剧种还产生了滋育作用，并为这些相关曲种、剧种的发生发展研究提供了难得的滋润与参考。

古海州地区的民间文化生活十分活跃，现如今的国家级非物质文化遗产五大宫调、群众喜闻乐见的吹打乐、抬四老爷舞、狮子舞和童子戏等，都出现在淮北盐兴盛的明清时期，或由盐商直接带入、间接引入的。

海州地区民众演唱小曲的习俗由来已久。由于地处苏、鲁两省接壤处，也是江淮方言和北方方言的交汇地带，因而历史上南北双方的小曲杂调均在此流传生根，呈现出既融会贯通，又诸调杂陈的局面。

海州五大宫调是江苏明清俗曲重要的一脉，内蕴着古老的"诸宫调"宝贵的遗存，对中国民间音乐乃至民间曲艺的研究具有难得的实证价值。

据考海州五大宫调始于明朝嘉靖年间（1522—1566），兴盛于清朝，已在海属地区流传了500年。其中，板浦是海州五大宫调流传的重要门户。明代嘉靖、隆庆年间（152—1572），以魏良辅为首的戏曲音乐家们在太仓南码头创制昆曲水磨腔的同时，江南丝竹逐渐成形；而在苏北，海州五大宫调也逐步形成。明清时期，随着两淮盐业兴旺，大运河运盐船南来北往。随着盐商和船工以及各类人员的往来，南北音乐的交流日益增加。艺人之间的交流促进了海州五大宫调广泛吸收江淮民间小曲而渐趋成熟。此外，盐商大贾的喜爱、文人雅士的吟和，以及清代乾嘉学派的学者、音律学家凌廷堪和《镜花缘》作者李汝珍等著书立说，推动了海州宫调牌子曲在民间的广泛流传。

民国时期的板浦古镇，汇集了一批盐商富贾和与之休戚相关的文人墨客，海州五大宫调顺着盐河行舟流布四方。盐商、文人立于船头，耳边传来小调曼声吟唱，舟过处见两岸水草青青，临河人家河埠头、古镇的石拱桥；也有的藏于庭院厅堂，自娱自乐，潇洒当一回"玩友"，相互切磋交流；通过这些演唱交流活动将其提升到一个新的高度，逐步形成了现在海州五大宫调的特色和个性。清乾隆、嘉庆年间（1736—1820），著名声律学家凌廷勘（1757—1809）、著名小说家《镜花缘》作者李汝珍（1763—1830）、当地名人许乔林（1775—1836）、许桂林（1778—1821）、戏曲家程枚（1749—1810）等文人学者潜心音律，研究词句，并与当时的垣商、盐吏交往密切，经常切磋、吟唱俗曲，交流创新海州牌子曲，如两淮海州盐运司运判邓鸣岗、板浦场盐课司大使李佛云以及两淮盐运使淮安分司的戴总署等。这对于后来海州牌子曲的丰富和赣榆、灌云、东海等地牌子曲的发展、形成，都起到了积极的作用。当时，比较出名的有板浦空心街的万家小曲堂、秋园小曲堂等。

清代嘉庆、道光年间（1796—1850）出版了一本《白雪遗音》的书籍。该书是清华广生辑录，于嘉庆九年（1804）编订，道光八年（1828）由玉庆堂刊刻。全书二十二万字，分四卷。该书收入当时流行的十一种小曲的曲词七百一十篇，是我国俗曲的集大成者。该书收入当时流行的十一种小曲的曲词七百一十篇，如【马头调带把】【岭儿调】【马头调】【满江红】【银纽丝】【剪靛花】【八角鼓】【南词】【九连环】【小郎儿】等，并有弹词作品《玉蜻蜓》中"戏芳""游庵""显魂""问卜""追诉""访庵""露像""诘真""认母"等九个选回。该书对于探讨单弦、八角鼓、时调小曲、弹词等曲种的演变与发展，有着重要的参考价值。而江苏的海州五大宫调和扬州清曲都收有相关的曲牌，如【马头调】【满江红】【银纽丝】【剪靛花】等，被专家誉为当代的"白雪遗音"。

大运河沿线我国传统戏曲音乐的繁盛，其主要原因是盐商们的青睐和追捧。当时，盐商戏班的许多女伶来自扬州瘦马。盐商大多备有家庭戏班，最初是为了迎接御驾"临幸"，招待中央及地方官员、士绅和商人，后来是为了自己的娱乐和社交的需要。据《清稗类钞》记载：乾隆南巡时，沿途掀起了"供应戏剧献演之风"。为迎接乾隆御驾到来，扬州官商作了充分准备，把包括昆腔在内的诸种腔调的戏班征集起来，自城东北高桥起至迎恩亭七里路之内，两岸排列档子，由淮南、北三十总商（盐商）分工派段，恭设香亭，奏乐演戏。乾隆第五次南巡时，御舟将至镇江，相距十余里，"遥望岸上着大桃一枚，硕大无朋，颜色红翠可爱。御舟将近，忽烟火大发，光焰四射，蛇掣霞腾，几眩人目。俄顷之间，桃开裂，则桃内剧场中峙，中有数百人，方演寿山福海新戏"。场面极为豪大。这些巨额的费用大多来自扬州的盐商。

盐运带动着地域的繁荣，而淮盐运到哪里，文化也流淌到哪里。淮安的西坝镇是盐河与黄河的接壤之地，昔日也是一个交通闭塞的地方。当地人有个顺口溜："西坝南北河之隔，两岸亲戚不相识。街上全是烂泥路，下雨行人是摆渡。"到了道光年间，由于盐票制的兴起，盐商开始聚集于此，其中不少来自扬州，致使扬州评话的曲艺形式大行其道。据张须的《茶棚小记》中载："西坝盐务兴起后，人口剧增，各行各业遂应运而生，仅茂盛街不足一里的街道即有茶馆十二家，且每家茶馆皆有说书。"晚清时期，许多扬州评话艺人受盐商邀请前往西坝说书。比较著名的评书艺人有金国灿、龚午亭、刘春山、王玉堂、王少堂、戴善章、陈月秋等。他们一般说的书目有《西汉演义》《三国演义》《水浒传》《隋唐演义》等大部书，极具"偶雅，举座倾倒，慷慨激扬"之效果。每逢名家来说书，场场爆满不说，全部费用往往由盐商包付每场10元大洋，吃住在外。当地人对于评话的喜爱到达了痴迷的地步，当时流传着顺口溜"要听金国灿，不要吃中饭""要听龚午亭，吃饭须莫停""要听王少堂，吃饭要赶忙""要听戴善章，吃饭要动抢"，由此可见一斑。

在民间，淮盐文化早已成为一种国粹文化现象，渗透到生活的方方面面，许多盐商的生活习惯熏陶和带动着一个地方的文化，逐步形成市民习俗风范，促使地方文明的改变。同时，各类文化形态之间的交流、碰撞，也促使区域之间文明的互鉴和交流，取长补短，各擅其能。大运河沿岸的传统音乐、曲艺正是在汲取淮盐文化精华的基础上，逐步融合发展的。

# 文化链接：

## 一、吴歌

吴歌，即吴地之歌，亦指江南民歌，是吴地民歌民谣总称。《晋书·乐志下》中写道："吴歌杂曲，并出江南。东晋以来，稍有增广。"它发源于江苏省东南部，苏州、无锡地区是吴歌产生发展的中心地区，其流布区域范围包括上海青浦的练塘、赵巷、金泽、商榻等郊县，江苏的吴江、吴县、常熟和浙江的嘉善、嘉兴等邻近地区。

吴歌是吴文化的重要组成部分，口口相传，代代相袭，是具有浓厚的民族和地域特色的民间艺术，距今已有3200多年历史。它包括"歌"和"谣"两部分，从内容来看，它既包括情歌，又包括劳动歌、时政歌等；按音乐形式进行区分，吴歌有命啸、吴声等六类音乐。

吴歌是一种徒歌，在没有任何乐器伴奏的情况下吟唱。以民间口头演唱方式表演，口语化的演唱是其艺术表现的基本方式。

吴歌的传唱内容十分丰富，有地名歌、物名歌、节令歌、长工歌、情歌、历史传说歌、划龙船歌、摇船山歌、农活歌等。劳动歌里又有莳秧歌、耥稻歌、车水歌、挑泥歌、绣花歌等。曲调丰富，有四句头小山歌，有三邀三甩的大山歌，还有划龙船调、号子、吭吭调、夯夯调、盘歌调、宣卷调、壮乡调等三十余种。除大山歌属长篇叙事山歌，只少数人会唱外，其余均为普通村民即景生情、随口而出、现编现唱的短山歌。

吴歌在日常传唱时，一般采用独唱、对唱、三人以上和唱等形式。句式结构形式短小精干，大多以乐段反复而构成，表现手法洗练。歌词具有浓厚的生活气息，讲究比兴的运用，句式以四句七字韵文为基础，可以根据内容尽兴发挥，特别在第三句上，衬字可达两百多字。这种长短句参差不齐又不失音乐节奏，是吴歌的一大特征。

吴歌音调具有浓郁的乡土气息和地方色彩，与方言结合紧密，蕴含了昆曲曲韵，唱起来具有古音的韵味。其中，山歌曲调优美，特别是女歌手所唱情歌，轻柔婉约，分外缠绵。同时，有些水田山歌是农民在耘稻、耥稻时所唱，形式为一人领唱、众人轮流接唱，又称"吆卖山歌""落秧歌""大头山歌"。演唱水田山歌时，音调高亢嘹亮，旋律起伏自由，拥有大量拖腔和多声部形态。其歌词内容主要来自当地民众的现实生活，多表现民众的劳动、生活、思想、爱情等，是观察地方稻作文化和社会生活、风情民俗的重要资料。

2016 年 1 月 15 日，吴歌列入江苏省第四批省级非物质文化遗产代表作名录，后被确认为国家级非物质文化遗产项目保护名录。

## 二、海门山歌

海门山歌是由清代大批崇明及江南移民带来的方言习俗及民歌俚调发展而来的，与江南吴歌一脉相承，是吴歌伸向苏北的一个分支。

海门山歌分即兴山歌和叙事山歌两大类。在音乐上，以山歌调和对花调为主，也包括大量的民间小调。在演唱方法上，主要是独唱和对唱，语言纯朴自然，故事生动形象，音乐清纯甜美、悠扬婉转。

海门山歌流传于海门、启东、通州、如东等地。早在公元 958 年就设立了海门县，与静海县均隶属于通州。明代的《海门县志》中就有了有关山歌的记载。后来由于海门土地逐渐被江水淹没，海门县于 1672 年被迫撤销，残存的沿海狭长地带直接归并通州，这就是人们所说的老海门。1768 年，清政府重新恢复了海门建制，大批北方先民和崇明、太仓一带的人们纷纷过来开垦滩地。他们带来了南北方的方言习俗，也带来了家乡的山歌，古代通东老海门的山歌加上后来新海门的沙地山歌，形成了现在绽放异彩的海门山歌。在数百年的发展过程中，这类歌谣受到海门当地社会生活、生产环境的影响，两种语言和山歌的交相融合，相互辉映，形成了自己独特的音乐风韵，千百年来，代代相传，久唱不衰。

## 三、扬州清曲

扬州清曲是在明清时期流行于扬州一带的俗曲和小调基础上发展形成的曲艺唱曲形式，又名"广陵清曲""维扬清曲"，俗称"小唱"或"唱小曲"。它起源于江淮区域的中心城市扬州，主要流传于江苏省的扬州、镇江、南京、苏州及广大的苏北地区；在上海、山东、安徽、云南等外省市也有流布；民国年间又传至香港、台北等地，用扬州方音表演。

扬州清曲起源于元代的"小唱"，是在元代散曲的基础上，吸收江淮一带风行的各种俗曲民歌，加以改造和利用，于明代中叶形成的。明人沈德符在《顾曲杂言》中谈到俗曲流行情况时说："嘉隆间，兴'闹五更''寄生草''罗江怨''桐城歌''哭皇天'之属，自两淮以至江南。"文中提到以扬州为中心的一片区域。如他所列出的曲牌，除个别曲牌已流失外，绝大部分至今仍然为扬州清曲经常演唱的传统曲调。与此同时，余姚腔等戏曲声腔也流行于扬州，徐渭《南词叙录》说："称余姚腔者，出于会稽、常、润、池、太、扬、徐用之。"处于俗曲、戏曲流行的漩涡，明代的扬州清曲迅速成熟。

扬州清曲发展到清代康熙、乾隆年间（1662—1796）达到了全盛阶段。它无论在音乐曲牌、乐器伴奏方面，还是在曲目唱本方面，达到空前地丰富多彩，成为当时扬州戏曲、曲艺界最活跃的曲种之一，并以其腔调的细腻、缠绵和抒情著称。清胡彦颖《乐府传声序》载："自元以来，有北曲，有南曲。南曲习于南耳，故视北曲尤为盛行。然明之中叶以后，于南曲可以求之，别为'清曲'，渐非元人之旧。"清代乾隆年间，李斗在其所著的《扬州画舫录》一书中，对当时扬州清曲的演出盛况有一段详细的记载："小唱以琵琶、弦子、月琴、檀板合动而歌。有于苏州虎丘唱是调者，苏人奇之，听者数百人。"表明当时扬州清曲已经流传到很多地方，在当时的昆曲发源地苏州就受到了听众的欢迎。

从晚清到民国年间，小曲有了很大的发展，影响也日益扩大。在与外地说唱艺术的长期相互交流过程中，一方面，有不少小曲曲牌流传到四川、湖北、湖南、江西等省；另一方面，本地小曲也汲取了一些外地民歌，从而使曲牌较以前更为丰富，曲调更为多彩。许多曲牌被本地扬剧吸收，丰富了扬剧音乐。在曲牌丰富的基础上，又出现了大量用多支曲牌连缀的"套曲"，以及由数首套曲组成的连本套曲，可以演唱有较多情节的长篇故事，表现各种人物的思想感情，如《三国志》《红楼梦》《风儿呀》以及难度相当大、被认为可用作检测清曲歌唱水平高低的《九腔十八调》（即《俏人儿我的心肝》）等，一直流传至今。与此同时，一大批各具专长的小曲名家相继涌现。三十年代初，黎子云、王万青、葛锦华、陆长山、尹老巴子等人的代表唱段，如《风儿呀》《秦雪梅吊孝》《小尼姑下山》《活捉张三郎》《武松杀嫂》《宝玉哭灵》等，曾由上海百代、大中华、蓓开等唱牌公司灌制唱片发行。1940 年，扬州一批小曲名家首次在扬州教场南首老龙泉茶社对外公演，为区别以往的小曲、小唱、正式挂牌"扬州清曲"。

传统的表演形式为一二人至八九人分持琵琶、三弦、月琴、四胡、二胡、扬琴及檀板、瓷盘、酒杯等自行伴奏坐唱，走上高台后大多由 5 人分持琵琶、三弦、二胡、四胡和扬琴自行伴奏坐唱。唱腔曲调为各类曲牌，早期主要用【劈破玉】【银纽丝】【四大景】【倒扳桨】【叠落金钱】【吉祥草】【满江红】【湘江浪】等，后来主要用【软平】【骊调】【南调】【波扬】【春调】【补缸】【鲜花调】【扬子调】【杨柳青】等。节目分为采用单支曲牌演唱的"单片子"和两支以上曲牌连缀或联套演唱的套曲两种类型。套曲又分为"小套曲"和"大套曲"，以【满江红】为主要曲调的套曲俗称"五瓣梅"。这些曲牌除来自扬州本地小调外，还吸收了昆曲、徽剧、淮黄、道情及外地的民间歌曲。

扬州清曲的演唱分职业性和自娱性两种，前者在旧时以个人或家庭为单位，走街串巷或在航行于大运河的客船上卖艺，后来主要由专业曲艺表演团体的专职演员进行表演；后者多系店员、小手工业者和知识阶层的市民客串演唱。民国年间，扬州的清曲爱好者有自愿结合的群体"南局"和"北局"，除自娱外，"南局"常在城里受聘唱堂会；"北局"常去乡间村镇演唱。清曲艺人过去多为男性，唱法上有"窄口""阔口"之分。窄口，就是用假嗓模仿女声，演唱女性人物的曲叠连道子；阔口，是用本嗓唱男性人物的曲子。演唱比较活泼诙谐的曲子时，亦称为"泼口"。

扬州清曲为坐唱表演形式，表演者少则一二人，多则八九人。其演出形式俗称"开席坐"。中设一桌，三、四人至六、七人三面围坐；面向听众。演唱者表演时，不化妆、无说白、无表演、无其他道具；各操一种乐器，或独唱，或对唱，互为伴奏，只靠音乐和歌唱来刻画人物形象，表达思想感情，所以在吐字发音运气行腔方面很讲究。伴奏渐趋统一用二胡、琵琶等丝弦乐器和敲打檀板、瓷盘、酒杯，更显典雅和富有地方特色。

扬州清曲的曲目十分丰富，共有传统曲目 493 种。其音乐结构属于牌子曲类的曲牌联缀体和单曲体两种，曲牌众多，旋律优美，迄今统计有曲牌166 种，有宫调、商调、徵调、羽调等调式。其板式一般有一板一眼，一板三眼和一板七眼之分。演唱分单支和联套，全曲只用一支曲牌的为单支曲，俗称"单片子"。旋律优美的【南调】【满江红】【梳妆台】等常用作单支曲演唱，其曲目多达百数十首。套曲的结构比较复杂，最常见的结构称"五瓣梅"，即用【满江红】作头，用【叠落板】作尾，中间穿插多支其他曲牌。穿插五支以下曲牌者称"小五瓣梅"，穿插五支以上曲牌者称"大五瓣梅"。套曲多取材于民间传说、历史故事，如《三国》《水浒》《西厢记》《白蛇传》《珍珠塔》《黛玉悲秋》《梁山伯与祝英台》《秦琼卖马》《苏三起解》《竹木相争》《烟花自叹》《老鼠告状》等。20世纪60年代，还创作了一批新唱本，如《刘胡兰》《工农兵》《抗美援朝》等。此外尚有一种少见的集曲结构，如用十八支曲牌中每一支的一部分集结成的【九腔十八调】，用【剪剪花】分别接十支不同的曲牌演唱的《十个郎》等。这些方式使扬州清曲曲牌的组合显得既有规律又自由灵活。

2006年5月20日，扬州清曲经国务院批准列入第一批国家级非物质文化遗产名录。2019年11月，《国家级非物质文化遗产代表性项目保护单位名单》公布，扬州市广陵区扬州清曲传承发展研究会获得扬州清曲项目保护单位资格。

### 四、海州五大宫调

海州五大宫调，又称"海州五大调"或"海州宫调牌子曲"，是江苏明清音乐中一个重要的组成部分，指流布在连云港市及周边的却以【软平】【叠落】【鹂调】【南调】【波扬】等为基本腔调的一种用曲牌来演唱的艺术形式。在历史上，它的分布区域以海州、板浦为中心，北至赣榆，南至淮安、盐城，西到沂沭河边，发祥地在今海州地区，流传面积约1万平方千米。随流传区域的不同，它形成南北两个流派。南派以板浦为中心，北派以赣榆为中心，两派风格各具特色。2006年5月20日，海州五大宫调经国务院批准列入第一批国家级非物质文化遗产保护名录。

海州五大宫调的形成与区域经济与交通状况有关，特别是与盐业生产和盐运发展有着密切的关系。淮盐，有着近3000年生产历史，古海州是其重要产区，这里盐商大贾云集。他们随船蓄有声伎，且留心词曲，运盐河沿线雅乐小曲相闻。而海州五大宫调则是伴随运盐河水流淌的地方小曲，伴随当地盐业经济的兴衰而逐步形成。

自隋唐之明清，海州板浦一直是历史上盐业生产产地和盐运的重要商埠，同时，也是海州五大宫调流入的一个重要门户。运盐河所到之处，小曲得以流传，在海州扎下根来，并不断吸取地方语言的特点和民歌小调中的丰富营养，逐渐形成了独具一格的海州五大宫调。

海州五大宫调传承历史悠久，是江苏明清俗曲的重要一脉，也是古老的"诸

20世纪70年代海州五大宫调盲人演出场景（赵鸣提供）

宫调"的宝贵遗存。海州地处苏、鲁两省接壤处，江淮方言和北方方言在此交汇，地方民众演唱小曲的习俗由来已久，历史上南北双方的小曲杂调，流传生根，呈现出既融会贯通，又诸调杂陈的局面。

至明代嘉靖、隆庆年间（1522—1572），海州五大宫调已逐步形成。尤其是明清时期，随着两淮盐业兴旺，大运河盐运南来北往，一方面，地域沟通，艺术交融，使海州五大宫调得以广泛吸收江淮民间小曲而渐趋成熟；另一方面，汇集于当地的一批盐商富贾和与之休戚相关的文人墨客的吟和，对海州五大宫调给予了高度的关注。如清代乾嘉学派的学者、音律学家凌廷堪和《镜花缘》的作者李汝珍等著书立说，推动了海州宫调牌子曲在民间的广泛流传，从而将其提升到一个新的高度，其特色和个性也逐步完善。

20世纪20年代，板浦逐步远离海卤，盐运海上通道淤塞，加之陇海铁路向东延伸通车到新浦，海州五大宫调也随之向海州、新浦、赣榆流布，遍及周边地区。20世纪初，海州一带"小曲"更加繁荣，一些民间艺人便用牌子曲演唱各种故事，走街串巷，借以糊口谋生。玩友演唱多以地方语言为主，偶尔表现有身份的人物，也在道白中带一些韵白，海州五大宫调的伴奏乐器有二胡、琵琶、月琴、三弦、箫及檀板、瓷碟等，常用酒杯、瓷碟为乐器，伴奏时用竹筷敲击小瓷碟，"叮叮当当"听来别有风味。同时，海州五大宫调被悠久的淮盐文化润泽，一代代地传承发展，成为保留明清俗曲特征的小曲艺术。

根据坊间口碑，当时居住在板浦的于成浩、赵广江、钱乐山师徒相授。其中，钱乐山出身盐商，是赵广江众多弟子中的一个。他自小喜欢宫商韵律，颇有天赋，演唱时声情并茂，感染力很强。新中国成立后，钱乐山至连云港竹藤厂当会计，阖家搬至新浦，跟已故的海州五大宫调国家级代表性传承人刘长兰为邻。后来，刘长兰、赵绍康等拜钱乐山为师学艺，痴迷其中不能自拔，最后均成为国家级非遗项目代表性传承人。其中，刘长兰将熟记于心的曲调录制成磁带，然后请专人翻成曲谱并填词；被称为"五大宫调活字典"的赵绍康，目不识丁，然而，能够将海州五大宫调曲牌烂熟于心，并记录下大量的海州五大宫调曲目，让这一濒危古老艺术保存了下来。目前，海州地区依然保存有 16 个海州五大宫调民间小曲堂和传承基。

五大宫调演唱以自娱为主，演唱者自称"玩友"。演唱时多为坐唱，时而加少量说白，不化妆，也无大的表演动作；少则两三人，多则十几人，大多是一人唱、众人伴奏；有时唱至兴起处，伴奏者也会和上一两句伴唱以增强气氛；有时也众人对唱，分别演唱曲目中不

国家首批非物质文化遗产保护项目——海州五大宫调表演（摄影：赵鸣）

同人物。演唱时，玩友们讲究"小曲要媚，大曲要味"，多在曲堂集聚，时而传授曲目，时而切磋技艺，吟唱取乐，自娱自乐。

海州五大宫调积蕴颇厚，曲调至今依然保持着自身的特点。海州五大宫调按其传统曲牌来区分，可分为大调和小调两类。大调多为单支，主要曲调有【软平】【叠落】【鹂调】【南调】【波扬】以及【马头调】【满江红】等。大调的特点是委婉细腻，节奏舒缓，类似昆曲的赠板，演唱时字少腔多，有一唱三叹之感，多用丁抒情。唱词典雅华丽，明显源自宫廷，出自文人之手。在江浙地区几近失传的乐曲【马头调】也可在这里找到传人，其唱词竟与《白雪遗音》中的记载基本相同。海州五大宫调中还有近一百首小调，多为明清小曲，如【叠断桥】【凤阳歌】【闹五更】【杨柳

青】【打牙牌】【急口令】【京垛子】【补缸调】【刮地风】【剪靛花】【打枣竿】等，虽几经传衍但仍保存完整。小调和大调的风格截然相反，节奏明快，字多腔绍，长于叙事。然而，小调和大调既可单独演唱，也可和大调连缀，组成套曲，演唱各种故事。小曲则源于明代两淮一带流传的"时尚小令"，与扬州清曲同出一宗。

海州五大宫调是我国传统音乐的"活化石"。一些明代的小曲如【寄生草】【山坡羊】【打枣竿】等虽几经传衍但仍保存完整；其唱词竟与《白雪遗音》中的记载基本相同；一些演唱难度很高的集曲至今仍有人在传唱。如【满江红】【叠断桥】【凤阳歌】【鲜花调】【小郎儿】【倒扳桨】【剪靛花】【杨柳青】【莲花落】等。

## 五、淮海琴书

淮海琴书，又名"扬琴书""苏北琴书"等，流行于淮安、徐州、宿迁、海州（连云港）、鲁南、皖北一带。

淮海琴书至今已有 600 年的历史。上可追溯到 1350 年前后，其源头属于邱祖龙门派体系。邱祖龙的十大门徒中第九位传人柴氏就是琴书的始祖。人们追溯琴书存在时间的依据是邱氏所定的世系排辈，其世系辈分排为二十个字："道德通玄静，远长字太清，忠理志成信，何教永元明。"这二十个字周而复始，至今在涟水已传到了二十二

苏北琴书传承人邵如花在表演（赵鸣提供）

世"德"字辈。据传，琴书始祖柴氏辈分传到十五世时，琴书大师李义成因师兄弟相处关系不洽，一同门师弟陆陌决定自立门户，并自称南门或陆门，原来的柴门称为北门，这便是琴书史上所说的南门和北门之分。

淮海琴书，又名坠子，是全国范围内流行较广的一大曲种，源于河南的传统说唱艺术，变革创新并植根于淮海，流传于淮安市及周边地区，是特有的"淮味"民间艺术之一。淮海琴书以说唱见长，形式活泼，以音韵甜美著称，为人民群众喜闻乐见，在江苏曲艺界占有一席之地。它以优美

的音乐和悦耳的唱腔吸引着不同年龄层次的听众，是广大人民群众非常喜爱的曲种之一。

其第一个脚本取材于清乾隆五十一年（1785），江南蛮子罗三元运漕米进京，回来时路过山东临清，拐骗当地妇女，途径宿迁境内，事情败露，当地群众砸船救人的故事。说书人把这个题材编成曲艺脚本，利用河南坠子，采用柳琴戏唱腔，最后逐渐演变成淮海琴书。

"淮海琴书"的定名源于1975年。其时，原淮阴（现淮安）专署文教处组织全专区曲艺会演，当时专区文教处处长吕文樵同志把这个在淮海大地流传深广的民间地方曲种定名为"淮海琴书"。1990年，《中国曲艺志》（江苏分卷）根据淮阴市文化局上报曲种条目，将"淮海琴书"载入国家级志书。

淮海琴书一般是"双档"演唱，多是一男一女，俗称为"死夹档子"。其中，一人拉坠子，另一人敲琴打板。有时也有单档演出的，只敲扬琴唱，或者是只拉坠子唱，用脚绑代板，有时采用多人演唱，则配以笛子、二胡、三弦等，大有戏曲演唱的风味，可谓是妙趣横生。

淮海琴书唱腔曲牌分为"滚板""抒情""喜调"和"悲调"等数种类型，不仅演唱者有喜怒哀愁的声调表情，在乐器的过门上也有明显的区分。喜怒哀乐的唱腔和音乐相吻合，对剧中人物的性格刻画有极大的渲染力，唤起听众的共鸣。演唱开始时，一般乐器只伴奏过门，唱句中不采取音乐伴奏的方法，演唱吐出的字字句句全部清晰无干扰地送进听众耳朵，保证了演唱效果。淮海琴书演唱普遍受到欢迎，足以入耳、入脑、好听、好记，深得广大听众的喜爱，20世纪80年代民众中间非常流行在。

## 六、工鼓锣

工鼓锣，又名淮海锣鼓，是一种地方传统曲艺形式。它流行于江苏省苏北灌云、新浦、海州、涟水、泗阳、东海等地区，受到地方群众的广泛欢迎的。

据艺人口传，工鼓锣形成与大禹治水有关。据地方传说：史载禹的父亲鲧因治水失败，被处死在东海县羽山。大约在清代中叶，工鼓锣才形成了完整的说唱形式。清同治、光绪年间（1862—1908），在苏北地区极为盛行，不仅声名显著的艺人辈出，而且形成了不同的艺术流派，争奇斗艳。

约在明朝中叶，江苏苏北至山东一带的曲艺分张、沙、杨、韩、邵、李、高、南、柴、桂十大门派。其中工鼓锣属"李门"。后来，逐步顺运河流动，传播四方。海州、灌云一带的工鼓锣就是后期传入的。当时，灌云、涟水、泗阳等地的淮海锣鼓艺人都是由沭阳地区的四大门派传艺的。即东汪门、西汪门、郏门和方门。沭阳最大门派是"郏门"。著名艺人郏木杠，外号又称郏大肚子，意思是他肚里书目多，特别擅长唱书。据传他是个秀才，很有学问，善编书、唱书。大弟子乔开生是沭阳的"大唱家"。他的弟子

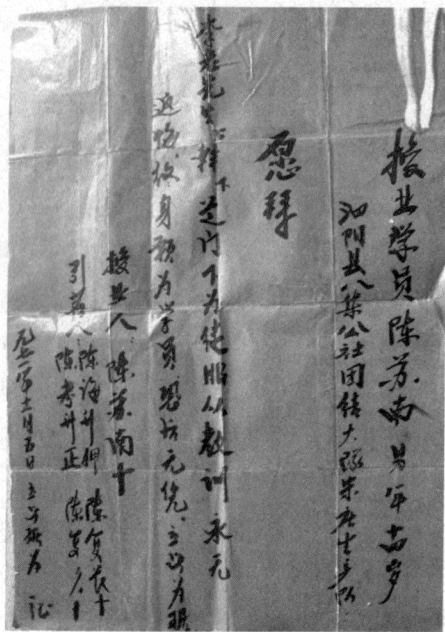

20世纪70年代工鼓锣艺人拜师文书（赵鸣提供）

黄永新，现为沭阳县曲艺协会名誉会长，其门徒约占沭阳工锣鼓艺人的一半。

工鼓锣的唱腔与道白全部都是沭阳方言，或是沭阳话夹上中州韵。表演时自由灵活，艺人只携带一鼓一锣，摆上一条长凳便可说唱。使用的乐器则一鼓一锣，鼓小如球，两旁有环，宜吊于鼓叉上；锣小如盘。左手敲锣，右手敲鼓。鼓出淮安及沭阳十字镇，锣出苏州。工鼓锣艺人大多是男的，到了20世纪60年代以后才有极少数女性艺人。

锣鼓经有开场锣、收场锣、唱腔锣。其唱分三字、五字、七字、十字四种句式的唱法。三字称"赞"，五字叫"垛"，七字叫"韵"，十字叫"清"。艺人演唱的书目很多，一般分为两大类：一类是传统书目，演唱的多为历史人物和历史故事，其中又分为有版本书目和无版本书目两种；另一类即艺人在近代和现代新编的配合时政宣传的书目。

工鼓锣的唱腔比较单调，说多于唱，唱法一般分两种，一种是"浮调"，一种是"老工调"。浮调（不带腔音）多用于针线匾和悲叹的内容；老工调（带腔音）多用于刀马词和"叫头""悲腔""喜腔""扬子声"

"滚板""数板"等。

锣鼓经有【开场
锣】【唱腔锣】【收场
锣】，开场锣分【凤凰
三点头】【三跺脚】
【长番锣】【短奋锣】
等，唱腔锣中分【老
八板】【慢流水】【点
点花】【一盆水】【鱼
喷嘴】等几种锣鼓经。

江苏省工鼓锣项目代表性传承人张福昌老师正在
演出（摄影：赵鸣）

目前的版本中传
统曲目有《封神演义》《东周列国》《西汉》《东汉》《说唐演义》《薛仁
贵征东》《樊梨花征西》《罗通扫北》《大五义》《小五义》《大八义》《小
八义》《彭公案》《施公案》《包公案》《柳公案》《响马传》《西游记》
《水浒传》等。新中国成立前的抗日战争、解放战争期间，工鼓锣在新四
军根据地非常流行，许多艺人自编自唱时政宣传的短小节目，如《大生
产》《妇女解放》《送子参军》《送军鞋》《大破郑楼》《大战程道口》《大
战双沟》《淮海战役》《十大光荣》等。这些书目的演唱，对当时苏北地
区鼓舞人民、团结人民、打击敌人起到了很大的宣传和教育作用。近代和
现代节目有《野火春风斗古城》《三对红星》《林海雪原》《长江游击队》
《渡江侦察记》《烈火金刚》《平原枪声》《海岛女民兵》《红灯记》等。这
些书目大多是艺人根据革命战争故事和现代人物和事件改编而成的。

# 第五节　玩味中的工艺美术

　　传统工艺美术是指采用手工制作手法制作而成的各类艺术品。它作为一类人类精神产品，其视觉形象，如造型、色彩、装饰等，体现了一定时代的审美观，反映了社会整体物质与文化生产力水平和科学技术发展状况。其使用的各种手工技术包含了金工、木工、编织、裁缝、塑料造型，以及雕刻、版画制作和绘画的技法。

　　我国传统工艺美术一般分为三大类，一类是日用工艺，即经过装饰加工的生活实用品，如染织工艺、陶瓷工艺、家具工艺等；二类是陈设工艺，即专供欣赏的陈设品，如象牙雕刻、玉石雕刻、水晶雕刻、石雕、装饰绘画等。第三类是兼有类型，既可以作为生活用具，

中国东海水晶博物馆（摄影：赵鸣）

也可以用以装饰展示的，如陶艺、水晶、木艺、草艺、布艺制作工艺等。大运河沿线城市中的传统工艺美术类别，几乎涵盖了以上的各类事项。

　　在我国历史上有许多著作专门介绍我国的各类工艺美术。其中最早的一本专著是《考工记》。春秋（前770—前476）末年，齐国官府工匠将当时的各类工艺记录下，编撰出了一部典籍——《考工记》。这是中国历史上最早的一部工艺美术专著，也称《周礼·考工记》。书中主要记录了当时齐国的工艺美术，也就是历史上山东和江苏部分地区存在的诸多工艺美

术形态。全书共 7100 余字，记述了木工、金工、皮革、染色、刮磨、陶瓷等六大类 30 个工种的内容，反映出当时中国所达到的科技及工艺水平。

我国最早的一本介绍玉器工艺品的专著是《古玉图谱》。该书成书于宋代（960—1279），是关于玉器工艺的专著。书的作者龙大渊在南宋高宗绍兴三十年（1160），与曾觌同为建王内知客。全书共 100 卷，有图 700 幅，记载了南宋高宗时期（1127—1163）皇宫中所藏玉器，是中国最早的一部玉器专著。内容分为国宝部、厌胜部、舆服部、文房部、熏燎部、饮食部、彝器部、音乐部、陈设部九部分。书中所记古代玉器极为广泛，除礼仪典祭用的礼器外，更多的是有关日常生活的实用品，并配以附图，堪称玉器工艺的巨著，是研究中国古代玉器的重要典籍之一。它为后世扬州玉器的发展奠定了基础。

最为全面介绍工艺美术制作技艺的古代巨著是明代（1587—1661）宋应星的《天工开物》。它更多地着眼于手工业，反映了中国明代末年出现资本主义萌芽时期的生产力状况。其中，关于熬盐工艺的叙说在古代书中也属于凤毛麟角。

这些书的出现带动了全国各类工艺美术技能的传播和推广，而大运河则促进了这些工艺美术形态的流布和传播。

众所周知，文化的生产，常因历史时期、地理环境、经济条件、文化技术水平、民族习尚和审美观点的不同而表现出不同的风格特色。工艺美术也是如此。如新石器时代已有彩陶，商代以前已有刻纹白陶，商代已有玉器等。

在我国，陶器经历了一个漫长的发展过程，由于火的应用，原始人类告别了茹毛饮血的生活状态，逐步过渡到食用熟食，并开始制作和使用陶器。公元前 2600 年至公元前 2000 年，在新石器时代晚期，随着距今 7000 年以上的仰韶半坡彩陶艺术的衰落，中国文化历史上孕育出了"黑陶文化"。陶器形态也从早期土陶，发展到红陶、黑陶，至新石器晚期的彩陶和商代前的刻纹白陶。黑陶是继仰韶文化彩陶之后的优秀陶种，被誉为"土与火的艺术，力与美的结晶"，为世人所惊叹。其中，新石器时代晚期山东龙山文化（前 2500—前 2000）遗址的黑陶蛋壳高柄杯，以其高超的制作工艺和优美的造型，被誉为"中国古代陶器的巅峰之作"。

黑陶文化主要集中在黄河流域文化，以其深厚的历史底蕴和丰富的人文内涵，构成中国文化的渊源龙脉，在鲁、陕、晋、豫、冀等地都有类似发现。河北邯郸的馆陶县、山东章丘、日照、莒县、牟平、德州、齐河等县市、江苏徐州、连云港等大运河途经沿线均有流布。制作黑陶选用的泥土来自黄河下游冲积平原，是黄河在其流经的过程

待烧制的黑陶产品（摄影：赵鸣）

中所携带的大颗粒泥沙沉入河底，经过不断冲刷，流至其下游，因此它的深层泥土土质特别细腻、无沙、且黏性大，而且富含多种矿物元素，在烧制中能产生纯黑均匀质感，适合于黑陶制作。事实上，黄河流域也是龙山文化的重点流布范围。近年来，在连云港赣榆赣马镇、连云区中云藤花落、海州流水村等和山东发现的龙山文化遗址，进一步证实了这一结论。他们都是集聚在大运河沿线的城市地区，与商品的运销、文化的传播和地方居民的人文爱好有着千丝万缕的联系。

从最早的地区考古发现，商代就已有玉器工艺品。江苏扬州是我国玉雕的杰出代表，琢玉工艺源远流长，历史悠久。世人皆称"和田玉、扬州工"。据相关史料记载，扬州的玉雕历史可以追溯到 4000 多年前的夏商时期。1977 年在扬州蜀冈，发现新石器时代的石器、陶器、玉器等以及氏族公共墓葬 60 多处，证明在夏代时的扬州一带已有了玉器制作工艺。到了唐代，扬州玉器工艺达到新高峰，唐僖宗时，盐铁史高骈在扬州建有"御楼"，用金玉制作蟠龙蹙凤数十万件，装饰其中，并将多年搜刮的扬州玉器珠宝数万件献给朝廷。鉴真和尚东渡携带了扬州的玉雕工艺品。宋代扬州玉雕出现了镂雕和链条技艺。清代乾隆年间扬州玉雕进入全盛时期。这些玉器除了供奉历代的皇室贵族欣赏享用以外，最为重要的是满足盐商们把玩的需要。争奇斗艳的扬州玉器成为盐商家中的标配和荣华富贵的象征，才使得扬州玉器雕刻业经久不衰，如同一株工艺美术中的常青树。后来，随着世界玉石资源的枯竭，扬州玉雕艺术家又顺着盐河南下，来到了东海——中国水晶之乡，开始了新的创业，促使东海水晶雕刻技艺再创辉

煌。2021 年，东海水晶雕刻技艺入选我国第八批非物质文化遗产保护名录项目，与扬州玉雕一起成为我国工艺美术雕刻技艺中的一朵并蒂莲花。

石雕艺术可以溯源到新石器时代，到我国汉代步入繁盛时期。汉代汉画像石、石雕工艺品，以及后来的石窟雕刻艺术都呈现出我国石雕艺术的辉煌成就。而在大运河沿岸城市的江苏徐州、连云港和山东的等地，是我国石雕

赣榆班庄石雕厂的各类雕塑产品（摄影：赵鸣）

艺术的生发地。它不仅是因为这些地方有山、有石、有资源，更重要的是大运河等河流的流动，促进了各地石雕工匠流动和技艺的传播，形成了区域性的石刻艺术风格和石刻习俗事项。

位于山东省西南部嘉祥县，东邻京杭大运河。因是麒麟发祥之地，取其嘉美祥瑞之意而得名，是中国古代"四大圣贤"之一宗圣曾子故里，隶属"孔孟之乡"济宁市。在嘉祥，自古石雕业就有"家家闻锤响，户户操钎忙"的生态环境。当地石工有着"不伐己功、不矜其能、切磋琢磨、精益求精"的声誉。区域内武翟山中武氏墓群石刻博物馆建于东汉桓灵时期，是豪强地主武氏家族墓地上的一组石刻建筑群体。现存石阙、石狮各一对，汉碑两块，46 方画像石刻。其画像雕刻精湛，内容丰富，是汉画像石刻的代表精品，与古埃及的金字塔、古希腊的瓶画并称"世界三绝"，被联合国定为世界文化遗产，誉为研究中国历史的"百科全书"。苏州大报恩寺内现存的"张士诚记功碑"亭子上刻有"武梁遗轨"的题刻，其雕刻手法也似乎留存着嘉祥县武氏墓群石刻遗风。

在连云港的海州孔望山西南部，伫立着一群造型各异、栩栩如生的汉代佛教造像。这是我国现存最早的佛教石刻，而距离其不远处的汉代圆雕石象，作为这一佛教摩崖造像的守护神，2000 多年来一直守卫着这群庄严肃穆的群雕，从未离开过。这组石雕就坐落在盐河边，见证了我国佛从海上来的丝绸之路的发展历史，同时，也见证了大运河的文化缘起和发展，代表着我国佛教石刻艺术的巅峰之作。

大运河河北段从南到北涉及邯郸、邢台、衡水、沧州、保定、廊坊六地市。运河流经邯郸东南部的魏县、大名县、馆陶县等地，长百余千米，对燕赵文化的形成有着关键作用。这里的曲阳位于保定地区，也是石雕艺术的发源地之一。在西汉时期曲阳石雕业就已初具规模。唐代，曲阳成为北方汉白玉雕像发源地和雕造中心。到元代，曲阳石雕达到鼎盛。从云冈石窟、乐山大佛、敦煌石窟、五台山佛像、阿房宫、故宫、圆明园、颐和园，到天安门前的金水桥、人民大会堂、人民英雄纪念碑、毛主席纪念堂等建筑，处处都留下了曲阳人的雕刻艺术。我们无法说清山东嘉祥、河北曲阳的石雕技艺与江苏连云港、徐州、苏州之间有着必然的关联，但它们同处大运河沿线，文化之间的艺术形态和技艺交流是割舍不断的。

扬州东关街银楼（摄影：赵鸣）

工艺美术中的剪纸艺术是最为常见的一种艺术表现形式。溯源历史，可以追溯到新石器时代的陶器上的符号刻画。到了春秋战国时期，《吕氏春秋·览部》中记载了一个"剪桐封弟"的故事。说的是古代西周王朝的周成王把一片桐树叶剪成圭的形状送给他的弟弟叔虞，因"天子无戏言"，于是不得不封叔虞为诸侯并赐属地。"微叶虽可贱，一剪或成圭"，此乃"剪桐"。由于，剪纸必须具备两个最基本的条件：一是剪刀，一是纸张。剪刀和刻刀发明的时间都早于纸张。使用錾刻技术，或作用于金属箔片、布帛的技法，可以看作剪纸之前的先声。在新疆吐鲁番阿斯塔纳北朝古墓中，发现南北朝时期（420—586）的《对马》《对猴》等剪纸，这种剪纸是用古麻纸剪成。由此推断，剪纸的出现大约在1600多年前。

汉时，江苏扬州等地曾经流行"镂金作胜"的习俗，即用金银箔或丝箔剪刻成花样，剪成几何形者为"方胜"；剪成花样形者为"华胜"；剪成人形者为"人胜"；以贴于物品上、戴之于鬓间，相互赠予亲友者，称为"彩胜"。此乃"剪金"。隋炀帝杨广三下扬州时，曾令宫女用彩锦剪为花、叶点缀枝条，并剪成荷花、菱芰、藕芡等物，去掉池中冰块，逐一布置水上，如同春夏之交艳丽景色，以赏心悦目。此乃"剪帛"。

唐宋时期，剪纸不仅可以作为报春之用，如立春时，民间艺人剪春蝶、春钱、春胜等形态的器物，或悬于佳人之首，或缀于花下；也有民间剪纸艺人剪纸马及纸钱等用于祭奠。

明清时期，剪纸有了新的发展变化。由于经济繁荣，当时的民众多讲究穿戴，居室之内大至门帘帐沿、被服枕套、小至镜袱香囊、绢帕笔袋，都以绣花为美。至于结婚做寿、年节喜庆，所用绣品花样则更多。这些绣品都要用剪纸为底样。

连云港出土的双龙戏珠石雕（摄影：赵鸣）

剪纸在江苏大运河沿线城市都有流布，然而，有趣的是苏中的扬州剪纸、苏北的徐州剪纸和苏南的南京剪纸、金坛刻纸，在 2009 年 9 月 28 日阿布扎比（阿拉伯联合酋长国首都）举行的联合国教科文组织保护非物质文化遗产政府间委员会第四次会议上，中国剪纸（含扬州剪纸、南京剪纸、徐州剪纸、金坛刻纸）被列入"人类非物质文化遗产代表作名录"！尽管他们在剪刻方式、美工技艺和反映内容上存在差异，但是作为一种工艺美术形式，殊途同归，共同发展，成为世界文化遗产宝库中的奇葩。

剪纸的流布区域遍及江苏十三个市，也沿着大运河北上山东、河北，直达北京；南下江浙地区的苏杭，福建、广东等地，成为南方水乡民间习俗的标签和文化艺术中的典范。

伴随着大运河水的流动，南来北往的匆匆行船承载着无数怀揣绝技的工艺美术大师，行走四方，将文化艺术带到远方。在古代历史上，假如没有大运河流淌和带动，很难想象这种艺术形式的传播，更难出现满园春色的艺术美景的状况。

## 文化链接：

### 一、扬州玉雕

扬州玉雕是我国传统工艺美术中的杰出典范，曾出现过汉、唐、清三次高峰。历史悠久，源远流长，是国家级非物质文化遗产项目之一。

扬州的琢玉工艺源远流长。在古籍《书经·禹贡篇》中有"雍州贡琳琅""扬州贡瑶琨"的记述。1977 年在扬州蜀冈，发现新石器时代的石器、陶器、玉器等以及氏族公共墓葬 60 多处，证明在夏代时的扬州一带已出现了玉器制作的工艺品。在江淮东部龙虬新石器时代遗址出土了玉璜、玉玦、玉管等物，可以将其历史追溯到 5300 年前。1979 年在毗邻的海安县出土了新石器时代的墓葬一座，其中有四千多年前的玉器，这说明扬州一带在夏代就确已制作玉器。

汉代，随着经济和政治的变化，扬州的玉雕工艺有了进一步的发展。从扬州出土的汉代玉器中，可知那时的扬州玉雕已由小件逐步发展到中件，从一般的装饰品玉镯、玉环等发展至观赏品的玉蝶、玉璧。汉代墓葬出土的玉器品类繁多，造型优美，且已采用透雕、阴线刻和浅浮雕手法。

到隋唐时，千里京杭大运河的开凿、通航，位于长江、运河交通点上的扬州，便成为国内南北交通的咽喉要道，也是当时国际商船北上赴京必经之路。扬州玉器工艺又达到新高峰，贵族豪门用玉件装饰楼阁，所谓"雕栏玉户"。唐僖宗时，盐铁史高骈在扬州建有"御楼"，用金玉制作蟠龙蠖凤数十万件，装饰其中，并将多年搜刮的扬州玉器珠宝数万件献给朝廷。唐天宝十二年（753），鉴真和尚从扬州出发，东渡日本，带有画师、玉工，还带了玉器产品玉环、水精手播四口、琅帽叠子八面，可见当时扬州琢玉之盛。而唐代民间以玉器为佩、饰品亦渐开风气，同时，扬州玉器和琢玉技艺也陆续对外交流。

宋、元时代，扬州玉器已向陈列品方面发展。宋代扬州玉雕出现了镂雕和链条技艺，为后来特色技艺的形成打下了基础，扬州玉器已向陈设品发展，花鸟、炉瓶等品种日益丰富，造型、琢磨艺术水平也大为提高。

明清时期，扬州玉雕的形制从中小件逐步向大件发展，雕刻玉器的工艺成为一种专业的职业。生产企业从一些个体家庭生产发展到大小不等的手工业作坊。其雕琢艺术上极负盛名，产品别具一格。同时，玉器雕刻技艺而言开始顺运河而动，逐步向外传播。至清代，民间玉雕工艺主要集中在大运河沿线城市，如北京、扬州、苏州、杭州、南京和天津等地，始有明确的分工。其中扬州玉匠善雕大件玉器。他们把玉雕艺术和书画艺术结合起来，借用绘画中的透视效果，镂雕多层花纹，由近而深，由大到小，呈现出具有故事情节的生动画面，在造型、纹饰方面赋予新的表现形式。到了清代中期，扬州玉雕发展到既能做精致的中小件，又能制作壮观的大件，可以说诸品齐备，艺术水平空前提高。尤其是乾隆年间（1736—1795）扬州玉雕进入全盛发展时期，扬州也因此成为全国玉材主要集散地和玉器生产制作中心之一。

扬州玉雕的雕刻技艺将阴线深浅浮雕、立体圆雕和镂空雕等多种技法融为一体，"浑厚、圆润、儒雅、灵秀、精巧"，形成了"秀丽典雅、玲珑剔透"的艺术风格，以其独有的艺术魅力著称于世。雕刻的玉料一般取自于新疆的白玉、青玉、碧玉，辽宁的岫玉、玛瑙、黄玉，江苏的水晶，湖北的绿苗、松耳石，广东的南方玉及巴西的玉石，缅甸的翡翠，阿富汗的青金，加拿大的碧玉和日本的珊瑚等。

扬州玉雕在艺术造型特色明显，大致分为三种：立体玉雕，半立体玉雕，玉石镶嵌等。立体玉雕，又称圆雕；半立体玉雕，又名浮雕；玉石镶嵌产品多为屏风和挂屏等大型作品。

在艺术造型结构上，扬州玉雕镶嵌与扬州漆器结合在一起的。像屏风、挂屏均使用漆底，在漆底上根据镶嵌的不同图案，进行雕空后，用各种不同颜色的玉片，分层次的高低镶嵌而成。这叫作红雕漆嵌玉，是扬州玉雕造型艺术的特殊形式之一。

扬州玉雕所用玉石质地坚硬细密，硬度为摩氏 4 至 8 度，手工雕琢技术较为复杂，其工艺特点是琢与磨，即"琢玉"与"碾玉"相结合。而雕琢则是扬州玉器的最关键技艺。扬州琢玉艺师，全面继承了传统的扬州玉雕优秀技艺，锐意创新，在实践中遵循"量料取材，因材施艺"的琢磨工艺规律，结合时代的要求，不断提高"相玉"能力及雕琢技艺，创作了大批构图新颖、造型优美、做工精致的产品。他们的"山子雕"和"链子活"技艺独具一格，显示出扬州玉雕工艺技法的精湛。

扬州玉雕素以大件著名，几乎每年都有大件作品问世，比如中国工艺美术大师顾永骏近年创作的《大江东去》碧玉山，重达 4 吨，仅次于《大禹治水图》玉山，堪称当代之最。还有《人生如意》《乐鲤跳波》等大的摆件。2006 年 5 月 20 日，扬州玉雕经国务院批准被列入第一批国家级非物质文化遗产名录。

## 二、东海水晶

东海水晶是贵重矿石——宝石的一种，古称"水玉""水精"。以江苏省连云港市西部、与山东省交界的东海县为最多，因此，东海有着悠久和深厚的水晶文化底蕴，被誉为"中国水晶之都"。

东海水晶产于北纬 34.6°、东经 118.8°附近方圆几十千米内的地方，占地面积大约为 2000 平方千米。这里北与鲁南接壤，境内有小山，多丘陵，地域内储有丰富的水晶和石英，主要集中在东海县的安峰、房山、驼峰、牛山、洪庄、白塔埠、平明镇王烈村、东海农场等乡镇。石英储量约 3 亿吨，水晶储量约 30 万吨，存储量占我国存量的 70%以上。

水晶的开发利用历史悠久，最早可以追溯到新石器时代。20 世纪 70 年代，东海县山左口大贤庄遗址出土的"水晶砾石刮石器"，是江苏省考古发现的第一个旧石器时期遗址。在春秋战国时期，水晶已作为特殊的宝石用来加工工艺品。1990

东海水晶雕刻技艺非遗馆（摄影：赵鸣）

年在杭州市半山镇石塘村考古挖掘的战国时期墓葬中出土了一只水晶杯。秦汉时候，关于水晶的记载有更多，如《资治通鉴》（后晋高祖天福二年）："闽主作紫微宫，饰以水晶。"唐宋已降，介绍水晶的典籍更是很多。又如《古今小说·李公子救蛇获称心》中有："器皿皆是玻璃、水晶、琥珀、玛瑙为之，曲尽巧妙，非人间所有。"《全唐诗》卷七八五载的《白雪歌》中有："鸟啄冰潭玉镜开，风敲檐溜水晶折。"明徐渭《宴游西郊诗》："菡萏含冰脑，樱桃滴水晶。"清代洪升《长生殿·偷曲》中写道："凉蟾正当高阁升，帘卷薰风映水晶。"等，说明水晶早已成为众人知晓的宝石材料。

据《江南通志》记载，东海县早在 600 多年前就开采水晶。康熙和乾隆年间，民间就有水晶雕刻制品出现，并有向朝廷进贡器皿、饰品等水晶雕刻品。1958 年东海县房山乡挖出一个长 1.7 米、短径 1.2 米、重 3.15 吨的"水晶大王"，为世界之最，现存放于国家地质博物馆。1983 在东海县驼峰乡挖出一个重 2.14 吨水晶二王。毛泽东的水晶棺就是于 1976 年精选 32.2 吨精品水晶原料熔制而成的。正是由于东海蕴藏着丰富的水晶矿产和悠久的水晶开发利用历史，东海先后获得"中国政务商务礼品基地""中国观赏石之乡""中国珠宝玉石首饰特色产业基地""中国水晶之都"等荣誉称号，2016 年，东海县被世界工艺美术协会冠名为"世界水晶之都"。东海水晶城被称为"中国水晶工艺礼品城"，年成交额超过 30 亿元，其中进出口额占 30% 以上。2007 年，"东海水晶"成功实施国家地理标志产品保护。在水晶的带动下，全县有 30 多万人从事水晶产业，整个产业年产值达 300 亿元，已经成为东海经济的重要支柱，并形成了世界重要的水晶产品集散地。

水晶雕刻技艺在东海这块土地上发展至今已有几百年的历史，通过一代又一代人的传承和发扬，也成为中国水晶雕刻技艺传承的发源地。20 世纪 90 年代，曾在东海从事过多年水晶雕刻的中国工艺美术大师、扬州玉器雕刻大师中国水晶雕刻第一人仵应文，充分发挥天然

江苏东海水晶雕刻技艺代表性传承人吴兆娥正在雕刻水晶工艺品（周守芝提供）

水晶雕刻在"圆雕、浮雕、透雕、线刻、反雕、借景、借色、借形、阴雕、阳雕、虚实兼并"等技艺手法上的作用，并结合镶嵌点缀及亚光、亮光等现代工艺，琢磨出抛亮天然水晶的新思路、新工艺与新手法，填补了中国"天然水晶雕刻"史的空白，领导水晶雕刻工艺的新潮流。其作品《三教九流图》，被作为国礼赠送俄罗斯总统普京。之后，又出现了一批东海本土省、市级水晶工艺美术大师，如吴兆娥、孙睿、陈旭辉、张义成、徐之行、吴建敏、孙静等乡土水晶雕刻技艺代表性传承人。

东海水晶雕刻工艺的原石是透明的，通过用俏显体、破料显俏、以形制形、破体显形、以色显俏、用体显俏六种方法选择合适的原料。雕刻的方式分为浮雕、圆雕、链雕、镂空雕四种工艺。雕刻时，依据天然水晶质地、块度、形态、色彩和其他玉石所不具备的包裹体、水胆等特点，运用切、磨、磋、钻、凿等手法对水晶进行再创作，有圆雕和浮雕两大类，嫁接透雕、内雕和立体雕等技法，利用天然水晶的俏色或包裹体，因材施艺，采用会意传神、谐音借意、绘画篆刻组合、镶嵌点缀等近现代文化艺术手法不断再创新，形成了独特的水晶雕刻风格。

东海水晶雕刻工艺品品种齐全，有人物、器皿、花卉、雀鸟、动物等多种类型，突出了古朴、神秘、高贵、典雅的艺术效果，使其成为宝石收藏、厅堂摆放、旅游纪念、馈赠国内外友人的艺术珍品。

为了更好地传承保护水晶雕刻工艺，东海县先后成立了东海县水晶精品研究会、江苏省水晶文化研究会等社会团体，建设中国东海水晶创意产业园和东海水晶文化创意小镇，汇聚东海水晶开发能力和产业资源，打造世界水晶之都。东海县人民政府还于 1991 年正式开始，全力打造"中国东海国际水晶节"的节庆品牌，每两年 10 月前后举办一次，每次历时 10 天左右。活动以水晶为媒介，让世界了解东海；以水晶为桥梁，让东海走向世界；以水晶为纽带，连结五湖四海。自 1991 年以来，东海先后成功举办 17 届"中国东海水晶节"。

东海水晶雕刻技艺于 2011 年 9 月入选江苏省级非物质文化遗产保护项目名录；2020 年 12 月又被列入国家级非物质文化遗产项目。2013 年，东海水晶入选为 20 个"江苏符号"之一。2019 年，中国东海水晶博物馆建成。2023 年 9 月 20 日，国家级非遗水晶雕刻新展馆落成迎客，不仅增强了非物质文化遗产展示空间能力，更是为全国水晶产业的更好、更快发展找到了历史文化支撑。2023 年 11 月，江苏东海水晶文化生态保护实验区获批，水晶文化的保护和传承步入了新时代。

### 三、石雕

石雕是我国最为古老的手工工艺之一，源自旧石器时代，也是我国国家级非物质文化遗产保护项目之一。石雕艺术的流布区域遍及我国各地，大多以山区地域为主。而在大运河沿线则是最为集中，如河北保定的曲阳、山东济宁的嘉祥和江苏徐州、连云港海州地区。

石雕艺术是古代文化历史的标志，最早可以追溯到距今一二十万年前的旧石器时代中期。

石雕传统技艺始于汉，成熟于魏晋，流行于唐。

石雕、石刻制品按制作的工艺方法不同，一般分成圆雕、浮雕、沉雕、壁雕、镂空雕（透雕）、线雕、影雕、微雕和阴刻、阳刻等几大类别，各有特点，独具风格。此外，古往今来的石雕

中国最大的汉代石雕象（摄影：赵鸣）

艺匠还创作了一些圆、浮、沉各种手法兼具的雕件。这类雕件都表现出较复杂的内容，因此采取浮中有沉、沉中有浮、圆中有沉浮的综合手法。

尽管石雕制品种类繁多，其分类方法很多，但其加工工序大致相同，一般分为石料选择、模型制作、坯料成型、制品成型、局部雕刻、抛光、清洗、制品组装验收和包装。而加工这些石雕制品，其传统的手工加工技法有以下四种："捏"，就是打坯样，也是创作设计过程。有的雕件打坯前先画草图，有的先捏泥坯或石膏模型。"镂"，就是根据线条图形先挖掉内部无用的石料。"剔"，又称"摘"，就是按图形剔去外部多余的石料。"雕"，就是最后进行仔细的琢剁，使雕件成型。

石雕、石刻和石制工艺品应用十分广泛，多作为装饰艺术品，运用最多的有如下几类：即工艺饰品石雕、石窟和摩崖石雕、陵园石雕、宫殿和园林石雕、寺庙神殿、石桥石雕、石阙和牌坊石雕、塔建筑石雕、石书雕刻、石狮石刻、石兽雕刻、石画与生活艺术用品石雕石刻、纪念石雕等。连云港将军崖岩画、孔望山汉代佛教摩崖造像、甘肃云冈石窟、山西大同石窟、南京明孝陵石雕群等在世界范围内影响较大。

近年来，大运河沿线的石雕传统技艺得到了传承和发展。河北曲阳县隶属于保定市，位于华北平原西部，太行山东麓。在西汉时期，曲阳石雕已初具规模。唐代，曲阳成为北方汉白玉雕像发源地和雕造中心。元代，

曲阳石雕达到鼎盛。从云冈石窟、乐山大佛、敦煌石窟、五台山佛像、阿房宫、故宫、圆明园、颐和园，到天安门前的金水桥、人民大会堂、人民英雄纪念碑、毛主席纪念堂等建筑，处处都留下了曲阳人的雕刻艺术。曲阳县已拥有世界级雕刻大师 3 名，省级以上雕刻大师 100 余名，雕刻企业 2200 多家，从业人员达数万人，产品远销 80 多个国家和地区，形成了开采、设计、加工、销售、运输、

赣榆班庄石雕厂工人正在雕刻李时珍雕像（摄影：赵鸣）

安装一体化的制作体系。雕刻技法日臻精进，圆雕、透雕、镂雕、浮雕等不一而足。雕刻产品种类繁多，既有传统古建筑饰品，又有现代人物雕像；既有园林雕塑，又有家庭装饰。1995 年，国务院正式命名曲阳县为"中国雕刻之乡"。

山东嘉祥县位于山东省西南部，东邻京杭大运河。这里石刻技艺精湛，风格奇异，是历代官府向朝廷进贡之精品。在加工传统工艺中发展起来的专业石雕厂，"不伐己功，不矜其能，切磋琢磨，精益求精"。近年，石雕作品石破天惊，灿若繁星。河南开封 30 吨巨型大象散发出传统艺术的韵味。屹立在安徽的焦裕禄、雷锋雕像，映现出人民的时代追求。立于日本足利市泗水町的大型孔子行教像，是世界孔子像之最。美国旧金山博物馆收藏的"袖珍麒麟"，曾荣获中国首届工艺品奖和中国宋庆龄基金会金奖。安放在韩国仁川市高 36 米的"释迦牟尼大佛"，由 763 块石头组成，气势宏大、雕工精细。这些优秀石雕作品体现了嘉祥县石雕工艺的水平。现在每年九月，当地都会举办"中国嘉祥国际石雕艺术节"，向世人展现该地的石雕艺术。

江苏徐州、连云港的石雕也颇具特点。连云港将军崖岩画距今大约 6000 年历史，是我国汉族地区氏族社会时期唯一的岩画，记录了先民们对

于宇宙天体和自然社会的认知，被誉为"东方天书"。孔望山汉代佛教摩崖造像雕刻于东汉时期，印证了佛从海上来的史实，比敦煌莫高窟还要早300年历史。徐州的汉画像石举世瞩目，是我国历史上石雕艺术的经典。这些石刻艺术成就反映了徐海地区古代石雕技艺的精湛和艺术成就的丰满，被载入我国石刻艺术的史册。

## 四、黑陶

黑陶是中国新石器晚期龙山文化的杰出代表，距今约5000年的历史。而黑陶制作工艺是我国陶器制作中一种特殊的古老传统手工技艺，流传于山东德州、日照、齐河、河北馆陶、绥棱、河南鹤壁淇县、陕西秦源、江苏北部的连云港市赣榆区、海州区、浙江的丽水遂昌等地域，有着悠久的传承历史。

中国的造型艺术始于陶，史书记载："神农作瓦曰陶"。黑陶是继仰韶文化彩陶之后的优秀陶种，被誉为"土与火的艺术，力与美的结晶"，有黑如漆，声如磬，薄如纸，亮如镜，硬如瓷的美誉。在齐鲁、海岱地区的大汶口文化、大溪文化、屈家岭文化、龙山文化

山东济南章丘城子崖遗址（摄影：赵鸣）

遗址中均有发现，其中以大汶口文化为最早。1928年，中国著名考古学者吴金鼎，在山东省章丘县（现济南市章丘区）龙山镇的考古发掘中，首次发现了这一史前遗存，故被命名为"龙山文化"。因这里的文化标的物以黑色陶器为主要特征，因此，又称之为"黑陶文化"。随后，在鲁、陕、晋、豫、冀等地都有类似发现。山东境内的全国重点文物保护单位——教场铺遗址，是目前发现的规模最大的龙山文化遗址群。出土的3座陶窑，是目前发现的龙山文化中最完整的一组。出土文物中以黑陶最精美，最有代表性，成为这种文化最重要的特征。

关于黑陶的发明，历史上流布着许多传说。据传，舜帝是黑陶的创始人。在中国历史上，黑陶以其黑如墨而得到古人的崇尚和推崇。据说舜特

别喜欢黑色，大体与黑陶的制作和喜好有关，以致他的喜好影响到禹和当时的社会。据古籍传说，有虞氏、夏后氏都尚黑，墨子行夏道，衣服用黑色布。韩非子说舜和禹都在木制饮食器、祭器外面涂漆，体现了黑如墨的光泽，应当也是尚黑的意思。出生于诸城的舜曾经对黑陶的发展做出过重大贡献，并产生过深远的影响，因此，有人称黑陶为"舜陶"，应是在情理之中的事。

　　至明清时期，黑陶的传播范围日益广泛，在河北、河南、山东、江苏的大运河沿线均有流布。当时的山东德州位于黄河故道的中下游，是黑陶的制作基地之一。这里的民间工艺者选用京杭大运河两岸特有的红胶泥作原料，烧制出来的陶器黑中透莹，望之如金，坚实凝重；叩之如磬，给人以

江苏赣榆省级黑陶制作技艺代表性传承人李大专正在雕刻黑陶工艺品（摄影：赵鸣）

"乌金墨玉"之感。"金生丽水，玉出昆冈""如铁之质似玉之润"……据说这种泥土质地纯净细腻，土质密度大，由此生产的黑陶质地更加纯真坚固。另相传，古时候馆陶县有座大山叫陶山，陶山一带以盛产黑陶而闻名，据说馆陶的名字就源于陶山黑陶，古人所谓"陶山者，山如陶，陶如山也"即为明证。沿馆陶卫河两岸的毛圈、刘圈一带有皇窑72座，主要烧制皇城砖和黑陶。连云港市黑陶工艺有据可查的为清同治四年（1865）赣榆县塔山乡郭埠村的郭维亮作坊为首代传人，现已下传九代。

　　黑陶按质地可分为三种：泥质黑陶、夹砂黑陶、细泥黑陶。从众多出土的黑陶来看，多数黑陶原料属黄河冲积下来的纯净而细腻的红胶土，而这种红胶土主要分布在黄河流域，来自黄河下游冲积平原，是黄河在其流经的过程中所携带的大颗粒泥沙沉入河底，经过不断冲刷，流至其下游，因此它的深层泥土土质特别细腻、无沙，且黏性大，而且富含多种矿物元素，在烧制中能产生纯黑均匀质感，适合于黑陶制作。由于这种材料的可塑性好，因此一直沿用至今。

黑陶制作工艺在我国陶瓷制品工艺中占有重要的位置。这类艺术品既有历史厚重感，也有现代明快感，具有很高的审美价值。黑陶的造型品种除了尖底瓶、罐、盆等外，还出现了鬲、豆、杯、鼎等品种。它造型规整，形态别致，许多陶瓶、陶盆、器皿、笔筒等不仅具有观赏性，还具有实用性，受到大众的喜爱。1989 年春末，德州黑陶在巴黎第八十届国际技术博览会上荣获银质奖章。1989 年 10 月，在纪念我国古代思想家、政治家和教育家孔子诞辰 2540 周年之时，版画家石可、工艺美术家陶天恩与德州工艺美陶研究所共同研制成的黑陶壁画——《孔子世迹图》，全长 50 米，高 1.7 米，刻画面积达 85 平方米，系统介绍了孔子主要生平事迹，镶嵌在孔府院内。其独特的艺术效果，为中华壁画艺苑又增添了一朵奇葩。2008 年北京奥运会期间，连云港市的"中国风""奥运吉祥娃"等五件作品经选拔走进奥林匹克公园"中国故事""祥云"小屋参展，展出后有两件作品被国家奥组委永久收藏。2013 年，在韩国丽水举办的海洋世博会上，连云港李大专先生创作的《徐福东渡宝瓶》得到中国组委会的高度评价，被江苏海洋大学作为海洋工艺美术品永久收藏。2021 年，李大专、赵鸣同志创作了"中国共产党成立 100 周年"纪念宝瓶，内容主要记录了我党从绍兴红船至中华人民共和国成立，再至全面实现小康社会的辉煌成就。该宝瓶获得了 2021 年度江苏省工艺美术展的金奖，作为黑陶工艺品的一个标志物记录下党的 100 年光辉历史。

## 五、剪纸

剪纸是一种以剪刀或刻刀为工具的镂空艺术，在色纸上剪刻出优美图案的一种传统美术形式，其在视觉上给人以透空的感觉和艺术享受。而江苏界内的中国剪纸则是中国汉族最古老的民间艺术之一，也是我国剪纸艺术的杰出代表。

江苏是中国剪纸流行最早的地区之一，主要流传在南京、扬州、徐州等地，13 个市均有流布，特别是大运河沿岸的重点城市，如扬州、徐州、南京、连云港等地。其中，扬州剪纸于 2006 年被列入首批国家级非物质文化遗产代表作名录。2009 年 10 月，在阿布扎比（阿拉伯联合酋长国首都）举行的联合国教科文组织保护非物质文化遗产政府间委员会第四次会议上，南京剪纸、徐州剪纸、金坛刻纸作为中国剪纸（扬州剪纸、南京剪纸、徐州剪纸、金坛刻纸）的组成部分被列入"人类非物质文化遗产代表作名录"。

　　剪纸在我国存续时间悠久。从 1959 年在新疆吐鲁番阿斯塔纳北朝古墓中发现南北朝时期（420—586）的《对马》《对猴》等剪纸推断，剪纸的出现大约有 1600 多年前。事实上，剪纸经历了一个从"剪布""剪桐""剪金""剪帛"，再到"剪纸"的过程。真正意义上的"剪纸"，当是在纸张发明以后出现。据史料记载，东汉时期的宦官蔡伦创造出优质纸张，至东晋元兴三年（404），朝廷下令推广。

　　江苏是我国剪纸流行最早的地区之一。在江苏南京，据清代道光年间（1821—1850）甘熙所撰的《白下琐言》等史料记载，南京剪纸在明代初年就已十分流行。至清代，盐业带动江苏各地商业兴盛，剪纸艺人亦数量大增。清嘉庆、道光年间（1796—1850），扬州著名剪纸艺人包钧等，也因技艺超群，享有"神剪"之誉。直至清末民初，江苏各地仍有不少民间艺人赖以剪纸手艺谋生。旧时扬州，就有"张三麻子剪花样"，在大江南北传为佳话。当时，扬州的张永寿在多子街上开设剪纸铺，并自作一首宝塔诗，印在剪纸包装上："张三麻，剪花样，百式皆像，名扬全市，上人称剪花，巧匠名誉不是一日创，各界妇女看了欢畅，如果需要什么新花样就请来到扬州多子街上。"

　　中国剪纸，按其艺术风格，大致可分为北方和南方两个流派。郭沫若先生曾经有诗赞曰："曾见北国之窗花，其味天真而浑厚。今见南方之剪纸，玲珑剔透得未有。一剪之巧夺神工，美在民间永不朽。"其中，扬州剪纸线条清秀流畅，构图精巧雅致，形象夸张简洁，技法求变求新，形成了特有的"剪味纸感"和艺术魅力，以其"秀丽、灵动、柔美、典雅"的艺术风格而成为南方剪纸的杰出代表。而南京剪纸融北方剪纸的粗放和南方剪纸的细腻为一体，花中有花，题中有题，粗中有细，拙中见灵，艺术形式优美异常。徐州剪纸则擅长运用独特的艺术语言，对黑白关系进行大胆处理和把握。作品中有时会出现大面积的空白，有时在大面积的色块中不着一剪，有时又出其不意地在大面积的色块中，镂出一些灵性的物像，使剪纸工艺简洁明快，画面朴实、大刀阔斧，保持了原生石刻艺术的纯正品格，具有较为浓郁的北方特点。

　　剪纸源于生活，高于生活。剪纸艺人练就了"闭目如在眼前，出手如在剪下"的绝技。扬州剪纸大师张永寿总结出八个字：写实（求其真）、变化（求其美）、概括（求其活）、夸张（求其神），形成了扬州剪纸设计的特有理念。概括起来说，为"线条清秀流畅、构图精巧雅致、形象夸张简洁、技法求变求新"。

徐州剪纸作为江苏大运河沿岸的剪纸一脉，也得以蓬勃发展。其中，最具有代表性的是邳州市、新沂的合沟镇、沛县的敬安镇。1993 年，邳州市、沛县敬安镇被文化部命名为"中国民间艺术（剪纸）之乡"；2001 年，新沂市合沟镇被江苏省文化厅命名为"江苏省民间艺术（剪纸）之乡"。

此外，剪纸还有另外一种常用的方法，叫作刻纸。它以刀代剪，刻出作品的线条与轮廓，再将不需要的部分用刻刀剔去，其技法与剪纸有异曲同工之妙。刻纸将镂空雕刻的技术发挥到极致，运用三维技术，使原本平面的画图立体地呈现出来，丝丝相连，玲珑剔透。刻纸与剪纸有着一脉相承的关系，具有共同的艺术风格。入选联合国教科文项目的金坛刻纸就是如此。它包括手工绘画和镂空刻制两方面的技艺，刻纸作品按照剪纸的规律和要求制作而成，刻制手法博采众长，既有精致匀称的线条，又有清晰完整的构图和造型。传统剪纸大都采用单色，而刻纸常采用多种色纸，同时配以点彩、衬彩等手法，使表现更为丰富、细腻。连云港赣榆艺人王老三掌握着刻纸的独门绝技，可以用不同色块的纸放在一起，刻出的画面五彩缤纷，别具特色。

剪纸是我国一种优美的传统民间艺术。它根植于民间，千百年来，以多样的表现形式和殊异的艺术风格，不断适应着各个时代人们不同的审美需求，美化着人民大众的生活。2020 年 9 月，由金坛剪刻纸文化发展有限公司组织 22 位刻纸艺人历时 4 个月联合创制百米长卷《大运河》。这幅作品长 101.26 米、高 1.16 米，以运河文化底蕴深厚的北京通州为起点，至烟波浩渺、风情洋溢的杭州为终点，刻画了北京、天津、河北、山东、河南、安徽、江苏、浙江的运河沿岸名胜古迹、民风民俗、地域风情及文化遗迹等，一条"纸上大运河"蔚为壮观。该作品已被吉尼斯纪录总部认证为世界上目前最长的刻纸作品。

# 第六节　带有"咸味"的园林建筑

　　在中国传统建筑中，古典园林艺术独树一帜。它受传统"礼乐"的文化影响，通过地形、山水、建筑群、花木等作为载体，衬托出人类追求"天人合一"的居住空间和人本主义的文化精神。

　　中国园林萌生于商周，成熟于唐宋，发展于明清。作为一种建筑的类型，园林根据其不同的性质有着不同的称谓。可做园、囿、苑、园亭、庭园、园池、山池、池馆、山庄等。尽管它的性质、规模不完全一样，但都具有一个共同的特点，即在一定的地段范围内，利用并改造天然山水地貌或者人为地开辟山水地貌、结合植物的栽植和建筑的布置，从而构成一个供人们观赏、游憩、居住的环境。

河南大运河古镇漕仓堰闸（摄影：赵鸣）

　　明、清是中国园林创作的高峰期。园林从宫廷走向民间，一方面，园林数量骤增，造园技艺迅速发展；另一方面，园林建造也成为独立于其他艺术门类，单立门户。这时江苏江南的私家园林与皇家园林平分秋色，以其特色独树一帜，有些皇家园林也仿效私家园林，江南成为私家园林的集锦。

皇家园林的创建以清代康熙、乾隆时期最为活跃。当时社会稳定、经济繁荣给建造大规模写意自然园林提供了有利条件，如"圆明园""避暑山庄""畅春园"等。私家园林则以明代建造的江南园林为主要成就，如"沧浪亭""何园""拙政园""寄畅园"等等。它们在创作思想上，仍然沿袭唐宋时期的创作源泉，从审美观到园林意境的创造都是以"小中见大""须弥芥子""壶中天地"等为创造手法。园林逐渐从仅限于游赏功能，向可游、可居、可赏多元化方向发展。大型园林不但模仿自然山水，而且还集仿各地名胜于一园，形成园中有园、大园套小园的建造特点和布局。

明清时期，大运河上盐的漕运十分发达，为地方盐商集聚财富创造了机遇。那时垣商称雄一时，生活习俗高调、奢华。体现在园林建筑上，可谓雄极天下。大大小小的盐商们都喜爱筑园建墅，数以百计玲珑精巧、清幽雅致的住宅园林荟萃其中。盐商园林大规模涌现不

扬州何园（摄影：赵鸣）

仅是因盐商追求奢华生活、以园馆士的需要，更受其"上交天子"、谋求社会地位的驱动。也正因此，垣商园林风格独特，在遵奉疏淡、雅朴的同时，为恭邀宸赏、夸侈斗靡，园林又多仿作"京式""官式"，甚至慕求西方异域风采，显露出浓郁的水文化习气。以扬州为例，当时的扬州盐商骄奢淫逸，争相斗奇，以造园林作为生活的一部分。光绪《江都县续志》称："商人多治园林，饬厨传，教歌舞以自侈。"

江南古典园林是世界建筑史上的翘楚，可圈可点，以至于诸多江苏园林成为世界文化遗产。特别是处于江苏大运河沿岸的、被誉为中国十大园林之首的苏州拙政园、留园、扬州何园、个园等。十席中独占四席。

　　扬州个园为嘉庆扬州盐商总代理（商总）黄至筠在寿芝园故址改筑而成。建造个园大约花费了 20 年时间，耗银 600 万两，相当于当时江苏省一年的赋税。全园分为中部花园、南部住宅、北部品种竹观赏区，占地 24000 平方米。该园最负有盛名者是以笋石、湖石、黄石、宣石叠成的春夏秋冬四季假山，叠石艺术高超，以石斗奇，造园法则和山水画理融于一体。园中古树参天，修竹万竿，真卉重生，随候异色，被园林泰斗陈从周先生誉为"国内孤立"。黄家除个园外，还有几个园林。黄家大哥造的是易园，老二造的是十间房花园、四桥烟雨和水云胜概，老四造的是容园，老六造的是别圃，两个子侄辈又分别造了长堤春柳和桃花坞。这些园林座座非同凡响，其中四桥烟雨、水云胜概、长堤春柳三园入选扬州著名的二十四景，乾隆皇帝更是多次移驾游赏四桥烟雨，取名趣园。

扬州东关街（摄影：赵鸣）

　　中国的园林习惯按照占有者身份、隶属关系分为皇家园林和私家园林。在江苏，与淮盐文化有关的园林大多是私家园林。它们地处江南水乡，周边地区人口较密集，因此，园林地域范围较小；又因园内外接河湖，内存园石，常绿植物较多，园林景致较细腻精美，具有明媚秀丽、淡雅朴素、曲折幽深等特点，尤以苏州、扬州、泰州的园林为代表。而连云港、淮安、南通的园林也多为私家园林，因地域宽广，布局范围较大；又因自然气象条件所局限，河川湖泊、园石和常绿树木都较少，居民建筑和居住习俗风格粗犷，秀丽媚美略显不足；但是，这些园林兼容中华诗意文化的熏陶，所以，呈现南北兼容的地域特色。

　　江苏的私家园林多属于民间的贵族、盐官、豪绅、盐商所私有。园林构造主要集中在自然山水做文章，辅以人工的宫、廊、楼、阁等建筑，以人工手段效仿自然，其中透视着不同历史时期的人文思想，特别是诗、词、画的思想境界。扬州盐商的园林普遍特点是因地、因时分别设置各种建筑，利用花窗泄景、水中亭台、贴墙叠山、环阁凿池等手法，构成一幅楼台参差、花树繁荫的庭园画面，使这些住宅园林，虽无崇山峻岭，急水深流，琼楼广厦，但花木重姿态，山石贵丘壑，亭台巧点缀，起到"堂以宴，亭以憩，阁以眺"的作用，做到可赏、可居、可游，"园林须门庭雅洁，室庐清靓，亭台具旷士之怀，斋阁有幽人之雅"。袁枚在《扬州画舫录》中作序盛赞扬州盐商园林道："其壮观异彩，顾、陆所不能画，班、扬所不能赋也。"

　　盐商不吝巨金建造园林的主要诱因是康熙、乾隆二帝南巡，尤其是乾隆六次临幸，盐商献媚邀宠。明清鼎盛时期，扬州城里城外有 200 多处园林，后被毁掉，现存还有 30 多处。当时扬州有三大名园，即江春的康山草堂、汪懋麟的百尺醒桐阁、马曰琯的小玲珑山馆，史称"后先媲美，鼎峙而三"。此外，著名的有影园、休园、九峰园、个园、纵棹园、平山堂、深柳堂、珠湖草堂、真赏楼、文选楼、竹西亭、片石山房、小盘谷、蔚圃等等，其中个园与北京颐和园，承德避暑山庄，苏州拙政园并称中国十大园林，正如时人所描绘扬州"城中烟雨胜如山"。

　　盐商"龙头老大"江春斥巨资建造的白塔也堪为"亮点"之一。白塔建于莲性寺内，高 30 多米，塔下的台阶有 53 级，象征佛教"五十三参"。白塔塔身分为三层，下层每面有三个小龛，内雕一生肖，共十二生肖。塔上端称"刹"，呈圆锥形，有

扬州西园亦称"御苑"、芳圃，在大明寺西侧。始建于乾隆元年（1736），为盐商汪应庚所筑（摄影：赵鸣）

十三级，象征佛教"十三天"。如此规模的白塔建筑自然让江春煞费苦心，对此，乾隆心里有数，曾下特诏曰："朕此次南巡，所有两淮众商承办差务，皆能踊跃急公，宜沛特恩，以示奖励。其已加奉宸苑卿之黄履暹、洪征治、江春、吴禧祖各加一级……"

皇上降旨赏赐，强烈地刺激了众盐商的攀比心理。使得垣商们的气魄更大了，一心想把扬州建成一个"大园林"，汇集天下名胜。南京、杭州、北京、镇江、苏州等有名景点，都陆续被"移植"到扬州，散落在城里城外。尤其在乾隆年间，"时值海内承平，物力丰富，两淮盐业又适当极盛之时，故各大商家不惜糜千万巨金，争造园林"。其中，尤以南河下盐商聚居区最为稠密。这里有一条东、西向花园巷，整条街巷东西长五百米，南北宽有近四百米。它东起徐凝门街，西至丁家湾，由东向西依次有寄啸山庄、片石山房、棣园、平园、庚园、春性园等多座园林，这些园林建筑与周围的湖南会馆、江西会馆、安徽会馆、康山园林等建筑群连成一片，历史文化氛围十分浓郁，是扬州古城东南片一处独特的胜景。巷内的园林一个个紧挨着。园林主人姓氏中有黄、江、程、洪、汪、周、王、闵、吴、徐、鲍等，各自"莫不斗糜争妍，如骖之靳"。清道光十八年（1838），目睹园林之盛的金安清在《水窗春呓》中记录道："扬州园林之盛，甲于天下。由于乾隆六次南巡，各盐商穷极物力以供宸赏，计自北门直抵平山，两岸数十里楼台相接，无一处是重复。"

在建筑方面，江苏古典园林多以模山范水的景观为特征。园林仿模地形地貌，水文地质，乡土植物等自然资源构成的乡土景观类型，注重人对自然的认识和感受，强调"虽由人做，宛自天开"，"源于自然而高于自然"。盐商园林讲究"奇思妙想"，又不失含蓄淡雅，是人文景观与自然景观的巧妙结合。当时艺术界所追求的"奇""瘦""巧"等意境被融于园林艺术之中。建造园林时，垣商们往往不惜重金邀聘名人大家进行策划。在扬州徐凝门街花园巷东首有一座"双槐园"，是盐商吴家龙的产业，据说是清朝丹青大师石涛的创意。

在另一盐都淮安，盐商表现了与扬州盐商相似的爱好。他们大建园林，结交文人。因此淮安河下古镇一带"园亭之美，后先相望"。其中盐商程氏的曲江楼、菰蒲曲和荻庄诸园，尤负盛名。曲江楼原主人是乡绅张新标，后为盐商程用昌所得，易名"柳衣园"。乾隆年间（1736—1795），盐商程垲、程嗣立"聚大江南北耆宿之士会文其中"，他们互相切磋，"磨龙浸润，文日益上"。其中以程氏为首的"曲江十子"所著的《曲江楼稿》风行海内。菰蒲曲的主人是盐商程嗣立。据《水南老人诗注》云：

"癸亥正月，靄后召集园中看演《双簪记》传奇。晚晴月出，张灯树杪，丝竹竞奏，雪月交映，最为胜集。"类似于此花晨月夕、饮酒聚谈的文人雅事，不胜枚举。荻庄是盐商程鉴的产业，园在萧湖中，风景极佳。园中的胜景，令过往文人流连忘返。袁枚曾题诗曰："名花美女有来时，明月清风没逃处。"赵翼则题云："是村仍近郭，有水可无山。"画龙点睛地描绘出淮安园林的风貌和盐商们的生活追求。

当时，曲江楼、菰蒲曲和荻庄，与扬州马氏的小玲珑山馆、郑氏休园和程氏筱园等南北呼应，成为两淮间著名的园林名胜。

在南通盐乡如皋，也有一座盐商造的名园——水明楼。它是乾隆二十三年（1758）安徽盐使汪之珩营建的，其名取自唐代大诗人杜甫"四更山吐月，残夜水明楼"的诗句。水明楼以木桩支撑，建于水上，倒映碧波，水色天光，明艳如画。整个楼群建筑南北长40余米，前有轩亭，中有厅室，后有阁楼，用九曲三弯的回廊相连接。室外红梅翠竹，蕉石掩映。东窗下，碧水漾波，给人以船浮水上，似动实静之感。

这里不得不说的是窑湾古镇的吴家大院。它虽然不是一个大型园林，然而，在苏北也算得建筑当中的翘楚。吴家大院始建于清康熙年间（1662—1722），距今已有300多年历史，是窑湾古镇中保存最为完整的宅院。其主人吴链原籍福建，主要靠经商发家，当时拥有房屋500余间，共有五处产业，拥有资产白银三十余万两，号称"吴半街"。据说明朝末年，福建沿海被清兵占领，当地明朝官员不肯降服清兵而遭缉捕。清康熙十年，皇帝大赦一批沿海官员。其中吴姓大户，原是明末海税官，被发配到窑湾落户。现存的吴家大院共有四进院落，沿袭了南方沿海的建筑风格，房屋构造全部采用明式的砖木结构，具有防台风防暴雨防盗的功能。墙基比较厚实，具有防寒避暑的作用。

在"末代"盐都海州板浦，也曾有过淮北第一名园——秋园。秋园是国民党两淮盐务管理局局长缪秋杰所建，民国十六年动工，至二十六年才初具规模，耗时十年，可见工程之大。秋园占地100余亩，既吸收了江南园林的建筑艺术，又有别具一格的特色。该园基址为平地，后依其时淮北盐区地势由人工理水堆山而成，又间以亭、廊，杂以花木，乃为淮北首屈一指之山水园，亦是淮盐文化的重要体现。园内山水相依，花木扶疏，人工天然，独具匠心，其在建筑形式、植物配置等方面有借鉴欧式之手法，并与中国传统园林相结合，堪称"盐商"园林的"封笔之作"。在盐业界，它与天津塘沽盐业巨子查日坤建造的水西庄园林并称南北双璧。可惜后来毁于战火。

大运河流域是我国园林文化的密集区，除了苏州、扬州等中国园林的经典以外，还有存续在大运河沿线的泰州、南通、淮安、盐城、连云港等地的特色园林和住宅。这些园林建筑的出现大多出自盐商、盐官之手，得益于盐业、盐运的财富积累，可以说假如没有淮盐的存在是绝不会成就江苏如此辉煌的园林文化积淀和辉煌成果。

历史上连云港板浦缪秋杰建造的秋园（冯家道提供）

# 文化链接：

## 一、苏州拙政园

拙政园始建于明正德四年（1509），由王献臣初建，是江南古典园林的代表作品。取名"拙政"是因晋潘岳《闲居赋》的一段话："筑室种树，逍遥自得……灌园鬻蔬，以供朝夕之膳……此亦拙者之为政也。"有朴实之人在自家花园为政的巧意。它与北京颐和园、承德避暑山庄、苏州留园一起被誉为中国四大名园。

拙政园是目前苏州现存最大的古典园林，占地78亩（约合5.2公顷）。全园以水为中心，山水萦绕，厅榭精美，花木繁茂，具有浓郁的江南水乡特色。它分为东、中、西三部分，东花园开阔疏朗，中花园是全园精华所在，西花园建筑精美，各具特色。园南为住宅区，体现典型江南地区传统民居多进的格局。园南还建有苏州园林博物馆，是一座园林专题博物馆。

明正德初年，因官场失意而还乡的御史王献臣，以大弘寺旧址拓建为园林，取名拙政园。它中亘积水，浚治成池，弥漫处"望若湖泊"。园多隙地，缀为花圃、竹丛、果园、桃林，建筑物则稀疏错落，共有堂、楼、亭、轩等三十一景，形成一个以水为主、疏朗平淡、近乎自然风景的园林。该园"广袤二百余亩，茂树曲池，胜甲吴下"。嘉靖十二年（1533），文徵明依园中景物绘图三十一幅，各配以诗，并作《王氏拙政园记》。

王献臣死后，其子一夜赌博将园输给阊门外下塘徐氏的徐少泉。他"以己意增损而失其真"。此后，徐氏在拙政园居住长达百余年。后徐氏子孙亦衰败，园渐荒废。辛亥革命爆发后，拙政园成为江苏省议会所在地，为当时的奉直会馆。

拙政园内部建筑体现了中国古典建筑的特点，多以馆、亭、堂、榭、阁为主，有些地方中间有廊道衔接，比较著名的建筑物有林香馆、涵青亭、天泉亭、芙蓉榭、雪香云蔚亭、松风水阁、远香堂、听雨轩、玉兰堂、笠亭、宜两亭、卅六鸳鸯馆（十八曼陀罗花馆）、倒影楼（夜景）、留听阁、浮翠阁、塔影亭、与谁同坐轩，等等。

拙政园多次易主，但是万变不离其宗，大多为官宦和富商。其中与盐业有关的是吴璥，字式如，浙江钱塘人。乾隆四十三年（1778）进士。他曾任河务总督，在苏州为官，督查漕运和大运河的疏浚治理，功勋卓著。还有一位是张履谦，为江南盐商。光绪三年（1877）正月，盐商张履谦用六千五百两银子买下了原属汪云峰、汪锦峰兄弟在拙政园中部的迎春坊房宅和宅北园地。后来，张履谦加以修建，名"补园"。园中的浮翠阁，相传原是太平天国忠王府的望楼，为三层楼阁，张履谦将其改建成二层。张履谦，字月阶，苏州人，自号无垢居士。他家祖辈经商，本人以经营盐业发家，后又在东北街（今苏州博物馆新馆处）开保裕典当。宣统元年（1909），曾任苏州商务总会第四届总理。张履谦喜爱书画，与其孙张紫东

苏州拙政园

均酷嗜昆曲。张与吴门画派名家深有交谊，常相往来，画家顾若波、顾鹤逸、陆廉夫等人经常在张家聚会，并参与补园的布置。张曾聘俞振飞之父俞粟庐为西席，常与俞粟庐切磋曲艺，并多次在鸳鸯馆内举办昆曲清唱会。少年俞振飞还曾和紫东同台公演。

1961年3月4日，国务院公布拙政园为全国重点文物保护单位。1991年4月，拙政园由国家计委、旅游局、建设部定为全国特殊游览参观点。1997年联合国教科文组织批准列入《世界遗产名录》。2007年被国家旅游局评为首批国家AAAAA级旅游景区。

## 二、扬州个园

个园位于扬州古城东北隅，是一座清代扬州盐商宅邸私家园林，由两淮盐业商总黄至筠于清嘉庆二十三年（1818）在原明代"寿芝园"的基础上拓建为住宅园林。

个园始建于清代。关于它名称的来历，"江西才子"刘凤诰在所撰的《个园记》有记载："园内池馆清幽，水木明瑟，并种竹万竿，故曰个园。"同治年间，个园卖给镇江丹徒盐商李文安，后李家负官债，军阀徐宝山逼李家用个园抵债。清咸丰间，个园曾经兵燹，虽无多大损坏，但也逐步走向萧条。1926年李家出让个园，后

扬州个园（摄影：赵鸣）

个园又几易其主。新中国成立后，个园收归国有，后几经修复，重见盛景。

个园是一处典型的私家住宅园林，全园分为中部花园、南部住宅、北部品种竹观赏区，以遍植青竹和春夏秋冬四季假山而出胜。从住宅进入园林，首先看到的是月洞形园门，门上石额书写"个园"二字。园门后是春景，夏景位于园之西北，秋景在园林东北方向，冬景则在春景东边。其经典观赏地点为抱山楼、清漪亭、丛书楼、住秋阁、宜雨轩、觅句廊等景点。

"四季假山"的构思与建筑是个园中最大特色。该园面积不足 50 亩，开辟了四个形态逼真的假山区，分别命以春、夏、秋、冬之称。四季秀景通过采用不同质料石料体现出不同的季节，以竹石为主体，以分峰用石为特色。十二生肖石象征春天，太湖石象征盛夏的江南景色，黄石烘托秋天群山的挺拔，颜色洁白的雪石突出冬日里积雪未化的寒冷感觉，各具特色，表达出"春景艳冶而如笑，夏山苍翠而如滴，秋山明净而如妆，冬景惨淡而如睡"的诗情画意。

个园旨趣新颖，结构严密，是中国园林的孤例。1988 年个园被国务院授予第三批"全国重点文物保护单位"。2005 年，个园被确认为国家 AAAA 级风景旅游区。2016 年 4 月，个园成为首批国家重点花文化基地之一。同年 7 月 15 日，在 2016 中国运河文化与旅游融合高峰论坛所发布的 14 条京杭大运河精品旅游线路中，有 4 条线路将扬州作为其中重要一站，扬州个园亦被列入其中。

### 三、扬州何园

何园，又名"寄啸山庄"，取自陶渊明的归去来兮"依南窗以寄傲，登东皋以舒啸"，是一处始建于清代中期的中国古典园林建筑，被誉为"晚清第一园"。

何园占地面积为 14000 万余平方米，建筑面积 7000 余平方米，为全国重点文物保护单位，是清代后期扬州园林的杰出代表作。它始建于清同治元年（1862），旧址是清乾隆年间双槐园。清光绪九年（1883）何芷舠由湖北汉黄德道兼江汉关监督的官任上卸任到扬州，购得吴氏片石山房旧址，后扩为园林，建造了寄啸山庄，前后历时 13 年之久。新中国成立后，何园归于国有。

何园全园分为东园、西园、园居院落、片石山房四个部分，片石山房在东园南面，园居院落则被东园、西园和片石山房包围，其园内的两层串楼和复廊与前面的住宅连成一体。

何园的主要最大亮点是"片石山房"，系明末清初画坛巨匠石涛叠石的人间孤本。位于片山石房的腹内，藏有一座石屋。1989 年，片石山房复修，门楣上的"片石山房"系移用石涛墨迹。水中月是片石山房中假山丘壑处的一道奇观。白天池水映中有一轮明月，且随着观者视角变化有阴晴圆缺之异。原为叠石后的墙上一处孔隙，随视角不同被叠石遮掩。

何园内设有何家祠堂，占地面积约三百平方米，位于何园西南侧，由东向西形成大小祠堂。祠堂内展出的是何芷舠及其上五辈人的容像。私家祠堂与园林合为一体，这在我国众多园林中不为多见。

何园玉绣楼是园林中西式建筑风格的典型。它前后两座，均为砖木结构二层楼，既采用中国传统式的串楼理念，又融入西方的建筑手法，如采用法式的百叶门窗、日本式的拉门、法式的壁炉、铁艺的床等等。

发挥廊道建筑功能是何园主要特色。园中 1500 米复道回廊是中国园林中少有的景观。它左右分流、高低勾搭、衔山环水、登堂入室，形成全方位立体景观和全天候游览空间，发挥了中国园林艺术的回环变化之美和四通八达之妙，是中国最早的立交桥雏形。

在建筑布局方面，何园设计布局颇有创新。它没有采用我国传统园林中轴线对称理念，而是运用了自然布局的法则。其亭台楼榭不规则地散落分布于或人造、或依地貌而成的山水之间，取天人合一之意境。该园设计者不仅深谙中国园林的山水境界，也熟悉开放性布局和由各种两层回廊组成的网络状结构，与通常的中轴线对称的中式园林有不同之处。

许多名人曾在何园寓居过。著名国画大师黄宾虹，他六次来扬州，寓居在骑马楼东一楼。著名作家朱千华先生，曾寓居何园五年多，其旧居在骑马楼东二楼。1988 年，何园与个园一同被国务院确定第三批"全国重点文物保护单位"之一。

## 四、泰州乔园

乔园是明代万历年间（1573—1619）修建的私家园林，后为两淮盐运使乔松年所有，遂称"乔园"，已有 430 余年历史，有"淮左第一园"之美誉。

它位于江苏省泰州市老城区，是国家重点文物保护单位之一，国家级 AAAA 景区，历史可上溯至明万历年间（1573—1619）的"日涉园"，是江苏苏北地区现存最古老的园林。乔园的名字最初取晋陶渊明《归去来辞》中"园日涉以成趣"之意，取名"日涉园"。又因园内有三棵石笋，清嘉庆年间（1796—1820）易名为"三峰园"，清咸丰年间（1851—1861）一度叫"蛰园"，后为两淮盐运使乔松年所有，改名为"乔园"。

整座园林占地 12000 万平方米，构思巧妙，布局小巧紧凑，园内石谷林泉呼应成趣、楼阁轩亭相映成辉，花草梅竹点缀其间，层次分明。乔园以十四景著称：南窗寄傲、千年古柏、美女照镜石、数鱼亭、囊云洞、山响草堂、缀汲堂、松吹阁、因巢亭、二分竹屋、午韵轩、来青阁、蕉雨轩、文桂舫等。中国园林泰斗同济大学陈从周先生与喻维国先生至乔园考察后认为，这是"苏北现存最古老的园林，在古典园

泰州的乔园，曾经是盐运使乔松年的私家住宅（冯家道提供）

林的研究上，不失为一地区的实例"，赞以"淮左第一园"美誉。

新中国成立后，乔园收归国有，建成园林式的乔园招待所。刘少奇同志苏北巡查时曾经在此小酌；1956 年京剧大师梅兰芳回乡省亲时，也曾经在此驻留。

咸丰年间，两淮盐运使乔松年，买下了三峰园，并更名为"乔园"作为他的私人花园。也正是由于他在泰州做盐官，还倡导兴建了泰州盐宗庙，比扬州盐宗庙还早十年了。遗憾的是泰州的盐宗庙在 20 世纪 60 年代被拆除了。

## 五、泰州"九十九间半"民居

泰州海陵区稻河古街区东南角，有一座经历了 150 多年风雨的古民居——周氏（吴氏）古宅。坊间习惯称其为"九十九间半"，1995 年被确定为江苏省文物保护单位之一。

该古民居人文历史颇为深厚。据说清代咸丰年间（1851—1861），盐商富绅周彬始建周氏住宅。后至周氏第二代，由于全家吸食鸦片，以至于家产荡尽，穷困潦倒，到了拆房屋卖木料砖瓦的地步。后来，盐商吴希彭买下全部宅地，另赠送周家巨额银两，并劝其禁毒戒烟，妥善安置了周氏家人，周家上下为此感激不尽。

"九十九间半"民居占地 3000 平方米，建筑面积 2000 多平方米，是泰州老城区内体量最大、保存最完整的古民居。整座建筑群由 14 个天井组成各自完整的十多个院落。建造九十九间半的木料、砖瓦、假山石等悉数通过船从外地运来。运送建材的船只排满了整个草河头，一直延伸到草河

北边施家湾，可见其工程浩大、盛况之空前。房屋建造所用各类工匠过百人。目前，该房屋还基本保留下大门厅、仪门影壁、大小堂屋、厢屋、账房、小花厅、西厢房、蝴蝶厅等院内主要建筑。

该住宅特色之处是内设的"响厅"。这是在铺设大堂地面时采用倒扣着的陶盆架空地面，盆上面铺设方砖。当客人入堂时，人的脚步声会使得厅堂地面发出共鸣，给人一种庄重、神秘的感觉，同时，亦可达到防潮的效果，这种设计建造方式后来几乎绝迹。

从外入内，建筑物存有大、小照壁，上面雕刻了一套"蝙蝠"加"螃蟹"的双福，寓意着"福如东海"。老宅每处走廊都有廊檐，雨天也无需撑伞。原先周氏住宅大门北侧沿街部分，为佣人房、灶房、草房、水井、小厢房及便门等，向西依次有4条轴线。第一条轴线从南往北为账房、东花厅、照厅、小堂屋；第二条轴线为前厅、大厅、中厅、大堂屋；第三条轴线为西花厅、客房、西厢屋；最西边第四条轴线是花园、假山、葡萄架、蝴蝶厅、小花厅等。

该建筑规模宏大，建筑材料优良，青砖黛瓦，精工细作，木雕、石雕、砖雕美轮美奂，为泰州现存古民居之首，展示了泰州传统民居的建筑特点，蕴含了丰富的历史、艺术、科学等信息，体现了悠久的人文历史，见证了泰州城市的数百年历史沧桑。

## 六、南通如皋水明楼

水明楼是徽商为纪念冒辟疆、董小宛，在冒氏别业水绘园的旧址上重建的一座会馆。它位于江苏省如皋市，是清乾隆二十三年（1758）安徽盐商汪之珩营建的。清嘉庆《如皋县志·古迹》记载："水明楼在隐玉斋（即今雨香庵）左，洗钵池上。汪之珩建，以为游憩之所。知县何廷模颜其额曰'水明楼'，盖取杜少陵'残夜水明楼'句意也。"

水明楼以木桩支撑，建于水上，倒映碧波，水色天光，明艳如画。整个楼群建筑南北长40余米，前有轩亭，中有厅室，后有阁楼，用九曲三弯的回廊相连接。室外红梅翠竹，蕉石掩映。东窗下，碧水漾波，给人以船浮水上，似动实静之感。

建造者汪之珩是位盐商，字楚白，号璞庄，住丰利场（今属如东县）。他家族世代业盐，富甲一方。汪能文工诗，不求闻达。宅旁有文园，日集名士觞咏其间。又乐善好施，慷慨捐助，多施善举，人称为

"冒襄后身"。

"水明楼"这三字雅称出自杜甫晚年漂泊西南流寓夔州（现四川奉节）时，于西阁写的诗作《月》："四更山吐月，残夜水明楼。尘匣元开镜，风帘自上钩。兔应疑鹤发，蟾亦恋貂裘。斟酌姮娥寡，天寒耐九秋。"对此诗首联，宋代文学家苏东坡特别赞赏，认为"四更山吐月，残夜水明楼"的诗句"才力富健"，为"古今绝唱"。因而，这闪烁着不朽艺术光辉的诗句，特别是"水明楼"三字，不仅在诗文中常有出现，还被用来名楼、名斋、名文集。

## 七、新沂窑湾吴家大院

吴家大院始建于清康熙年间（1662—1722），距今已有 300 多年历史，是窑湾古镇中保存最为完整的宅院，也是古镇里的主要景点之一。

新沂窑湾古镇夜色（摄影：赵鸣）

大院的主人吴璥，字式如，浙江钱塘人，乾隆四十三年（1778）进士，吏部侍郎吴嗣爵之子、大考擢侍讲学士、典陕西乡试等职。后曾在宿迁、徐州、淮安的总督河务。特别是在处置淮安清江浦漕运方面颇有建树。《清史》载："嘉庆五年（1800），调南河，堵合邵家坝漫口，加太子少保。八年秋，河决衡家楼，命豫筹来年漕运，请疏邳州、宿迁诸闸，於宿迁、桃源交界筑束水草坝，浚淤浅，依议行。又言徐州一带河水宽深而

第三章　千年淮盐育文化

未消落，乃海口壅塞所致，诏相度治之。"寻疏陈："云梯关海口暗滩，尚非全被阻遏。请于黄泥嘴开引河，并挑吉家浦、于家港、倪家滩、宋家尖诸滩。允之。九年秋，洪湖水涨未消，请缓筑仁、智两坝，以保堰、盱堤工。时东河衡工甫合，清江浦河口水浅阻粮船，上谓清水力弱，由启放仁、智等坝所致，命侍郎姜晟往会筹蓄黄济运。璥与合疏请堵二坝及惠济闸之钳口坝，使湖水全力东注，刷通河口，并启李工口门，减掣黄水，从之。"后来，吴璥于道光元年（1821）因病免职，回到窑湾古镇的吴园居住，他的儿子观察晋德也曾居此。道光二年（1822），因侍郎那彦宝治河不力，遭到降黜，追论吴璥与其同罪。虽然他已致仕家居，仍被褫去翎顶，不久就忧郁而亡。嘉庆末年，拙政园中部曾经归吴璥所有。

在窑湾古镇，现存的吴家大院共有四进院落。第一进院为烟草展示厅，主要介绍烟草的起源与发展，用人物塑像、实物、壁画等手段展现了从采烟到最后装烟成品的过程；第二进院复原为吴家厨房、粮仓、佣人房所在地；第三进院场景再现了当时吴家的第三代子孙吴保廷行衙办案的场景。当时吴保廷在京城官至四品，曾奉旨来窑湾赈灾，就把行衙临时设在了吴家人院；第四进院为吴家主人生活区，通过古旧家具摆设复原了当时情景。据说，吴家祖辈在此主要靠经营烟丝发家，当时拥有房屋500余间，共有五处产业，包括盐业商号和漕运，拥有资产白银三十余万两，号称"吴半街"。明朝末年，福建沿海被清兵占领，当地明朝官员不肯降服清兵而遭缉捕。清康熙十年（1671），皇帝大赦一批沿海官员。其中吴姓大户，原是明末海税官，被发配到窑湾落户。定居窑湾后，因比较熟悉海上贸易，就做起了烟草生意。吴家在窑湾一共经营了五处烟丝店，其中最有名的是"吴洪兴烟丝店"。

吴家大院沿袭了南方沿海的建筑风格，房屋构造全部采用明式的砖木结构，大院墙基比较厚实，具有防台风、防暴雨、防寒、避暑、防盗的功能。吴家大院的整体院落前高后低，这样进门的时候就体现出由低向上迈的态势，寓意着步步高升。

## 八、淮安清晏园

清晏园是我国治水和漕运史上规模最大的衙署园林，有"江淮第一园"之称。

淮安清江浦运河博物馆（摄影：赵鸣）

清晏园是苏北地区最有代表性的古典园林之一。明永乐时（1403—1424），清晏园为户部分司公署，距今已有 600 多年历史。清康熙十七年（1678），清政府在清江浦设官治河，河督靳辅在明代户部分司旧址"凿池植树，以为行馆"，后经历任河督整修，公园渐成规模。清晏园曾先后称为西园、淮园、澹园、清晏园、留园、叶挺公园、城南公园。1991 年，公园更名为清晏园，现为国家 AAA 级旅游景区、国家级文物保护单位和国家水利风景区。

该园内部亭、台、楼、阁、假山错落有致，曲径、长廊、流水循环往复，四季花繁木盛，秀丽典雅。总体布局由南至北分布着环漪别墅、黄石园和荷芳书院景区，魁星阁、淮香堂和荷芳书院三个景点坐落在中轴线上。东侧建有序园、总督河道部院等，西侧有叶园、明代关帝庙等。清晏园兼具南方园林之秀丽和北方园林之雄奇，为典型的融合性古典园林景观。

总督河道部院是清晏园的一部分，为清代河道总督园林专家麟庆所建。园内的太湖石"瘦、透、漏、皱"，石令人古，水令人静，既有高山耸立陡壁悬崖之雄伟，兼具小桥流水花丛点缀之别致，充分体现了清代官宦园林的建筑风格。

总督河道部院是清代全国最高的治水机构，是国家在京城以外专设的治河决策、指挥和管理机构，管辖着黄、淮、运河。从 1678 年始，清代常驻淮安的河道总督总共有 72 任、58 人，历时 183 年。清咸丰十一年（1861），清政府裁河道总督，由漕运总督兼理河务，迁驻清晏园，历时 43 年。光绪三十年（1904），裁漕督，总督署改为江北巡抚署；光绪三十一年（1905）改设江北提督于此。

荷芳书院是清晏园的代表性建筑。在历史上，它的名气高于清晏园。清乾隆十五年（1750），时任河督的高斌于荷池北建"荷芳书院"以迎圣驾。书院前的荷花池，古典建筑环绕，形成了向心、内聚格局，使人在有限空间感到开朗而宁静。园中的今雨楼原为清晏酒楼，因漕运而兴。清江浦以江南河道总督部院宴席最为丰盛，规格最高，有"银铸的食府流水的席"之称，为淮扬菜发源之地之一。

## 九、东台安丰鲍氏大楼

鲍氏大楼位于东台市安丰镇北玉街王家巷 1 号，是清乾隆年间（1736—1795）两淮盐业总商鲍志道之堂弟鲍志远所建的徽式建筑物，总面积 3000 多平方米，是安丰古街中保存最完整的古建筑。

鲍氏大楼是清道光三十年（1850）营造的，其主人是扬州盐商鲍志远。它外观高墙四围，设内外墙门二重，外墙门南向位于东首，门墙门东向，与外墙门成直角，整个面积 414.5 平方米，据说当年整个大楼包含了当铺、店铺、住宅、花园、库房、钱庄等，总计

东台安丰镇鲍家大楼（摄影：赵鸣）

105 间房间。现在只剩下半亭。该建筑门内共南北 2 进，庭院共计三进十八间。第一进为大厅，第二进为楼厅，中间有墙门相隔，天井狭长。两厅均为抬梁式结构，用料硕大，楼厅用月梁。在第二进西侧上下厢房的砖墙处，辟有暗门可通向隔壁花厅。整个建筑物布局井然、营造精巧、雕饰质朴，是徽派建筑艺术与苏北文化融合的代表之作。

鲍氏大楼所在的盐城东台市安丰古镇上留下了七里青石长街，沿街坐落着许多明清大院。它因紧邻串场河，是历史上八方盐商聚集之地。清

末，这里因盐城一带海岸东移，潮汐不至，土卤日淡，与淮北地区盐业更先进滩晒制盐技术相比，当地煎盐成本要高于晒盐十余倍，制盐优势消失，串场河的盐运功能随之衰退；同时，这里临海，地域虽广，但多为盐碱地，不利于稻麦种植，靠煮盐为生的广大灶民不得不另谋生路。鲍氏家族也开始转向，盖了鲍家大楼，经营其他业务。1995年，该楼被确定为江苏省第四批文物保护单位。

## 十、连云港秋园

秋园，位于连云港板浦镇的南郊，是国民党两淮盐务管理局局长缪秋杰所建。1927年动工，至1937年才初具规模，耗时10年，可见工程之大。秋园之名，来源于缪秋杰名字中的"秋"字。民国二十六年（1937），缪秋杰离职后调任四川盐运使，板浦盐商们为感谢其对淮北盐务所做出的贡献，在秋园内立碑刻——"去思碑"，由清末举人、板浦盐商汪乐安手书"泽被淮醝"四个大字。1996年底，秋园得以恢复，并建成了一座仿古大门，其上由缪秋杰的女婿、曾任国家农牧渔业部部长的何康题写"秋园"二字。

秋园建筑格局完全模仿江南园林，其构造之工巧，占地之广阔，布局之繁复，在淮北地区首屈一指。该园占地100余亩，既吸收了江南园林的建筑艺术，又有别具一格的地域特色。整个公园布局严谨，错落缜密，假山真水，花木掩映，令人咫尺之间，感发迥异，

连云港板浦秋园（摄影：赵鸣）

堪称"盐商"园林的"封笔之作"，曾被称为"淮北第一名园"，后毁于战火。

原来建造的秋园大门是出园风格，木柱草顶。进园门右边，筑有一"景陶亭"，亭为六角形，红漆雕柱，上盖茅草，亭四面砌有石阶，亭南、亭东均有走廊，廊内两侧有座椅，亭中心砌一圆形石台。园中还有一处大草坪，坪中用两种不同颜色的草栽培成两淮盐务局"卤"字图案的局徽。南去七八十步有一大荷池，池中央用小花石堆叠成一座小山，依小山

四旁砌叠假山石，间植矮干松柏花木，池中荷叶亭亭，池边垂柳依依，当地人称此处为"小花山"。

在荷池北端，原来还有一座礼堂，是园内最大的建筑物，可容纳近200人。礼堂内部装饰富丽堂皇，顶上是吊灯花饰，舞台上悬挂金丝绒紫红大幕。另有一条9米长的曲径，两边筑有花篱，上有葡萄紫藤盘绕，名为观花廊。篱内是盆栽和地栽的各种花卉，春、夏、秋三季，姹紫嫣红，花香不绝，引来蜂飞蝶舞。园内有山有水，有园有林，人工天然，浑然一体；山水园林，相辅相成，实为人们游览休憩的大好所在。

现园内还有两座石桥残存。一为"盐河"上的"龟腰桥"，据记载是以二十根石柱作桩，五十块长条石作为桥面，因桥的拱形与龟甲相似而得名。一为"半边河"上的小桥。两者形式均简洁明快，后者在桥栏板上的镂空图案更是有别于中国传统园林，为近代园林装饰风格的体现。

# 第四章 | 流淌的"淮盐滋味"

云港朝阳娘娘庙内的孝妇殿
（摄影：赵鸣）

周庄沈万三靠盐业发家壁画
（摄影：赵鸣）

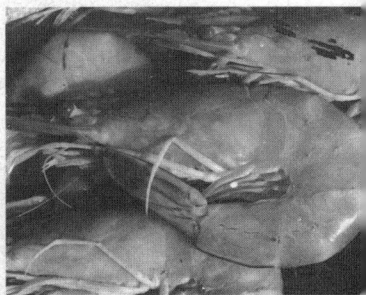

海州湾大对虾
（摄影：赵鸣）

# 引子：多元的淮盐文化

中国传统文化植根于最广大民众之中，有着独特的文化特色和人文魅力。衣食住行，吹拉弹唱，祭祀酬神，都存在着丰富多元的文化事项。

被尊为三大"盐宗"之一的夙沙氏（冯家道提供）

"若做和羹，唯尔盐梅。"咸，五味之本，是人们日常说的必需之物，被列入开门七件事之列。因此，无处不在的淮盐带来了渗透多元盐文化的各类生活表达和呈现，似乎每一个文化事项中，都蕴含和闪烁着淮盐的身影。

祭拜是中华传统文化中一种祈福的表达形式，发展到今日，已成为我国人民祈福文化的一种活态呈现，其目的不仅是为了净化心灵，更是为了有效地传承历史文明。于是，我国盐业崇拜与渔业、农业崇拜一样，五花八门、绚丽多彩。从早期的祭拜夙沙氏、管仲、胶鬲等历史人物，到祭拜盐婆婆、于公和窦娥娘娘等，足以体现盐民、盐商和盐官在市民心中的地位。

大运河流淌到哪里就将"盐味"带到哪里！大众舌尖上的滋味需要每

日体悟和感受，是大众永远抹不去的享受和感觉。淮扬菜在大运河上流动，游走四方，顺着运河流向全国各地。淮扬菜系的成长得到了淮扬菜的滋润，同时还有向海而生的江海菜和胸海菜的融合。他们与淮盐同出一宗，穿戴着海洋文化，从大海中来，为人类添加了美食

连云港汪恕有滴醋厂（摄影：赵鸣）

滋味。大海的馈赠，使得他们在淮扬菜的基础上推陈出新，不断发展，深化了淮盐滋味，捧出如此不一般的海洋杰作。

淮盐是世界的。它来自大海，流向大海，融入生活的海洋，永远在发展中成长，在历史中流动。谁也不会想到，淮盐关乎我国经济发展的命脉。如此多的海外来客，他们注视中国的方方面面，特别是在大运河上流淌的淮盐。在外国人眼中，淮盐与大运河一样，都拥有不可忘却的重要。唐代来华取经的日本僧圆仁，落地伊始就将淮盐纳入眼中美景。轴栌千里的运盐船，接连不断地驶过眼帘，流向远方，难以表达的欣喜，给后人留下精彩的瞬间美景。就是这些历史的印痕向世人宣誓淮盐的多元魅力和无尽回忆。

洗泥螺（赵鸣提供）

# 第一节 盐宗庙中的"神"

祭拜是中华传统文化中一种祈福的表达形式，目的是弭灾、求福、报谢。晋葛洪《抱朴子·省烦》说："朝飨宾主之仪，祭奠殡葬之变，郊祀禘袷之法，社稷山川之礼，皆可减省，务令俭约。"南朝梁刘勰《文心雕龙·祝盟》中写道："祭奠之楷，宜恭且哀。"意思是指在特定的时候朝拜一些人物神明的活动，表达出恭敬和肃穆的态度。

中华传统文化注重"慎终追远"，而祭奠则是人们一种祈福文化行为的具体体现，其目的在于化解心灵积虑，传承历史文明。在我国，对盐神的文化崇拜由来已久。从商周时期开始，沿海盐民存续着祭奠盐的始祖夙沙氏的习俗。据说是春秋战国时期赵国的史书《世本》中记载："夙沙氏煮海为盐。"后来，逐步将胶鬲、管仲与夙沙氏并列，称之为盐业"三神"。在《孟子·告子篇》中有一段著名的论述："舜发于畎亩之中，傅说举于版筑之间，胶鬲举于鱼盐之中，管夷吾举于士，孙叔敖举于海，百里奚举于市。故天将降大任于是人也，必先苦其心志，劳其筋骨，饿其体肤，空乏其身……"旧时，盐商常用一副对联，叫作："胶鬲生涯，桓宽名论；夷吾煮海，傅说和羹。"联中所举的四人，都和盐业有关。第一人便是胶鬲，春秋战国时期盐商的代表人物。第二位是恒宽，为汉代盐业管理论著《盐铁论》的撰写者。第三人是管仲，又名夷吾，是倡导"官山海"的盐政管理者，是中国盐业史上"盐政"的发轫者。傅说也是殷商时期的圣人，"傅说和羹"说的是他善于用盐烹饪。基于他们对于我国盐业发展的贡献，盐民的后代将其尊为盐神，加以祭奠。同时供奉夙沙氏、胶鬲、管仲三位盐业始祖的仅为扬州盐宗庙。

扬州盐宗庙是目前两淮地区保留下来的唯一的盐神宗庙，内供奉海盐之祖夙沙氏、盐商之祖胶鬲和管理盐业的盐政鼻祖管仲。史籍记载：扬州盐宗庙建于同治十二年（1873）。据《光绪江都县续志》卷十二载："盐宗庙，在南河下康山旁，祀夙沙氏、胶鬲、管仲。同治十二年（1873），两淮商人捐建。"近年盐宗庙修复后，庙中依然主祀夙沙，左右配祀胶鬲和管仲。

在中国，三百六十行都有自己的行业神或祖师爷，盐宗庙就成为盐商们维系情感，寻求归宿最直接、最现实的一种寄托。而祭奠的场所非常讲究，大多选择在其人物的故里，或是在其曾经活动过、创造辉煌的地方。如自贡盐神庙中祭拜着我国历史上成绩卓著的著名水利专家、井盐的创始人李冰。

胶鬲，殷商时人，中国最早的盐商，被后人尊为"贩盐之祖"。被尊为三大"盐宗"之一（冯家道提供）

而在江苏则与众不同，主要集中在大运河沿线城市，或是传承盐业生产和文化的地方，集中体现了淮盐在地方民众心目中的历史地位。1936 年出版的《中国盐政史》曾记载："全国盐宗庙，仅自贡、扬州、泰州三处"，江苏独占两座。

在江苏大运河沿线还有许多与盐业祭祀有关的地方。当下的泰州早已远离盐卤，毫无任何淮盐生产的踪迹，但是，这里依然将管仲作为祭祀对象加以崇拜。当地设有管王庙一座。它位于现在泰州海陵区海陵北路稻河边，是专门祭祀管仲和他夫人的庙宇。据了解，泰州"管王庙"始建于明代早期，距今已有 600 多年的历史，是我国淮盐地区最早祭祀盐宗的庙宇。早年的"管王庙"中供奉有两尊一人高的坐像，分别为盐宗管仲和管娘娘，其侧还有四尊半人高的将官塑像，后被毁坏。近年重新修复，现在的管王庙大殿内供奉着"盐神管仲"等 8 尊神像，正中央是管仲塑像。

大运河沿线还有一个奇怪的祭祀方式，就是祭祀天妃娘娘。天妃，俗称妈祖，属于海神祭祀范畴。而根据现有史料来看江苏大运河沿线城市天妃宫建造时间比较早，约在宋代，而沿海城市的天妃宫大多建造于明清时期。

赣榆秦山岛上的奶奶庙（摄影：赵鸣）

在江苏大运河沿岸城市，天妃宫存于多处，主要有南京龙江天妃宫、苏州浏河天妃宫、新浦天妃宫、赣榆前宫（即天妃宫）和淮安天妃宫等五个地方，共计建有9个天妃宫。而从建造时间来看，天妃信仰在淮安地区起源较早，于宋嘉定十年至十六年间（1217—1223）开始兴建，是全国兴建时间排第九的妈祖庙，也是福建、浙江沿海地区外最早建立的妈祖庙之一。明天启《淮安府志·卷九》记载：灵慈宫，郡天妃宫，有四：一在府学西，一在郡城西南隅万柳池中，一在新城大北门内，一在清江浦。清代淮安人曹镳在《淮城信今录》中记述："天妃宫，在城西南隅万柳池际。旧名灵慈宫。建自宋嘉定时。本朝康熙间，漕督施公世纶，大加兴修。移祀天妃于此。乾隆间，杨公、德公、毓公，加修。而毓公之用为巨。每春秋二仲月，上癸日，官祭其地。"特别值得一提的是，民国时期淮安人丁莲编了一本《万柳池志》，全书共286页，11卷。此书是记录以天妃宫为中心的万柳池的珍贵史料，其中有白居易、刘禹锡、苏轼、张耒、徐积、潘埙、万寿祺、李宗昉等留下的诗文，以及韩梦周于乾隆三十八年（1773）所写《天妃宫纪游》。可见天妃祭祀在淮安兴起的时间，以及兴盛场景和存续价值。

太仓天妃宫属于道教宫观，位于江苏省苏州太仓市浏河镇。浏河天妃宫始建于北宋宣和五年（1123），由旅居娄江口的闽粤海商建造，至正二年（1342）重建，明宣德六年（1431）大修，清乾隆五年（1740）复修，道光十四年（1834），江苏巡抚林则徐再修，至此初具规模，遂成祀奉妈祖的显要道教宫宇。从时间上看，它比淮安天妃宫早了70多年。由此也不排除天妃祭祀的习俗是经过海上丝绸之路从南方福建、浙江沿海通过苏州太仓顺大运河流布至淮安地区的可能性。

南京天妃宫始建于明朝永乐五年（1407），史称龙江天妃宫。郑和首次下西洋回国后，以海上平安为天妃神灵感应所致，奏请朝廷赐建。明成祖朱棣为感谢天妃娘娘等诸神护佑郑和航海平安而敕建。有趣的是，每次郑和出访都是从太仓出海，并同时在那里祭祀天妃。

海州、赣榆的天妃宫建于明末清初时期，迟于淮安、太仓与南京等地。在海州，最初的天后宫在《嘉庆海州直隶州志·祀典一》记载："（海州）天后宫，《赵续志》在治西北阜民坊，万历二十八年（1600）重建，康熙十二年（1673）、六十年（1721）皆重建。雍正十一年（1733），奉文有司致祭，春秋祀以太牢，行三跪九叩首礼。"这段话说明当时海州地区的天后宫位居海州城内。

北宋年间汉东海孝妇祠石碑（摄影：苗运杰）

明末清初板浦盐场的发展处于鼎盛时期。后因码头淤积，改盐运至新浦口。又因运盐河、蔷薇河皆在新浦附近入海，新浦离板浦、中正、临兴三大盐场都不远，当时的有识之士考虑到未来商埠必靠水陆码头交通方便之处，选择了新浦作为海州新市区发展之地，招徕各地商贾，很快形成了商埠的雏形。新浦最早运盐码头大约出现在1862年前后，那时运盐码头设立在新浦前河地区，而新浦的东滩一带建有盐出，居住着一些盐民灶户。随着新浦商埠兴起，地方乡民必然想到保佑海上渔民、船户、商旅的保护神天后娘娘。清光绪十八年（1892）至二十七年（1901），由东海富安人士刘振家、刘振鼎倡议，地方商贾资助，在新浦福神庙西、路北侧创建新浦天后宫，当地俗称大庙，有正殿、前殿、两厢、戏楼等建筑，四周围有墙，正殿供天后娘娘。民国六年（1917）六月，由刘振殿撰文、刘允生书丹的《创建新浦天后宫记》，立于庙内。碑文中说："新浦之兴自天后宫始。"

古时修建庙宇，都为富贾所为，为什么刘家提出倡议，应当是生意上的祈福需求。根据家谱流调发现，明洪武三年（1370）朱元璋实行移民垦荒政策，从苏州、嘉兴、松江等地移民4万人来两淮之地充作灶民。刘家祖籍是山东沂水白茆镇，明中期迁居至东海房山后庄。明弘治七年（1494），为解决灶民外逃之困，在海州当地以外的子户农家，抽一人充当灶民。刘家老三刘欣为解父兄之忧，只身一人至富安落户晒盐。清咸丰、同治年间（1851—1874）大海东徙不断，富安远离临洪口，盐田逐步废弃，刘欣后人又移民新浦另谋出路。当时"新浦为运盐场所，蔷薇出海至尾闾，"是新兴的商贸之地，便于家族未来发展。

赣榆的天后宫比新浦要早一些时间，约在明万历（1573—1619）末年建造。这里是临兴盐场的所在地。"（赣榆）天后宫，《王志》（指王城《赣榆县志》）在青口有二：前宫，船户建；后宫，商贾建，较宏敞。"

淮北盐民祭拜盐婆习俗（赵鸣提供）

《光绪赣榆县志》记载，赣榆天后宫有二"前宫船户造，后宫商贾建"。自此，每年三月二十三都会举办前宫大会。连云港的四个天后宫大多修建在盐池边，修建时距离海滨大约2—3千米之遥，可见当时与淮盐生产的关系密切。

习俗是一个地方文化最为久远而经典的表达，体现了居民长期的一种生活习惯或是文化偏好。在江苏淮北盐场，还流行着一个祭祀娘娘和于公的习俗。这个习俗在其他盐区则没有。据传，连云港朝阳地区原来称为"新县"，属于汉代东海郡治。这里历史上曾有一个娘娘庙，庙中祭拜的是东海孝妇——窦娥和于公。当地汉代东海孝妇窦娥为孝敬婆婆志不改嫁，遭到亡夫姐姐的陷害，被判为死刑。当时的海州属东海郡，郡府衙于公苦谏未果。斩首之日，时值六月。同后，天降六月雪；该地大旱三年，庄稼颗粒无收。后来新太守上任，占卜大旱的原因。于公说："那位孝妇不该死，前任太守一意孤行强行决断，灾祸恐怕是由此而生吧。"于是太守杀了一头牛，亲自前往孝妇的坟前祭奠，并为她立了墓碑，以表彰她的孝行。果然天上立即降下大雨，当年该郡五谷丰收。最后，窦娥终于昭雪于天下。当地人在埋葬窦娥的地方插了块木牌（后称于公牌），也招来一场大雪。因为，窦娥为农历三月初三出生，后来这一天成为窦娥庙的娘娘会。而当地盐场每年都在六月六首次收获采盐，这时的淮盐颗粒大，白如雪，被称为"龙盐"，为一年内最佳。正是窦娥传说文化的传承，使得淮北地区形成了祭奠窦娥娘娘和于公的习俗。每到一年中的三月三，盐民们从圩子下上来，争先恐后赶娘娘庙会。他们到新县（现在的朝阳）赶集，进娘娘庙祭奠，缅怀孝妇窦娥，祈祷晒出六月雪一样的淮盐。下午回去后，手持工具到盐滩上挖几锹泥，戽几斗水，在滩头插个于公牌，昭示春晒正式开始。而在赶庙会时，盐民也顺手购买一些生活生产物品，久而久之，形成了自己特有的地方庙会习俗。

作为中华传统文化的一种表达方式，祭祀盐业先人的形式在大运河沿岸也是十分流行的。如泰州设有崇儒祠，用于祭奠泰州学派的创立者王艮；盐城射阳县设立的庐公庙，是当地乡民纪念乾隆年间进士、两淮盐运史卢雅雨而建的地方，体现了为地方所做出的贡献和乡民

盐民拜龙王习俗（摄影：赵鸣）

们对他丰功伟绩的崇敬瞻仰；还有南通余西镇的曹家祠堂则是祭奠当地的抗倭英雄曹顶；而东台安丰的"三贤寺"则是为了宋代在西溪做盐官的范仲淹、力主建造"范公堤"的张纶和胡令仪等人修建的。可见盐到之处，随地可见盐民心中的各类"神灵"。

一方水土孕育了一方文化。现在。尽管盐业生产早已淡出大众视野，

不过，许多民间祭祀习俗依然存续在民间。比如淮北盐民对管仲也十分敬重。每年正月十六日，盐民会放鞭炮，表示对管仲的"民得其七君得其三"分割利润政策的向往，希望官府能降低盐税。然后，在盐垛上插画管仲像的小旗测风向、观天象，预测原盐收成年景。这天，乡民们或相聚豪饮，家家户户都会包饺子祈求顺利。连云港徐圩、灌西等滨海地区和盐城的建湖、响水依然保留着以海盐祭祀为主的文化事项。每年正月初六，盐民要为"盐婆婆"做生日；正月十五，灶民得烧"龙王纸"；六月六日为"龙王爷"做生日，这一天煎的盐又叫"龙盐"。有些地方乡民家中有红白事时或过生日、过寿等民俗活动，还要请童子做会或淮海戏班子来演出，延续了历史遗风。

## 文化链接：

### 一、盐业"三神"

夙沙氏、胶鬲、管仲是在我国盐业发展史上做出巨大贡献的人物，被称为盐业"三神"，一直被盐民们祭拜供奉。

夙沙氏，为产盐之宗，神农的诸侯臣子，是我国古代典籍中记载的煮盐始祖，被淮北盐民拜为盐业"三宗"之一。《吕氏春秋·用民篇》曰："夙沙氏之民，自攻其君而归神农。"关于夙沙氏"煮海为盐"的传说，历史文献多有记载。《太平御览》引《世本》称："夙沙作煮盐。"宋代罗泌的《路史·后记四》记载："夙沙氏，煮盐之神，谓之盐宗，尊之也。"明代彭大翼的《山堂肆考》羽集二卷"煮海"条云："夙沙氏始以海水煮乳煎成盐，其色有青、红、白、黑、紫五样。"《中国盐政史》谓："世界盐业莫先于中国。中国盐业发源最古在昔神农时代，夙沙初作，煮海为盐，号称'盐宗'。"可以确认，夙沙氏既是我国海盐生产的发明者和倡导

被后人尊为"管盐之祖"的管仲（冯家道提供）

者，又是我国海盐生产的创始人。

胶鬲，是殷商末年人，原为殷商时代的一个鱼盐商贩，起初隐居在商地，周文王将他推荐给殷纣王做大臣。他是最早见之于先秦典籍的盐商先祖，被淮北盐民拜为盐业"三宗"之一。

管仲（约前723—前645），名夷吾，字仲，是春秋初期著名的政治家、经济学家、哲学家、军事家，以其卓越的谋略，辅佐齐桓公成为霸主，因其创建了中国最早的官盐制度，被奉为淮北盐民心中的三"神"之一。东周庄王十二年（前685）齐桓公继位，任用管仲为相。管仲即依据齐国海盐资源丰富的优势，创制食盐民制、官收、官运、官销的官营制度，出台了"民得其七君得其三"的分割利润政策。此法虽不利于民，但大利于国，所以各朝统治者无不重视。《管子·海王篇》多涉及盐策，这也是中国最早的盐政理论，其核心是确立盐税为人头税，并确立了盐的专卖政策。自春秋初期管仲提出由国家控制山海矿藏，实行盐铁专卖，充实国家财政，盐的生产、税收、运销就一直实行统一管理。"盐政"一词由此得来，至今延续了近3000年，故管仲被尊为三大"盐宗"之一。

## 二、扬州盐宗庙

扬州盐宗庙是中国唯一"三宗同祭"盐宗庙。它同时供奉三位盐业始祖，即夙沙氏、胶鬲、管仲。2006年盐宗庙全面修缮，2007年4月对外开放，保留了同治年间的彩绘，重塑三位盐宗汉白玉像，门头石额"盐宗庙"为建庙之初的原物，弥足珍贵。

扬州盐宗庙地处现在的扬康山街。史书记载，清同治十二年（1873），两淮盐商在南河下康山旁捐建盐宗庙，由两淮盐运使方浚颐主持修建。后为感激两江总督兼管两淮盐政曾国藩为广大盐商开通了长江盐路，于1874年改为"曾公祠"。"文化大革命"期间，为了

扬州盐宗祠（冯家道提供）

保护盐宗庙，曾在原有砖雕、门额上涂上封泥。据《光绪江都县续志》卷十二载："盐宗庙，在南河下康山旁，祀夙沙氏、胶鬲、管仲。同治十二年（1873），两淮商人捐建。"《民国江都县续志》也有同样的记载。

扬州盐宗庙位于古运河畔的康山文化园中，卢氏盐商住宅隔壁。站在庙门口就能看见庙内供奉的历史上与盐有关的三位重要人物夙沙氏、胶鬲、管仲，坐像背后墙的背景画面为波涛汹涌的海浪，气势恢宏，金碧辉煌。盐宗庙前后三进，一进比一进高，即使在山墙尖也能辨出前低后高，这也寓意着"步步高升"之意。整个建筑的屋面、墙体、构架古朴气势尚存。

盐宗庙经历了百余年的沧桑，依然基本保存下了原始的风貌。由于后来天花板的长年封护，又在后期经整治修复，祠堂内构架、梁、枋、桁上遗存的彩绘重现昔日的风采。其中部分彩绘至今仍绚丽多彩，也有部分由红、黄、绿、青、白、黑组成的彩绘显得沉稳庄穆。此外，祠堂内《两淮煮海为盐图说》的贴金漆画，全面反映煮盐的全过程。盐宗庙将运河文化与盐文化有机融合，佐证了江苏漕运和盐业的繁荣。

### 三、泰州盐宗庙

盐宗庙是祭奠盐业始祖的地方。在全国共计有三处，而江苏就有二处。据1936年出版的《中国盐政史》曾记载："全国盐宗庙，仅自贡、扬州、泰州三处。"史籍记载：扬州盐宗庙建于同治十二年（1873），而泰州盐宗庙则是早于扬州盐宗庙前十二年的同治元年，是1862年由两淮盐运使乔松年在泰州建造。

据说清同治元年（1862），时任两淮盐运使的乔松年在泰州以六百缗钱购买画家顾坚之别墅，易名"小香岩"，后来又在其西侧将原明珠禅院改为"盐宗庙"，再把两者合并一处，建大门三楹、左右翼墙各一门。次年落成，乔松年亲撰《新建盐宗庙记》一文，镌碑嵌于庙内壁间。这就是中国南方，也是两淮盐区的第一座盐宗庙。庙中主祀夙沙氏，左右配祀胶鬲和管仲。

泰州盐宗庙是淮盐祭祀重要的文化现象。据朱彭寿在《安乐康平室随笔》卷六中云："泰州西门内有小香崖者，中供先贤管子塑像，为盐䜋官商宴集之所。拓地约十馀亩，亭馆池榭，位置井然。"由此可见当时的盐宗庙规模还不小。现在盐宗庙已祀废。

## 四、泰州管王庙

管王庙是专门祭祀管仲的庙宇，位于泰州海陵区海陵北路，稻河从侧面流经。它占地面积 120.6 平方米，建筑面积 116 平方米。

管王庙始建于明代早期，距今已有 600 多年的历史，是我国淮盐地区最早祭祀盐宗的庙宇。早年的管王庙中供奉有两尊坐像，分别为盐宗管仲和管娘娘，其侧还有四尊半人高的将官塑像。现在的管王庙大殿内正中央供奉着"盐神管仲"塑像。

该庙因盐而建，庙边稻河更是伴盐而兴。早在明永乐二年（1404），东台至泰州的泰东运河开通后，淮南盐场的盐船运至泰州就停在稻河之上，再由人工将盐包挑抬翻坝，而后沿运盐河西行。清雍正十一年（1733），泰州西坝设立了泰坝监掣署，派专员管理盐务。西坝掣盐过坝，盐船满河，首尾相接，人工抬盐，日夕喧嚣。当时的诗人汪琴山在《海陵竹枝词》中写道："来往行船唱棹歌，淮南盐舶北门多。不知清化桥头水，近日平添几尺波。"

## 五、泰州崇儒祠

崇儒祠，顾名思义是崇敬、祭祀儒学先师的祠堂。这里崇祀的是古代泰州学派创始人王艮（读"更"），是"静止"的意思。

崇儒祠建于明万历四年（1576），以后多次修葺、扩建，清嘉庆再修。祠内有明万历七年（1579）凌儒所撰《心斋王先生祠堂记》碑石、刊有万历四十一年（1613）扬州府同知蒋如苹手书的王艮《乐学歌》屏风，中堂供奉王艮像，系万历二十八年（1600）泰州

泰州崇儒祠（冯家道提供）

知州张骥捐俸所塑。崇儒祠现改为泰州学派纪念馆，陈列有王艮的著作和中外学者研究泰州学派的丰富资料。

该祠原有东中西三条轴线，中部现有四进建筑物。第一进大门为重新

复建，上嵌"崇儒祠"石额，门两旁立石鼓，两侧砌八字墙。第二进为立本堂，面阔 3 间，硬山结构，经落架大修。第三进为乐学堂，明代建筑，抬梁式构架，柱下安覆盆式石础，柱头有卷杀，面阔 3 间 10.5 米，进深 7 檩 6.05 米，脊檩高 5.5 米，修缮后仍保持原建筑风格。东墙廊壁上嵌有明万历七年（1579）《心斋先生祠堂》石碑，系自原第二进西墙移来，西墙廊壁嵌有重修时出土的明李春芳所撰残碑。第四进贤人堂，奉新塑王艮半身胸像及新刻大理石质王艮《乐学歌》，陈列有关王艮文物史料与名人书画。

2001 年，崇儒祠再度修复，恢复崇儒祠西轴线，增加回廊、假山、水池、碑刻等景点。同时对中部轴线进行整修，第二进建筑展出王艮研究资料，第三进建筑增塑王艮全身立姿铜像一座，按原祭祀王艮场景陈列布置，并展出泰州学派十六位重要成员图文介绍。修复明宰相李春芳的石碑。第四进增加《王艮生平与泰州学派》展览，详细介绍王艮生平、哲学观点和泰州学派成员情况，图、文、物并茂。1995 年，该祠庙确定为省级文物保护单位。

## 六、射阳卢公祠

卢公祠位于盐城地区的射阳县县城，是为纪念乾隆年间进士、两淮盐运使卢雅雨而建。该祠始建于民国十二年（1923），次年秋完成，命名为"卢公祠"。旧址在新坍乡卢祠村。当时刘障东特地请清光绪年间改良派领袖康有为为卢公祠题写"两淮卢都转祠"一幅巨匾，从此，卢公祠便声名远播。

卢雅雨，名卢见曾，字抱孙，别号雅雨山人，乾隆年间进士，乾隆十九年（1754）奉旨"还任运使，二十年护理盐政"。在此期间受理了灶民状告宋姓盐商盘剥压迫的案子。他认为应由灶民交纳土地粮税，承认灶民的土地所有权。于是，他向朝廷申报详文，陈述自己的主张，文中明确规定"灶属商亭，粮归灶纳"这一重要内容，后经朝廷批准，转六部备案实施，后人称此详文为"卢案"。虽然"卢案"有了结论，可是"议虽定，但灶民未及践行"。当时"海潮为灾"，"灶地多淹没，见曾疏清蠲缓钱粮，分别赈抚，灶民德之"。此后不久，卢雅雨为其后任陷害，竟然被罢官置法。所幸的是后来皇上特旨，其冤情得以昭雪。

民国三年（1914），淮南盐商宋勉旃低价将新兴场北七灶（地当今射阳县新坫、陈洋、海河、兴桥等镇）灶民所拥有的 2400 多顷土地偷偷卖给清末状元张謇为首的大纲公司。大纲公司以主人身份通令灶民限期迁出，并强调连祖坟都要一起迁走，以便招佃兴垦，或者让灶民永远做公司的佃农。射阳地区灶民不肯，纷纷起来反抗。他们推荐乡绅刘障东等人出面维权。刘障东经过细致调查，知有原来的"卢案"可稽，便花钱购买"卢案"案情处置文本，并详注编印成书，到处散发，据此向官府申诉。官司打到江苏省政府，省长韩国韵指派人员调停，在金陵旅邸由争讼双方立约，结果决定将三分之二的土地给灶民自己分配，将三分之一的土地割给大纲公司。"闹公司"胜利后，灶民深深体会到卢雅雨的功德，为了感谢卢雅雨审判案情提供的法律依据，决定建卢公祠，以示对他的崇敬和纪念。

## 七、太仓天妃宫

太仓天妃宫属于道教宫观，位于江苏省苏州太仓市浏河镇，为我国明代航海家郑和下西洋的重要历史遗迹。该宫又称"天妃灵慈宫"，俗称"娘娘庙"。据文献记载，浏河天妃宫同湄洲妈祖庙、泉州天后宫、天津天后宫一起被统称为大陆元代"四大妈祖庙"。浏河天妃宫始建于北宋宣和五年（1123），由旅居娄江口的闽粤海商建造。

作为最早兴建的妈祖宫庙之一，浏河天妃宫历经元、明、清、民国多次扩建修缮，主修者有郑和、林则徐等杰出的历史人物。元代至正二年（1342），太仓天妃宫移建于现址；明宣德六年（1431）大修；清乾隆五年（1740）复修；道光十四年（1834），江苏巡抚林则徐再修，至此初具规模，遂成祀奉妈祖的显要道教宫宇。

据史料记载，原天妃宫建筑雄伟，占地有 1 公顷之多，东西有金钩、玉带两河环抱，正山门（镇海大关）前有照墙。照墙前有月照池，两侧有钟鼓楼。正殿建筑高大，结构严谨，殿中悬有大匾一块，累叙历代数封，有元世祖的"护国"。后殿楼上藏 8 幅天妃出身图，历记天妃"灵迹"，每逢神寿则是悬图礼拜，极为珍贵。明永乐年间（1403—1424），郑和下西洋扬帆从刘家港启航前，必先在此进香祈求海神娘娘保佑航海平安，并于七下西洋结束后在此亲立《通番事迹碑》石刻。这块石刻嵌在正殿壁间，记载了当年郑和七下西洋的往返年月和抵达的国家。1992 年 5 月，太仓天妃宫作为道教活动场所正式对外开放，是江苏省文物保护单位之一。

## 八、海州天后宫

天妃祭祀始于宋，起先主要在福建、泉州一带，当地渔民将其作为海上保护神。至元时，官民尤重对天妃的祭祀，天妃宫遍及沿海地区。

海州地区天后宫共有四处。其中海州城的天后宫始建于何时不太清楚，重建于明末清初，地点在海州北门阜民坊。该寺庙一直保持至新中国成立后的 1956 年以后，拥有大殿，以及左右偏殿，规模宏大。另根据赣榆《县志》记载："（赣榆）天后宫，《王志》（指王城《赣榆县志》）在青口有二：前宫，船户建；后宫，商贾建，较宏敞。"也就是存有两处天后宫，一处为渔民船户祭奠的地方；另一处为商贾祭祀海神的地方。各取所需，各有不同。

连云港海州盐河巷天后宫戏台（摄影：赵鸣）

新浦天妃宫建于清光绪十八年（1892）至二十七年（1901）。它由刘振家、刘振鼎倡议，地方商贾资助，位置在当时新浦福神庙西、路北侧创建的，俗称大庙。天妃宫有正殿、前殿、两厢、戏楼，四周有围墙，正殿供天后娘娘。新浦天后宫建于新浦前、后河之间，闹市区之东侧，便于人们瞻仰，这里也便逐渐形成经贸活动的集中场所，"商务公所"便也设在庙中。前殿身后的戏楼，可演大型古装戏，多在白天演出，富商巨贾常在晚间包戏。逢天后诞辰、升天祭日、正月十五，庙内外人流如潮。天后宫成为新浦经贸、文化中心。

海州地方的天后祭奠和修建可能得益于板浦、新浦、大浦盐河漕运的开发，极有可能来自淮安清江浦祭祀传承流布，或扬州地区的盐商顺盐河而下，经过灌南的新安镇抵达板浦，而后随着新浦的开发而流布至这里。加之周边土地多为盐田所形成的，这里是当时江苏距离大海最近的祭奠天后的寺庙。

## 九、东海孝妇祠（娘娘庙）

东海孝妇祠，民间俗称娘娘庙，位于现在连云港市朝阳街道北面狮子山下，是一座具有1000多年历史的千年古刹。据北宋《太平寰宇记》载：孝妇祠"在东海县北三十三里，巨平村北"（今朝阳镇境内）。2006年在娘娘庙的原址发现一枚宋朝钱币（现在庙内收藏），正是千年古刹的佐证。

到元朝，皇帝曾下诏重修孝妇祠。明清两代又多次修葺，较大的一次修建是在清朝道光十九年（1839），据《云台导游诗钞》载，当年的两江总督陶澍私人捐款，"重建正殿三间，东厢三间，西厢三间，前山门三间，均画栋雕梁，整齐严肃。又建于公殿三间、慈孝堂三间、众神殿三间、（东）前山门三间、厨房三间、东屋三间，以及环冢筑垣三百余尺。至道光二十年八月落成，计期将及一年。周围种植树木，阴森茂密，以肃观瞻。殿前松柏摩霄，海棠抱月；殿后冢木参天，寒鸦噪晚。西厢一望，狮岩耸立，斜阳横亘于前。遥听松涛如吼，岚光飘荡，拖于几席间，真胜境也。"其规模一直保持到20世纪60年代初，后在"文化大革命"期间毁坏殆尽。

现在的朝阳娘娘庙是20世纪90年代开始翻建的。据说以前的旧庙有正殿、东西配殿等房屋十余间。大殿上供有一尊高约两米的娘娘塑像，两旁列着痘神、药王等多位菩萨。大殿右侧的配殿里专供狱吏于公的塑像和牌位。于公，系汉相于定国之

娘娘庙里供奉的窦娥娘娘像（摄影：赵鸣）

父，曾任县狱吏、郡决曹，为东海郡人，相传云台山新滩的于公疃是其故里。而其子于定国是为孝妇申冤之人。

古时，于公疃临近大海，位于云台山南麓，属于板浦盐场之地。一年，海啸冲毁了所有盐池，灶民困苦不堪，于丞相亲赴盐场放粮救灾，灶民感激不尽，遍插"于公牌"。清道光十六年（1836）谢元淮总修、许乔林纂辑的《云台新志》载："新滩，亦称于公疃，东海城北十里，灶丁居之，因于公疃旧池潮废，移居于此。"

娘娘庙后有一座坟，坟上长一棵参天大树。此坟传说是东海孝妇冢，坟上大树乃于公亲手所植。庙前立一石碑，上刻"东海孝妇祠"字样。后来，当地农民挖地时发现的一块镌刻着"东海孝妇祠"的碑。庙南侧挖有一口"孝妇井"，并一直保留至今。

娘娘庙是为纪念汉东海孝妇的功德而建，汉东海孝妇故事距今已两千多年。现在的娘娘庙是在原址上将新县街的兴国禅寺与娘娘庙恢复合建一处，使娘娘庙比原貌更加宏伟。该庙正殿正位上塑着一尊凝神端坐、慈善微笑的娘娘像。前左右两排宫女像，她们穿着鲜艳的服装，有的拿着梳妆用品，有的捧着文房四宝。年长的神态庄重，年轻的活泼可爱；有的微笑，有的沉思，有的发愁，有的怨恨。眉有情，目有神，真是惟妙惟肖、活灵活现。

东海孝妇是古老的民间传说故事。孝妇本名周青，出自《列女传》和《汉书·于定国传》。关汉卿在此基础上创作出了中国十大悲剧之一的《窦娥冤》。2014 年 11 月 11 日东海孝妇传说被列入第四批国家级非物质文化遗产代表性保护项目名录。

# 第二节　舌尖上的淮盐菜

我国享有"烹饪王国"之盛誉，烹饪艺术也是世界上出现时间最早、基础最为普及、发展最为丰富、水平极为高超、传播最为广泛的文化。在我国，人们常言"民以食为天"，就连日常寒暄打招呼也都以"吃"为主题，足见"吃"在百姓心目中至高无上的地位。

中国的饮食文化源远流长。而饮食作为一种文化，是物质文化和社会风俗中最能反映民族和地区特色的一个组成部分。中华美食誉满天下，中国饭好吃，外国人爱吃也是不争的事实。几千年来，人们经过不断的总结已形成了中华美食的八大菜系，其中江、浙、沪、皖地区就占据了三席。江苏

虾婆婆（摄影：赵鸣）

属于长江中下游地区饮食文化圈。由于地域、民族、风俗、信仰等原因，江苏历史地形成了独特风格的饮食文化区域，同时，也因为餐饮习俗的流动杂糅，出现了跨区域的、交融共济的文化融合现象。

大运河横穿我国六个省市，行走在运河上的船只和人流除了将货物运送到四面八方以外，餐饮文化的流动自然也是顺理成章的。汉族菜肴在烹饪中有许多流派。其中最有影响和代表性的，也为社会所公认的有鲁、川、粤、闽、苏、浙、湘、徽等菜系，即被人们常说的中国"八大菜系"。

一个菜系的形成和它的悠久历史与独到的烹饪特色分不开的。同时也受到这个地区的自然地理、气候条件、资源特产、饮食习惯等影响，形成了自己的特色。有人把"八大菜系"用拟人化的手法描绘为：苏、浙菜好比清秀素丽的江南美女；鲁、皖菜犹如古拙朴实的北方健汉；粤、闽菜宛如风流典雅的公子；川、湘菜就像内涵丰富充实、才艺满身的名士。而江苏大运河沿线是既有如同"清秀素丽的江南美女"的淮扬菜系，也有"犹如古拙朴实的北方健汉"的鲁、皖菜系，更有"味擅三省"的江海菜、胸海菜。

菜肴的发展不仅体现在餐饮内容和结构上，更为重要地表现在食材选取、烹饪方式和厨艺的提升。在此发展过程中，不断去粗取精，萃取精华。江苏地处我国的"鱼米之乡"。"春有刀鲚，夏有鲥，秋有肥鸭，冬有蔬"。一年四季，水产、畜禽、菜蔬联翩上市，为烹饪技术发展提供了优越

螃蟹（摄影：赵鸣）

的物质条件。而从地理方位来看，江苏位居长三角的交汇处，南接浙沪，西联豫皖，北面与鲁联姻，融汇了南北方很多地域的民风、民俗和饮食习惯，逐渐形成了今天苏菜的雏形。在江苏大运河沿线，以南方苏菜中的淮扬菜为主，占据了江苏餐饮的半壁江山。而南通则兼容淮扬和江海风味。苏北的徐州、连云港、宿迁等濒临山东的县区市则多滋润着鲁菜风范。特别是连云港的"胸海菜"兼有淮扬菜、鲁菜和皖菜的菜肴特点，更是南北交汇，各擅其美，杂糅共济。

淮扬菜起始于南北朝时期，唐宋以后，与浙菜两峰竞成秀，成为"南食"两大台柱之一，为我国饮食八大流派中的苏式菜肴。根据取材特点和地方人文习俗来看，淮扬菜源自淮、扬两端，相互融合，相辅相成。主要由苏州、扬州、淮安、南京、镇江等地菜为代表构成的。其特点是浓中带淡，鲜香酥烂，原汁原汤，浓而不腻，口味平和，咸中带甜。其烹调技艺

擅长于炖、焖、烧、煨、炒而著称。烹调时用料严谨，注重配色，讲究造型，四季有别。苏州菜口味偏甜，配色和谐；扬州菜清淡适口，主料突出，刀工精细，醇厚入味；淮安菜重油，醇和而不腻，如软兜长鱼；南京、镇江菜口味和醇，玲珑细巧，尤以鸭制的菜肴负有盛名。著名的菜肴品种有"清汤火方""鸭包鱼翅""软兜长鱼""松鼠桂鱼""西瓜鸡""水晶肴肉""盐水鸭"等。

淮扬菜的流源发端于扬州、淮安。淮扬菜中，"扬"即扬菜，以扬州一带为代表的长江流域；"淮"即淮菜，以淮安一带为代表的淮河流域，成为大运河上一道流动的靓丽风景。关于淮盐菜的出处历史上曾有争议，各执一己之见，特别是

20 世纪 90 年代海上收获网箱养鱼（摄影：赵鸣）

为什么"淮扬菜"中，"淮"在前，"扬"在后，也都各抒己见。但是，归宗求源，其源流必然与大运河的漕运、盐运有关。因为，"若做和羹，唯尔盐梅"，盐为百鲜之首，离开了盐，菜什么滋味都没有。

人们一般以为，淮扬菜是以扬州为中心，向北至淮阴（清江浦），向南至镇江（京口）流布。事实上，各地对淮扬菜的发展都做出了巨大的贡献。清江浦是古代盐督和河督二大衙门之处。地处水乡之便，又有南北货通之利，且各路盐粮漕船到此要换船，南北通达，一时通衢四方商客，催生出了淮扬菜。这里著名菜肴有清炖蟹粉狮子头、大煮干丝、三套鸭、软兜长鱼、水晶肴肉、松鼠桂鱼、梁溪脆鳝等。原料主要来自江河湖泊的水网地区，如鳝鱼、鳜鱼、蒲菜、豆腐、猪肉等。

扬州更是淮扬菜的根。人们常说淮扬菜亦称盐商菜，又叫文人菜，是扬州盐商生活奢侈之极而创立出来的菜系。有人整理出以前扬州盐商菜谱发现，菜谱里面的菜品多达几万之数。扬州的红楼宴、满汉全席都是烹饪里面的最高境界。明清时期，秦商、晋商、徽商纷纷涌入扬州，经营食盐运销。骄奢淫逸就成为这些盐商的生活标签。日常生活中，他们常常以享美食而著称。扬州盐商素有"食不厌精，脍不厌细"的嗜好。江苏省仪征

县李斗的《扬州画舫录》中记载了当年盐商家厨的本事："烹饪之技，家庖最胜。吴一山炒豆腐，田雁门走炸鸡，江郑堂十样猪头，汪南溪拌鲟鳇，施胖子梨丝炒肉，张四回子全羊，汪银山没骨鱼，汪文密车螯饼，管大骨董汤、鲨鱼糊涂，孔切庵螃蟹面，文思和尚豆腐，小山和尚马鞍乔，风味皆臻绝胜。"

当时，乾隆皇帝南巡，大盐商江春曾代表两淮盐商六次招待皇帝，两次恭贺皇太后生日，还参加过皇帝所邀请的"千叟宴"，并耗银20万两，修造了乾隆南巡的临江行宫。

菜肴质量依靠制作菜肴的技术。除了厨艺以外，执掌灶台的厨师也很关键。当时每个盐商家中都有自己的家厨，每一顿饭要备数十种菜。到吃饭时，端菜到主人面前，主人以菜的色泽选其食用，不被选用的要重新换其他类。盐商马曰琯、马曰璐兄弟春季在小玲珑山馆整春盘举行"春卮宴"。盐商江春、卢绍绪在康山秋宴举行的"秋菊宴"都是盐商中的头牌。传说，当时还有一道"龙舌炒银针"。它是用鸽子的舌头、绿豆芽和肉末一起烧制的。每盘菜大约要用几十只鸽子，然后，将绿豆芽内塞上极细的肉末，每根豆芽长短一致，不能断开，一盘菜需要上数十只乳鸽，做一道菜的人工往往耗时很多，需要大约一天时间，可见其奢华，说其精雕细琢一点也不过分。

江苏除了淮扬菜以外，还有沿海南北菜肴中的哈哼二将，即南通的江海菜和连云港的朐海菜。他们共同的特点就是与海结缘，其烹饪主料都以海鲜为主。南通江海菜以江鲜、海鲜同为主材；连云港朐海菜则以海鲜与山地野菜珍品为主材。可谓是同出一源，各擅其美。

蛤蜊（摄影：赵鸣）

南通成陆较迟，是淮南盐场之地，所以，南通的先民多为"流人"和外来移民，他们通过通扬运河来到南通地界。在长期较为封闭的环境中，南通地区时节、聚会、礼仪、生活、生产交易、五匠、游艺、婚丧喜庆等习俗因地域不同呈现不同特色。其民俗风情与周边地区有相似之处，启东、海门有吴地风俗特色，如皋、如东、海安地区风俗与扬州、泰州地区较为相近，而通州以南的则近似于沪、浙好恶，以及苏州一带的风俗。外来"流人"的生活口味和习惯促成了江海菜的烹饪特点。

南通菜属于江苏菜系，源出淮扬菜系，但由于南通地理位置特殊，位于江苏东南部，毗连上海，其口味隶属海派的本帮菜，而非传统意义上的淮扬菜。

江海菜以"鲜"为主味，兼备本菜系之长，颇具地方特色。如菜肴"天下第一鲜"。它采用南黄海滩涂盛产的文蛤为原料，通过爆炒、煨汤、烧烤、生炝等多种食法烹饪，古代曾列贡品上献朝廷。其中，铁板文蛤、金钱文蛤饼等均为南通名菜。而这类食材只有南

养殖池内挖贝（摄影：赵鸣）

通、盐城、连云港等沿海滩涂上才生长。食用时，文蛤必须鲜活，所以，客人们也只有在南通、盐城、连云港可以吃得上。

历史上，江海菜不断传承，出现了十佳名菜。即天下第一鲜、黄焖狼山鸡、清蒸刀鱼、白汁鲴鱼、淡菜皱纹肉、蛙式黄鱼、提汤羊肉、虾仁珊瑚、蟹粉鲜鱼皮、通式三鲜等。这十道名菜中，有六道是用当地特色江海交界处的海鲜制作的佳肴。如清蒸刀鱼、白汁鲴鱼、蛙式黄鱼、虾仁珊瑚、蟹粉鲜鱼皮、通式三鲜。此外，南通还有南通十佳古典菜、十佳家常菜、十佳名点，主要有清烩鲈鱼片、芙蓉蜇皮、灌蟹鱼圆、扣鸡、烩鱼、蟹黄羊汤烧卖、金钱萝卜饼、翡翠文蛤饼、通派火饺、曹公面、青蒿团等，可见其最突出的特点是取材江海，味近淮扬。

连云港位居江苏的东北部，濒临山东。《黄帝内经》的《素问·异法方宜论》中写道："东方之域，天地之所始业，鱼盐之地，海滨傍水，其民食鱼而嗜咸，皆安其处，美其实。"这说明当地人喜爱食鱼、喜咸。这

里的饮食菜肴除了留有淮扬菜的余香，同时，也秉承了鲁菜的风格，杂糅共济，南北交融，诞生出自己独特的菜肴体系——"朐海菜"。其特色可概括为"味擅三省，名重两淮。料兼海山，根植万家"。

钓沙光鱼（摄影：赵鸣）

海州的板浦是当年板浦盐场的所在地。苏北盐河从此流经，盐运非常发达。淮北盐业管理机构——盐课司大使署衙也设立在此，使得板浦成为苏北地区淮盐中转的漕运小镇兴盛起来。明清时期，这里盐商云集，漕运兴盛。至清朝中叶时，板浦共有垣商331家，并一直延续到民国二十二年（1913）。他们来自江、浙、沪、皖、豫等地，也带来了各自的面点佳酿和佳肴，成就了板浦饮食文化的辉煌。

在古海州，坊间流传着"穿海州、吃板浦、南城土财主"的民语，说的是海州地区最具特色的餐饮就要数板浦了。这些内容在《镜花缘》中也得以充分反映和描述。海州为州治，这里的居民考究衣着；板浦盐商聚集，讲究吃喝，"想着方儿，变着样儿，只在饮食用功"（《镜花缘》第十五回），极尽奢侈之能事；南城的富豪注重买田置产。《镜花缘》第十二回对盐商宴请宾客之侈描述十分细腻："宾主就位之初，除果品、冷菜十余种外，酒过一二巡，则上小盘、小碗，其名南唤'小吃'，北呼'热炒'，少者或四或八，多者十余种至二十余种不等。其间或上点心一二道。小吃上完，方及正肴，菜既奇丰，碗亦奇大，或八九种至十余种不等……更可怪者，其肴不辨味之好丑，惟以价贵为尊。因燕窝价贵，一肴可抵十肴之费，故宴会必以此物为首。"若菜肴"竟取价贵为尊，久而久之，一经宴会，无可卖弄，势必煎炒真珠，烹调美玉，或煮黄金，或煨白银，以为首菜了"。这些描写并不是荒诞不稽，随意杜撰出来的，而来自当时板浦的实际状况，取材于现实生活。

板浦的美食文化流传至今，已经有三百多年历史。最具特色的有"汪恕有"滴醋、黄四麻香肠、板浦凉粉、张七香猪蹄与馄饨、板浦豆丹、插酥小饼、黄记大刀面等。黄四麻香肠创制于清道光年间（1821—1850 年），已有 160 多年历史。其祖上黄开基（1808—1873 年）来自苏州石门，其兄弟三人移居板浦邵巷，以杀猪、灌香肠，制作肉枣为业。据说当时的板浦因盐业大兴，特别是朝廷再次设立盐课司大使署衙以后，"有盐厂八十一"，商家麇集，市井繁华，被誉为苏北小盐都。他们的肉质产品采用苏式口味，略带甜味，口感极美、风味独特，因此大受盐商青睐，一时十分畅销。

汪恕有滴醋第十代传人汪亮祖与十一代传人汪宗遂在研究滴醋酿造技艺（摄影：赵鸣）

板浦凉粉也是海州地区著名的小吃之一，流布在连云港各地，板浦古街、新浦民主路、连云老街等地随处可见。这些凉粉摊多以制作者的名号作为凉粉铺子的字号，如吕小胖（吕庆华）绿豆凉粉、李玉飞（李小飞）的黄粉（豌豆粉）、大炳安（刘广金）凉粉、大钱凉粉（钱二）、相大姐凉粉、单姐凉粉、朱小美凉粉，等等。

明清时期，来自安徽一带的徽商自新安启程，汇聚扬州、淮安，然后顺盐河北上，至板浦发展。而当时盐商中来自安徽歙县的汪氏垣商为板浦最大的一支，在全部盐商商号中约有十多家，从现在保留下来的汪家小院和汪家巷的规模米看，可见当时之辉煌。汪氏字号的汪恕有滴醋是目前连云港市为数不多的中华老字号产品。三百多年来，经过十三代接继，至今依然得以传承。传说乾隆皇帝下江南船过运河时，海州知府前往拜见，在贡献的地方土特产品中就有汪恕有滴醋。开始乾隆皇帝原不以为然，当食用后连赞："美哉！"遂成为海州属地贡品，名声大振。美食家袁枚他在

《随园食单》也对此大加赞
赏。该产品获得了中华老字
号的荣誉，成为板浦饮食文
化中的翘楚，也是胸海菜配
料中的必不可少的佐料。

其实，海州地区的胸海
菜融汇了淮扬菜系的基本特
色，兼有徽菜和鲁菜味道，

养殖豆丹的大豆棚（摄影：赵鸣）

可谓各擅其美，味道独特。胸海菜最为突出的特色之一就是就地取材。海
州地区流行着一道美味，叫"白菜烧豆丹"，是秋、冬季的大补佳肴。其
主料是豆丹、鸡蛋、白菜，以及红辣椒少许。豆丹，即黄豆上的豆虫，又
称"豆参"，蛋白质极高。将加工好的豆丹与白菜或青菜、倭瓜等烩烧，
美味可口，色香俱全，成为苏北地区最受地方居民喜爱的一道菜肴，是中
央电视台的"常客"。胸海菜中有一道猪头肉，也是老少皆宜、每年过年
家庭中的必备之需。这与淮扬菜中一道名菜"扒烧整猪头"，有异曲同工
之妙。梁武帝时，尽管大立佛教，僧人不能吃荤，而这个"扒烧整猪头"
引得佛教徒改了不吃荤只吃素的斋戒制度。又如连云港赣榆的虾皮煎饼，
具有浓郁的齐鲁特点，味重的大葱、虾皮，加上山东人不离不弃的"摇头
饼"——煎饼，地道的山东鲁菜风味。胸海菜就地选材，深入千家万户，
春天的香椿爆蛋、夏天的清蒸鲈鱼、秋日的十月沙光鱼汤、冬天的狗肉
冻，一年四季，山海渔盐，就地取材，烹饪出一桌美味佳肴，招待四方亲
朋好友、远道宾朋。

# 文化链接：

## 一、江苏淮扬菜

淮扬菜位居中国八大传统菜系之首，发源于扬州、淮安，是流布于淮
安、扬州、苏州、泰州、镇江、南京等地风味菜的总称。菜系充满淮、扬
特点，原料多以江湖河鲜为主料，以顶尖烹艺为支撑，以本味本色为上
乘，以妙契众口为追求，雅俗共赏而不失其大雅，凸显出"和、精、清、
新"的独特理念。

淮扬菜系指历史上以扬州府和淮安府为中心，苏州、泰州、镇江、南

京为辅助的淮扬地域性菜系。它形成于扬州、淮安等地区，始于春秋，兴于隋唐，盛于明清，素有"东南第一佳味，天下之至美"之美誉。

淮扬菜中，"扬"即扬菜，以扬州一带为代表的长江流域；"淮"即淮菜，以淮安一带为代表的淮河流域。而实际上，其发源地主要是扬州城与淮安清江浦。扬州作为我国历史上的淮盐集散地，自然不必说了。宋时，扬州成了宋、金政权的交会要冲，南北饮食文化之间既对峙又对接，扬州市井，酒食繁华，专设"高丽馆"，并按朝廷在临安宴金国使制，设宴九道菜点。而淮安清江浦则是古代盐督和河督二大衙门之处。漕船到此要换船，地处水乡之便，又有南北货通之利，会盐粮漕河之行，通衢四方的商客和美食家催生出了淮扬菜。其原料主要来自江河湖泊的水网地区，如鳝鱼、鳜鱼、蒲菜、豆腐、猪肉等。根据取材特点和地方人文习俗来看，淮扬菜发源于淮、扬两端，相互融合，相辅相成。清末民初的美食家杨度在其所著的《都门饮食琐记》一文中说："淮扬菜种类甚多，因所代表之地域亦广，北自清江浦，南至扬镇，而淮扬因河工盐务关系，饮食丰盛，肴馔清洁，京中此类极多。"由此，可见一斑。

淮扬菜口味清鲜平和，咸甜浓淡适中，南北皆宜。其有三大特色：一是突出本味。淮扬菜既有南方菜的鲜、脆、嫩的特色，又融合了北方菜的咸、色、浓特点，特别是由于淮扬菜以鲜活产品为原料，故而在调味时追求清淡，从而能突出原料的本味。二是刀工精细。一块 2 厘米厚的方干，能批成 30 片的薄片，切丝如发。冷菜制作、拼摆手法也要求极高，一个扇面三拼，抽缝、扇面、叠角，寥寥六字，但刀工拼摆难度极大。精细的刀工，娴熟的拼摆，加上精当的色彩配伍，使得淮扬菜如同精雕细凿的工艺品。三是坚持"以火为纪"的烹饪纲领。在烹饪淮扬菜时，鼎中食物用炖、烧、焖、煮等方式和精妙的纤微火工，这样既能较好地突出原料本味，又可以调节、体现菜肴的鲜、香、酥、脆、嫩、糯、细、烂等不同特色。以炖、焖、烧、煮为主的名菜有蟹粉狮子头、清炖圆鱼、砂锅鸭、三套鸡、大煮干丝等。

淮扬菜菜品细致精美，格调高雅，平时烹饪时，特别注重刀工、火工，擅长炖、焖、煨、焐、蒸、烧、炒。明万历年间《扬州府志》记载："扬州饮食华侈，制度精巧，市肆百品，夸示江表……"足见其时扬州饮食之排场、之精湛、之丰饶，已经傲视江南了。清代康熙年间的《淮安府志》中则记载："涉江以北，宴会珍错之盛，淮安为最。"因此，我国的国宴多以淮扬菜为主。

## 二、南通江海菜

南通菜，又称通帮菜、江海菜，属于苏菜系，源出淮扬菜系，又因毗连上海，兼有海派本帮菜和淮扬菜的滋味。

江海菜以"鲜"为主味，兼备本菜系之长，颇具地方特色。它的代表菜品有清炖狼山鸡、天下第一鲜、海门提汤羊肉、白汁鲴鱼、烤鳗、金钱萝卜饼、糖醋黄鱼、烹籽鱼、芙蓉藿香饺等；代表点心有缸爿、青团、冷蒸（冷钉）、火饺、蛋饼、西亭脆饼、石港窨糕、如皋董糖、嵌桃麻糕等。2015 年 6 月 1 日，南通市命名公布南通十佳名菜、南通十佳古典菜、南通十佳家常菜、南通十佳名点。其中，南通十佳名菜为天下第一鲜、黄焖狼山鸡、清蒸刀鱼、白汁鲴鱼、淡菜皱纹肉、蛙式黄鱼、提汤羊肉、虾仁珊瑚、蟹粉鲜鱼皮、通式三鲜。南通十佳古典菜为清烩鲈鱼片、酥鲫鱼、盐焐鸡、海底松炖银肺、芙蓉蜇皮、灌蟹鱼圆、鸡粥菜心、烹籽鱼、红烧鳗鱼、冰糖扒蹄。南通十佳家常菜为野鸡丝、炒和菜、蚶子烧鸡冠菜、荷包扁豆烧蟹粉、金山藏玉斧、扣鸡、烩鱼、茄儿嵌斩肉、麻虾炖蛋、烩蛏干。南通十佳名点为蟹黄羊汤烧卖、金钱萝卜饼、芙蓉藿香饺、翡翠文蛤饼、林梓潮糕、通派火饺、缸爿和草鞋底、曹公面、米粉饼、青蒿团。

江海菜，顾名思义以取自长江和大海的食材为主。南通濒江近海，黄海滩涂盛产的文蛤有"天下第一鲜"之美誉，古代曾列贡品上献朝廷。文蛤肉有爆炒、煨汤、烧烤、生炝等多种食法，铁板文蛤、金钱文蛤饼等为南通名菜。文峰双竹主要原料是竹蛏，配以竹笋爆炒而成。此外，鲴鱼、籽鱼、大小黄鱼和鳗鱼都是江海菜基础食材，通过蒸、煮、煎、烧等烹饪方式，即可烹饪出美味佳肴。江海菜中还存有多种面点小吃。如清乾隆年间袁枚在《随园食单》中记录的韭菜盒，又比如叫缸爿的烧饼、曹顶面等。

## 三、海州朐海菜

朐海菜是长期植根于老海州（今连云港）地区的区域性菜肴，也是江苏大运河沿线的特色菜肴之一。历史悠久，选材独特，南北交融，苏鲁共济，是我国菜肴经典中一朵奇葩。

连云港，古称海州，早在 6300 年前，这里就有人类的繁衍生息。商代的名相伊尹曾经在伊芦山结庐隐居。相传伊尹出身奴隶，辅佐商汤起兵伐桀，建立了商朝，是我国奴隶社会唯一的一个奴隶出身的圣人宰相。他原本只是一介厨师，后辅佐商朝汤王，拜为宰相，有着"华夏第一贤相"的称誉。伊尹治国理政有方，厨艺更为精湛，他是我国美食和中药汤剂的始祖。在辅政时，常以"治大国如烹小鲜"作比喻。体现了伊尹的智慧。

海州是一个南北融汇，三省文化杂糅的地域，既北接齐鲁风范，南承江淮烟雨，东濒浩瀚黄海，西联中原腹地。秦汉时期为琅琊郡与东海郡的交汇地。云台山为泰岳余脉，横贯东西；滨海湿地绵延不绝，拥有各种

豆丹养殖的豆蛾笼子（摄影：赵鸣）

类型的海岸线资源；城市濒临黄海的海州湾渔场，独特的山海自然资源成就了特有的"朐海菜"风味。

明清时期，海州地区成为苏菜、鲁菜、徽菜的交汇之地，各类菜系在此杂糅，融合形成了具有特点地方特色的"朐海菜"。朐海菜的特色，简约而言可为四句话，即："味擅三省，名重两淮。料兼海山，根植万家。"

菜肴的流布源自人员的流动。而在我国古代，大运河盐运是最为重要的形态之一。其中，淮扬菜沿着扬州、淮安的大运河从清江浦顺流而上，进入灌南新安镇、灌云伊山镇一带，随后流入板浦、新浦、大浦一带。鲁菜则从宿迁的沭阳、徐州邳州、山东的临沭、临沂、日照等地沿着蔷薇河、沭河、游水等流入连云港赣榆、东海地区。而到了清末民国，徽商、晋商势力东移，经扬州、淮安、灌南新安镇等地，入驻板浦，涉猎盐业，更把徽菜的一些特色带到这里。这三个菜系在朐海地区互相交流和冲突，最终形成独具一格的朐海菜。难怪连云港海州地区的文化习俗呈现出南北、东西四方兼顾的特点，有着"味擅三省，名重两淮"之说。

连云港饮食文化的特质离不开山海自然养成的饮食习惯和风俗。山海孕育的朐海菜具有"重调味、重品质、用料广泛、品种繁多、就地取材"等特色。菜肴选料多是以"山珍海味"物产为主导，养成了用料广泛，品

种众多，且多为就地取材的地域特色。山上长的、海边养的、海水游的，各色原料汇聚于餐桌上，诸如山麻菜、海英菜、过寒菜等蔬菜，以及螃蟹、对虾、黄鱼、鲈鱼等海鲜、甲鱼、鲢鱼、鲫鱼等河鲜，以及菇类、菌类等。比较著名的有清蒸海鲈鱼、水煮大虾、海州过寒菜丸、过寒菜烧黄牛肉、海粮特秘制野生甲鱼、刘顶特色狗肉、蟛蜞烧豆腐、芥味牡丹虾球、葱烧梅花参等。显然，这与连云港"山珍野味"有关，凸显了"料兼山海，根植万家"的地域特点。

"一方山水养一方人"，胸海菜的诞生体现地方山海自然生态资源和由此养成的乡民饮食习惯与风俗有关，同时，也得益于对于外来饮食文化的兼收并蓄。名郡、名厨、名菜，连云港胸海菜发展经历了漫长的岁月，正如魏文帝言及的"五世长者知饮食"。早在新中国成立之前已有相当基础。当时的酒楼饭店经营特色明显、菜肴风味独特，家家都有自己拿手的招牌菜。如：三星饭店的爆乌花，鲜香脆爽；海州刘顶的狗肉，香飘万里，老少皆宜；还有一道现在人习以为常的美食——猪头肉。尽管对于现代人来说是一种稀松平常的食物，而时光倒回到五十多年前，猪头肉却是难得的美味，更是过年时的一道硬菜。那时，港城几乎家家户户都有过年焯猪头的习惯。旧时，在典型的苏味年夜饭中，猪头肉赫然在荤菜之列。每到过年，港城家家户户都会买上一个猪头，猪头肉、猪耳朵、猪口条……这些肉食丰富了整个春节的餐桌。

胸海菜的出现离不开淮盐文化的加持。特别是明清时期的苏北盐都——板浦，更是盐商荟萃、佳肴迭出的地方。老话说："讲古讲古，讲到板浦，板浦冒烟，天边说话，讲到老大……"这一脍炙人口的《海州童谣》里渗透着让人体会不尽的淮盐滋味。近年来，连云港市为了传承烹饪技艺、创新经典菜肴、发扬本帮菜系精髓，于2021年3月17日，中国烹饪大师工作室——胸海菜研发中心成立。2020年，胸海菜制作技艺被列入连云港市非遗保护名录项目。2023年11月，胸海菜制作技艺入选第六批江苏省非物质文化遗产保护项目名录。

# 第三节　文韬武略淮盐名人

　　大运河不仅是一条运送财富的河流，同时，也是成就杰出人物的地方。在数千年的流淌中，产生了一批在中国盐业历史上富有影响的人物，灿若星辰，恒久流芳，散落在大运河两岸。

　　在许多中国人的眼中，英雄人物们的早年生活充满了神秘的色彩，从汉高祖斩白蛇到赵匡胤降生时的"体有异香，三日不散"，英雄似乎冥冥中注定为承担某种济世救民的使命而来。但凡一个人在某个领域展现出超常的创造性，取得辉煌成就，英雄的神化过程也随之开始，即使到了近代，此类神异故事依旧在民间流传。

　　在我国，盐文化有着 3000 年的历史。早期盐业方面的杰出人物在我国史料中都有记载。被誉为盐宗的夙沙氏，其部落的活动地域位于黄河下游一带的古东夷地区，北宋《太平御览》卷 865 引《世本》"宿沙作煮盐"时注称："宋衷曰：宿沙卫，齐灵公臣。齐滨海，故（宿沙）卫为鱼盐之利。"极有可能是在山东、江苏北部一带地区。管仲有着盐神之美誉。东周庄王十二年（前 685）齐桓公继位，十分重视盐业，采纳其"官山海"的主张和"海王之国，谨正盐策"的具体政策，施行了盐业国有化的管理之路，为国家富强提供了较好的管理发展路径。秦代统一中国后，盐业管理延续了齐国的政策，

西汉吴王刘濞（前 216—前 154）（冯家道提供）

使得秦国快速崛起并强盛起来。汉时期的吴王刘濞，"煮海为盐"，并依托淮盐生产，壮大财力，以至于后来头脑膨胀，试图推翻汉政权。尽管如此，刘濞在我国海盐生产历史上的卓著功勋是谁也抹杀不了的。

中国历史曾经发生过上万次农民起义，唯有一次是由盐民发起的，就发生在江苏泰州地区。他的活动轨迹顺着大运河沿线延伸和拓展。盐民出身的张士诚（1321—1367），是泰州白驹场人（今盐城白驹镇），长期以运盐作为谋生手段主。后来，为生活所迫，有时也贩卖私盐。故经常受元朝士兵侮辱，关卡爪牙勒索，盐商地主欺压、剥削。元至正十三年（1353）正月，张士诚和胞弟张士义、张士德、张士信及盐丁李伯升、潘原明、吕珍等18人挑运私盐，在盐城地区的白驹镇草堰场北极殿聚集盐丁数百人揭竿起义，聚众10万，横扫3个省区，在苏州成立大周政权，长达18年之久。

张士诚在苏州建立大周政权，得到了当地人民的拥护。在苏州有一句"讲张"的俗语，意思是"聊天""闲扯"的意义。这一词，始于明初。当时朱元璋消灭张士诚建立了大明王朝后，苏州百姓仍思念并谈论着张士诚的恩泽。明代太仓人陆容的《菽园杂记》记载："高皇（朱元璋）尝微行至

元末淮南白驹场盐民张士诚率同乡盐民起义反元，史称"十八条扁担起义"

三山街，见老妪门有坐榻，假坐移时，问妪为何许人？妪以苏人对。又问：'张士诚在苏何如？'妪云：'大明皇帝起手时，张王自知非真命天子，全城归附。苏人不受兵戈之苦，至今感德。'"这段对话体现了当年张士诚在苏州居民心中的历史地位。

盐业生产受到历朝历代的重视，我国的盐业技艺方面也是人才辈出。在盐业发展初始，生产力十分低下，人们只有"煮海为盐"，后来发展到"煮卤为盐""板晒成盐""滩晒成盐"，科技进步都是依靠盐业人才的出现和培养。宋代淮南人陈晔、元人翟守义、陈椿等皆是我国最早的"煮海

为盐"的盐业科学家。他们在《通州煮海录》《熬波图》等盐业科学专著中，对中国古代海盐技术进行了系统归纳总结。《通州煮海录》中将煎制海盐过程分为六道工序：削灰、刺留、熬卤、试莲、煎盐、采花；并提出了运用"试莲"是生产方式，检测盐卤的工序。《熬波图》将海盐的各个生产环节绘制成47幅图画，每图都附有文字说明和诗歌题咏。通过图画的方式将盐业生产工艺流程详尽描述出来。他的《熬波图》是中国现存最早的系统描绘"煮海成盐"设备和工艺流程的一部专著，距今已有800多年历史。此后，至明代（1368—1644），由于亭灶逐海岸线发展，海卤远去，因此，煮海的制盐方式逐步被滩晒制作技艺取代。到了明成化三年（1467），丁永被海州府任命为板浦场的盐督办。在日常监管中，他发现从汉代一直到明初的传统"煮盐法"工艺的落后，于是，在淮盐生产地——板浦场，通过研究改为利用太阳热能生产淮盐的"滩晒生产技艺"，改进了工艺流程，减轻了劳动强度，大大降低了制作成本，使盐业生产技术产生了根本性的变革。

魏源（1794—1857），任两淮运司海州分司运判，筹办盐务，撰写《票盐志略》等书，详细记述了推行盐务新政的始末（冯家道提供）

　　历史上，盐业管理方面也是人才辈出。北宋时期，东台为泰州一属地，盐业生产已相当发达，年产居淮南之首，而当时的东台的西溪为海滨重镇。北宋开宝七年（974）泰州在西溪设盐仓监管东台境内各盐场。这时的东台盐业生产已相当发达，年产居淮南之首。北宋时期的晏殊、吕夷简、范仲淹三宰相，曾先后在这里担任过盐官，他们在西溪时都创下了业绩，以后一步步走向朝廷，先后入京为相，史称"西溪三宰相"。在同一个低层职位，陆续产生出三位名相，这在古今中外都是罕见的，被世人称为"北宋三相""西溪三杰"。其中，吕夷简（978—1043），字坦夫，北宋寿州（今安徽寿县）人，继晏殊出任西溪盐官。当时，西溪人酷爱种植天下名花牡丹，每春花开，海滨称为盛事。吕夷简于 1004 年到西溪盐仓监盐税。在西溪任上，他植牡丹十数株，护以朱栏。每年开花上百朵，花团锦簇，香味扑鼻。他离任后，人们在他植牡丹处建一亭，取名"牡丹亭"，以表达对吕公的纪念。吕夷简拜相后，西溪人又建"靖公堂"以示不忘。仁宗亲政后，他连任同平章事十余年，是北宋年间杰出的政治家。

晏殊（991—1055），字同叔，北宋临川（今江西抚州）人。景德初年，他以"神童"的才名得到举荐，并应召殿试，援笔立成，考中进士。于 1014 年到西溪盐仓监盐税，在西溪任上留下多处遗存。如避潮亭，当时盐民渔民遇涨潮下雨，无处躲避，晏殊在距离海边不远的高墩子上建一木亭，供人避潮遮雨。他还创建了江苏最古老的书院——西溪书院，比泰州知州陈垓创建的安定书院早 220 年。在他卸任后，范仲淹将西溪书院改名为晏溪书院，将市河称为晏溪河，至今未变。晏溪书院建成后开创书院讲习教育，慕名前来听他讲学者甚众，为此他深得贫苦百姓，尤其是受到盐民青年的崇敬。晏殊一生好贤，范仲淹、孔道辅、欧阳修等皆出其门下。宋仁宗时，他官至集贤殿学士、同平章事（宰相）。

陶澍文集（冯家道提供）

"北宋三相"中，在西溪留下遗存最多的是范仲淹。范仲淹 1021 年任西溪盐仓监时，年方 33 岁。他主持建成"八字桥"，解决了两河三岸百姓的交通，留下了"一步两顶桥，两桥通三岸"的美誉。西溪"八字桥"较浙江嘉兴的八字桥、昆山周庄的双桥分别早建 100 多年和 200 多年，不愧为我国古桥的珍品。范仲淹还在西溪西南一处四周环水的地方，筑"仰止亭"，作为他的西溪后生讲学，谈经之地。西溪百姓非常崇敬范仲淹。他离任后，人们把"仰止亭"改为"范公读书亭"。此外，在古镇西溪与范仲淹有关的古迹遗存和古遗址还有：范公堤、三槐堂、拴马柱、棠斋、忠孝祠等。

明清时期，大运河沿线的文化人士更是群星璀璨，目不暇接。原居苏州的王艮先世，祖辈落户于泰州安丰场（今东台市安丰镇），以煎盐为生。其始祖名王伯寿。王艮生于明宪宗成化十九年（1483），为"灶丁"阶层阶级，世代为灶户，"七岁受书乡塾，贫不能竟学"，十一岁时家贫辍学，随父兄淋盐。十九岁时随父王守庵经商至山东，在山东拜谒孔庙时，得到很大启发，认为"夫子亦人也，我亦人也，圣人者可学而至也"。于是，他每日诵读《孝经》《论语》《大学》，经常将这些书随身携带，置于袖中，逢人便质难询问，久而久之，能够信口谈解，侃侃而论，倒背如流。在十多年的自学中，他不耻下问，"不泥传注"，因善经营，"自是家道日裕"，成为富户。他38岁时远赴江西往游王阳明之门，下拜执弟子礼。嘉靖五年（1526），王艮应泰州知府王瑶湖之聘，主讲于安定书院，宣传"百姓日用即道"的观点，求学者纷至沓来，形成了泰州学派的沃土和环境，为创立准备了基础条件。王艮的学生门徒以平民百姓居多，"入山林求会隐逸，过市井启发愚蒙，沿途聚讲，直抵京师"，但亦不乏著名学者，如徐樾、颜钧、王栋、王襞、罗汝芳、何心隐等人，子弟至五传共有487人。这些学生大多为下层群众，如农夫、樵夫、陶匠、盐丁等。他不信生而知之的命运观点，强调后天学习的重要性，使之成为泰州学派的特色之一。

板浦是苏北盐都，文化厚重，人文荟萃。李汝珍随其兄李汝璜来到此地，一住就是30多年，完成了不朽名著《镜花缘》。与之相好的"板浦才子二许"许乔林、许桂林和"板浦才子二吴"吴振勃、吴振黝，均与李汝珍为同时代人，来自安徽歙县，先后随着祖辈北上，迁徙至板浦。他们均工于诗词歌赋、音韵书画，为李汝珍撰写《镜花缘》提供了文化铺垫。其中，许乔林（1775—1852），字贞仲，号石华，少年时即工诗词歌赋，嘉庆十二年（1807）中举，曾出任郁洲书院山长，山东平阴县知县。许桂林（1779—1822），字同叔，号日南，别号栖云野客，12岁参加童试考取秀才，被学官称为"奇才"。20岁时，他按试淮海获第一；嘉庆十四年（1809）和二十年（1815）两次获得海州科试第一名；嘉庆十七年（1812），以《腹稿赋》取"拔贡生"；嘉庆二十一年（1816）秋，中丙丁科举人。吴振勃（1770—1847），字兴孟，号筠斋，自称为丰南居士。由江宁迁海州板浦后，践履笃实，教友志节。与其弟吴振黝被时人并称为"海州名士二吴"。他们的文学成就也汇入了当时历史有名的"乾嘉学派"。

明嘉靖年间抗倭民族英雄曹顶的铜像（冯家道提供）

淮盐培育了文臣，也诞生了武将。明代抗倭英雄曹顶（1514—1557），祖居南直隶州通州余西场（今江苏省南通市通州区余西古镇）人。据曹氏家谱载：北宋末年，曹彬后裔，山东武惠堂曹姓举家携庄客南渡；元末明初，避兵火，又自金陵、句容，经常熟北渡，迁通州余西场。在南通地方志书中载：余西场亭户曹大宾庄客，生儿发旋三顶，遂名"顶"，亦名"鼎"。他强悍豪爽，膂力过人，受雇于盐贩，驾舶往来江海。明嘉靖三十二年（1553）倭寇犯太仓。总督张经征兵于通州。曹顶应募，隶千户姜旦。江中战倭，他以长叉刺其操舟者堕水，跃登其舟，沉其铁缆，焚其舟，使得倭寇大败而去。

曹顶身为一个烧盐工的儿子，入伍后每论战功，多让同辈，每得赏赐，转酬昔日的主家，从不求利禄，他的一生有血染中的光彩，更有泥土般的质朴。嘉靖三十六年（1557）四月，曹顶再次与倭寇激战，追击中马蹶壕堑，壮烈殉国，时年44岁。

民国时期，海州地区的胡文臣（1888—1938），字相卿，天津市杨柳青人，行伍出身。他1929年调任两淮盐务管理局税警第三区中校区长，驻防在海州地区的中正场东陬山，防区包括徐圩坨、张圩坨、蒿子头一带，任务是防匪护盐。1937年抗日战争爆发，税警部队改编为陆军游击第八军，下属六个总队，胡文臣任第三总队长，并参与了当时的抗击日寇的连云港保卫战，并亲笔题写了"倭寇犯我海疆，飞机到处逞强，为免轰炸殃及，依山筑室避将"的诗句，镌刻在东陬山脚下建造的一座能容50人的防空洞的石壁上，至今清晰可辨。1938 年 11 月，胡文臣奉命赴宿迁，阻击徐州东犯之敌，遭到日寇三面埋伏，后终因寡不敌众，援兵不继，壮烈牺牲，终年 50 岁。1982 年被民政部追认为革命烈士。

事实上，历朝历代叱咤风云的淮盐人物都历经艰辛，无畏困难，从盐业生产、管理、文化等多个方面，不断传承、探索、创新，使得淮盐文化日益丰满和完善，勾画出一幅"社会创造性人格"的历练之路。正如梁启超在《管子传》中所说的那样："凡大人物之任事也，必先定其目的。三日于菟，其气如牛；江河发源，势已吞海。欲以小成小就而自安，未有不终于失败者也。"点出了历史上英雄成年后的理想主义情结。

# 文化链接：

## 一、盐业经济管理学家——刘晏

刘晏（716—780），字士安，曹州南华（今山东菏泽市东明县）人，唐代经济改革家、理财家。

刘晏幼年才华横溢，号称神童，名噪京师。宋代王应麟在他的《三字经》里写道："唐刘晏，方七岁，举神童，作正字，彼虽幼，身已仕。尔幼学，勉而致，有为者，亦若是。"将他树立为当时青年才俊学习的榜样。

刘晏历任吏部尚书、同中书门下平章事、度支使、铸钱使和盐铁使等官职，封

唐代刘晏设立主要海盐盐场示意图

彭城县开国伯，实施了改革榷盐法、改革漕运和改革常平法等一系列的财政改革措施，为安史之乱后的唐朝经济发展做出了杰出贡献。唐代宝应元年（762）六月二十七日，唐代宗李豫任命通州刺史刘晏为户部侍郎兼京兆尹，担任度支使、转运使、盐铁使、铸钱使等职。唐玄宗开元年间，刘晏以神童授太子正字，天宝年间办理税务，因政绩显著，官至侍御史。唐

德宗即位后，刘晏总领全国财赋。唐建中元年（780），因杨炎谗害，被敕自尽。家中所抄出的财物唯书两车和米麦数石。刘晏无罪被杀，众人都为他呼冤。唐贞元五年（789），唐德宗追赠刘晏为郑州刺史，加赠司徒。刘晏一生经历了唐玄宗、肃宗、代宗、德宗四朝，长期担任财务要职，管理财政达几十年，效率高，成绩大，被誉为"广军国之用，未尝有搜求苛敛于民"的著名理财家。

在盐政管理方面，他首先大力削减了盐监、盐场等盐务机构，又调整了食盐专卖制度，改盐的官收、官运、官销为官收、商运、商销、统一征收盐税，改变了肃宗时第五琦规定的官运官卖的盐法。规定盐官统一收购亭户（专门生产盐的民户）所产的盐，然后加价卖给盐商，由他们贩运到各地销售。国家只通过掌握统购、批发两个环节来控制盐政。为防盐商哄抬盐价，在各地设立常平盐仓，以平盐价，这样一来，大批盐吏被精简，盐价下跌，万民称颂，税收也增加。政府收取的盐利，原来每年只有六十万缗，到大历末年增至六百多万缗，占全国财政收入的一半，被用以支付漕运费用和政府各项开支。

刘晏盐业管理和理财中最为显著的特点就是利用盐的商品属性增加财政收入。《宋史·食货志四》中记载刘晏"因民所急而税之，则国足用"。盐是人们的急需之物，税来源于盐价，盐利成为增加财政收入的重要项目。《新唐书·刘晏传》赞其为"敛不及民而用度足"。刘晏的经济思想接近于西汉的桑弘羊，他的理财办法比桑弘羊有新的创造，但所涉及范围则要狭小得多。他办事还处处从长远考虑，认为"成大计者不可惜小费，凡事必为永久之虑"。史书说他"为人勤力，事无闲剧，必一日中决之"。同时，他懂得增加财政收入的前提在于发展生产，安定人民生活，史书上称刘晏"其理财常以养民为先"。

## 二、盐民义军领袖——张士诚

张士诚（1321—1367年），原名九四，元代泰州白驹场亭人（今盐城大丰区白驹镇）。张士诚祖辈为一个穷苦的"亭民"之家，兄弟四人，他为老大，其弟张士义、张士德和张士信，兄弟四人均以撑船运盐为生。

张士诚从十岁开始就跟乡亲们一起，在白驹场的官盐船上"操舟运盐"，依靠卖苦力赚来的微薄收入补贴家用。由于给官家运盐收入微薄，张士诚和几位同乡一起做起了贩卖私盐的营生。他们在给官府运盐的同时，随身夹带一部分食盐，卖给当地的富户。后不堪盐警压榨，于元顺帝至正十三年（1353）正月，他秘密联络了弟弟三人及壮士李伯升等十七名盐民，在白驹场附近的草堰场北极殿揭竿起义。张士诚随后攻下了泰州，杀掉了行省参政赵琏，后又攻取兴化，在德胜湖（江苏兴化附近）集结一万

苏州玉皇宫福德殿内，供奉着张士诚（中）及其胞弟张士德（右）、张士信（左）的坐像（冯家道提供）

余人。元顺帝至正十三年（1353），张士诚偷袭占据了高邮，自称"诚王"，国号"大周"，年号"天祐"。

元至正十六年（1356）二月，张士诚攻陷平江（今江苏苏州市），接着又攻陷湖州、松江及常州等路（均属江苏）。他把平江（苏州）改为隆平府，从高邮迁都至此。

张士诚领导的盐民起义，先后经历了十四年（1353—1367），所占领的地区，南抵绍兴，北逾徐州，达于济宁金钩；西据汝、颖、濠、泗；东薄于海。地广2000余里，兵甲数十万。

盐民出身的张士诚，十分了解下层百姓生活的艰辛。在执政的前期，他励精图治，致力于革除元朝的弊政。大周政权初创之时，张士诚就下令废除元朝施加在农民和盐民头上的苛捐杂税。为了促进农业发展，至正十四年（1354）三月，张士诚颁布《州县务农桑令》，诏令上说："元氏之乱多在民穷，夫独其君之不仁哉！良以有司，不宣德意，妄立科条，志在肥家，不恤民隐。百姓求生无路，引义不能，遂至崩解。余起兵之意，诚欲出生民于涂炭。予所在，以安全食为民之天，农桑为民事之本，有土有财只在利导，既富且教尤要提撕。令下之日，务曲体余衷，相机度宜，俾处处有生养之具，毋徒以文具相涂饰也。用命慎择长吏，嗣后以民生登耗为殿最。"

张士诚派军队与当地农民一起，开垦隆平府城外的南园和北园两片荒地，全部种植粮食作物，并减免当地农民一年的赋税；大周政权取消了农

民拖欠元政府的所有赋税，并把当年四成赋税返还给农民，把地主和富户的粮食衣物赐给贫民和老年人；在郡和县两级行政区分别设立劝农使和劝农尉，带领当地百姓兴修水利，发展农桑；在隆平府，张士诚命人把承天寺的铜佛融化，铸造"天祐通宝"，取代元顺帝发行的至正钞在江浙地区流通，有效地稳定了江浙地区的物价和市场。张士诚的一系列鼓励农桑的措施使江浙地区的经济得到了恢复和发展，各地流民纷纷返乡，重建家园，对于促进当时江浙一带经济繁荣产生了较大影响，深受地方人民群众的拥护和爱戴。

### 三、资助盐民起义的富商——沈万三

沈万三，元末明初人，俗称万三。万三者，万户之中三秀，所以又称三秀，作为巨富的别号。沈万三本名沈富，字仲荣。元朝末年，随父迁徙到周庄，以躬耕起家。帮助商人陆道源理财，取得巨资。全力开展贸易活动，迅速成为"资产巨万"。

关于沈万三发财致富缘由大致有三种，即"垦殖说""分财说"和"通番说"。有人认为沈万三从"躬稼起家"继而"好广辟田宅，富累金玉"，以至"资巨方万，田产遍于天下"。沈万三

周庄沈万三堂屋（摄影：赵鸣）

依靠垦殖发富，乃至成为豪富，号称江南第一。《周庄镇志·卷六·杂记》中有："沈万三秀之富得之于吴贾人陆氏，陆富甲江左……尽与秀。"也有人认为"元时富人陆道源，皆甲天下……暮年对其治财者二人，以资产付之"，"其一即沈万三秀也"。事实上，沈万三之所以成为江南巨富，以上三个因素缺一不可，是密切关联的。如果说沈万三"其先世以躬稼起家……大父富，嗣业弗替；尝身帅其子弟力穑"，说明他有了立业的根本。沈万三得到了陆氏巨资，更由于治财有方，显示了他出色的"经济管理"的才能，才有了致富的本钱。他有了这样的巨资后，一方面继续开辟田宅；另一方面，他把周庄作为淮盐、丝绸等商品贸易和流通的基地，利用

白砚江（东江）西接京杭大运河，东入浏河的便利；把江浙一带的淮盐、丝绸、陶瓷、粮食和手工业品等运往海外，开始了他大胆地"竞以求富为务"的对外贸易活动，使他迅速成为"资巨万万，田产遍于天下"的江南第一豪富。他通过大运河，将泰州、盐城、南通一带的海盐销售到全国各地，乃至海外，从中谋取了暴利。沈万三就是用从贸易中赚下的一部分钱，购置田产，所以说，沈万三是以垦殖为根本，以分财为经商的资本，大胆通番而一跃成为巨富。同样，周庄"以村落而辟为镇，实为沈万三父子之功"。

沈万三从江南巨富到家破人亡，都发生在明朝洪武年间。洪武六年（1373）朱元璋攻苏州城。当时，张士诚之所以能固守苏州达八月之久，是因为得到苏州富民在财力上的支持。作为苏州富民之首的沈万三，自然不用说了。城破之后，朱元璋对苏州富民，甚至老百姓恨之入骨，采取了一系列报复措施。洪武六年沈万三被发配云南，最后客死他乡。

### 四、漕运制度确立者——陈瑄

陈瑄（1365—1433），字彦纯，安徽合肥人，明代武官、水利家，明清我国漕运制度的确立者，历任大将军幕府、都指挥同知、右军都督佥事、迎降燕军、封平江伯、充总兵官、总督海运城天津卫，督漕运，理漕河三十年。

明代大运河沿用元代河道，全长三千余里，每年需要运往北京的漕粮四五百万石，数额巨大。明永乐元年（1403），明成祖命陈瑄为总兵官，总督漕运。这时我国沿海倭寇猖獗，时常骚扰海运。为了保证京师的供应和漕运的安全，并把京师和南方经济中心有利地连接起来，陈瑄把疏浚大运河提上了日程。

明代江南运河到淮安后，不能直接通淮河，需经过仁、义、礼、智、信五坝后，才能入淮河而达清河，水运要改用陆运，劳费巨大。陈瑄走访当地百姓后得知，城西管家湖西北，距淮河鸭陈口二十里的地方，是宋代乔维岳所开沙河的旧渠，宜凿为河，可引湖水通漕。

明永乐十三年（1415）春，陈瑄动用民工疏浚沙河，用五个月的时间开凿清江浦河道，由城西管家湖导水，至鸭陈口入淮。他还筑闸四处，分别叫清江、福兴、通济、惠济。清江闸位于淮水与运河交汇处，当黄河水涨时，就关闭清江闸。从此，江南漕船可以直接到清江浦，既免除陆运过坝之苦，又减少许多风险。后新庄闸淤塞，又在下游筑仁义坝（今淮安水渡口），北上漕船均经此过石码头，盘驳入黄河，再由王家营换车马，起程登通京大道。

从此，运河船只南往淮河驶向江南杭州，北通临清入卫运河直达北京，京杭运河至此全部畅通。在清江浦河的两侧兴起了新的城镇，便以河名"清江浦"命名，一座运河名城由此诞生，史称：南船北马，九省通衢，陈瑄开埠，掀开了淮安清江浦发展的辉煌诗篇。

## 五、淮盐滩晒始祖——丁永

丁永（约 1435—1525），约生于明宣德十年（1435），明成化三年（1467），被海州府任命为盐督办，卒于明嘉靖四年（1525），是淮北盐业生产滩晒技艺的创始人。

丁永为明初朐阳西海所镇守使丁德兴之侄。他"通商贾，兼鱼盐"。明成化三年（1467），三十二岁的丁永被海州府任命为盐督办，便携家小来到板浦场，在镇西郊盐河西岸建宅定居，"创业治家，克开厥后"，率领灶丁开始盐业生产。《明史·食货志》上说："淮南之盐煎，淮北之盐晒。"他看到当地盐民们"世服熬波之役"，需要经历引荡刈草、摊灰淋卤、锅煎釜煮等工序，制作工艺落后，劳作十分繁重，艰辛异常。于是，他便开动脑筋，改革创新，在海盐生产工艺上进行了意义重大的技术革命，将"炼海"煎熬的传统煮盐法，改为小型砖池（亦称晒格）滩晒方法，后又逐步过渡成以八卦式盐池（俗称"八卦滩"）为代表的泥池滩制盐，通过"引潮蓄水""落底积卤"，利用太阳辐射能量让海水自然蒸发结晶成盐，大大减轻了灶丁的劳动强度。而且，过去熬卤煮盐法产生的是粉末状的小粒盐，而滩晒法生产的淮盐则色白、粒大、晶莹、洁净、干爽，品质纯正、味觉分明，为世人喜爱，因此，声名鹊起，誉传四方。淮北各地盐场皆来取经习之，从此，"淮盐"更驰名天下。《嘉靖盐法志》则记载曰："淮北之盐晒于地，其形颗。"丁永的改革创新，开辟了海盐滩晒的先河，为板浦场及至淮北地区盐业的生产发展和壮大做出了不可磨灭的贡献，名垂青史。

明嘉靖四年（1525），丁永寿登九十而殁，葬于板浦西郊泊汪南寿星墩。后丁氏子孙在此繁衍，称为"丁氏老庄"，现名丁庄，属板浦镇菜园村。丁永被尊为板浦丁氏一族的始祖，是当之无愧地被称为淮盐滩晒生产技艺发展史上的第一位"里程碑"式的人物。

## 六、淮北盐场开拓者——端方

端方（1860—1911），字午桥，汉族，本姓陶，后入满洲正白旗籍。清光绪三十年（1904）调任国家财富命脉的江苏任"两江"总督。

在江苏盐业史上，端方以草创济南盐场之功而占一席之地，成就了灌河两岸东、西二场盐业的百年发展。

瑞方上任后，于光绪三十三年（1907）集资10万吊钱，选址海州丰乐镇西的埒子口苇荡左营，即现灌西盐场二湾工区西向约5千米处铺筑盐池40份，产盐接济淮南销盐，故称"济南"盐场。尽管这40份滩因地址低洼，常被水淹不久即废，但这片滩涂的开发价值却被诸多有识之士认可，在清末民初政治局面动荡不安的情况下，不惜投下高达370万吊巨资，建圩铺滩办公司，使灌河两岸的不毛之地，短短几年，便成立大德、大阜、公济、大有晋、大源、裕通、庆日新共七家制盐公司。至民国三年（1914），七公司共计145条圩，1160份滩，池滩面积8999600平方丈（约15万亩），年产盐13.5万吨，在当时淮北四场中居于首位。他对当时淮北盐区济南盐场的创建功不可没。

## 七、鼎新教育盐商——李味辛

李味辛（1875—1928），名道心，清光绪年间秀才，灌云中正人，是淮北盐区著名盐商之一。

李味辛关心淮北盐区盐民的生产和生活，培养人才和致力于盐业振兴，备受人们崇敬。光绪己亥年（1875）之前，垣商中的一些有识之士，在中正办起了一所书院，取意于业精于勤，故名"精勤书院"。清代书法家王晓农为学校题书了"精勤书院"四个篆字。光绪辛丑年，清政府下令将所有书院改为学堂，该书院遂改为精勤学堂，而后相继变为近代的学校。民国初年，学校曾一度由于经费拮据，岌岌可危，李味辛先生为维持学校的生存，毅然献出盐滩四份作为校产，承担师资的薪俸与办学经费，同时，又以每月50银圆的优厚待遇，从板浦聘请了一位清光绪年间的秀才章论清先生来学校执教，李味辛亲自出任校长。

在李氏任校长期间，"精勤书院"里的学生朱仲琴、陈世德、邱鹤年，因为品学兼优，于毕业后考取江苏省立第八师范学校（海州师范的前身）。由于家境贫寒，他们濒临辍学的危险。获知情况后，李味辛给予这三名穷学生大力资助，使得他们可以继续求学，直至在八师毕业。而后，朱仲琴等毕生从事教育事业，培养出了众多人才，其建树有口皆碑。

李味辛先生不仅关心教育事业，且致力于盐业的振兴。民国二十年（1931）前后，盐务曾一度萧条，税产俱绌。李味辛为之忧虑，遂四处斡旋，开辟盐的销路，打通扬州销岸。其时，由于海势东转，中正场的中正坨裁废，新建了徐圩坨，但尚无码头靠轮运盐，临时用五只木船拼成浮动码头暂用，影响徐圩坨功能的充分发挥。于是，李味辛慷慨解囊，出巨资新建了徐圩码头，为当时的淮盐振兴起了积极作用。

李味辛辞世后，中正场盐业同仁及劳工界全体，于民国二十四年（1935）请江恒源（1885—1961）撰文，在李味辛的家乡中正，公立碑刻一座，纪念李氏。碑文曰："在昔淮北盐区、半沦枭窟。官商交困，税产俱弛，李先生味辛，戚然忧之，爰斥巨资，聘职员勘测圩子口，筑徐圩码头，用力之勤，闻者叹服。近岁业务大启，运道无虞，坨地既立，官贾成便，建设固成，自公家创始，则由于先达，人虽云没，惠胡能忘。谨建碑纪事，用资纪念。"此碑于1985年文物普查时在中正被发掘，现收藏于灌云县博物馆。

## 八、实业兴盐、商界巨子——张謇

张謇（1853—1926），字季直，江苏海门人。清光绪二十年（1894）科举状元，是清末民初的实业家、教育家。光绪十四年（1888年）以后，他曾应聘主持赣榆选青书院。辛亥革命以后出任南京临时政府实业部长兼两淮盐政总理。清末民初，他与连云港市海州沈云霈、李鼎霖并誉为"江北名流""江北三杰"。

清光绪二十九年（1903），张謇集资购进吕四盐场李通源盐垣，设立同仁泰盐业公司，这是两淮盐业新式生产组织之创始。他从试验入手，大力进行技术改造，先聘请了日本技师仿效日本产盐制作方法生产淮盐，成效缓慢，耗三万九千九百两，结果试验失败；继而仿效海州及山东晒制的方法，后因滩场土疏漏卤，加之天时多雨而终止试验，耗银五百六十两；最后仿效松江宁波板晒获得成功，效果显著，所产的盐色白味鲜，为北方海盐之冠。据民国初期周庆云所纂《盐法通志》记载，同治十三年，他将盐运至意大利米兰万国博会参展参赛，获得最优奖牌，大幅提升了淮盐的世界知名度和美誉度。而后于宣统二年（1910）又将盐运往南洋劝业会参赛，也获得了最优奖牌。

清末民初，淮南盐区因黄河两次破堤决口改道，苏北海岸线迅速向东扩展，卤淡产薄，产不敷销，盐产日趋衰落。清光绪三十

张謇在吕四场南部推行盐地垦殖，首创通海垦牧公司，开淮南草煎盐区废灶兴垦先河。图为公司股票与张謇题联（冯家道提供）

四年（1908），经两江总督兼盐政大臣端方奏准，在丰乐镇（今灌云县洋桥）附近的埒子口，辟场筑滩40份，产盐接济淮南销售，以补淮南之盐产不足。其时，张謇相继招股投资，在丰乐镇东铺筑盐滩80份，取名为大阜公司。淮商同德昌号（后改为大德公司）在大阜公司盐滩西侧铺筑灌100余份。后徐静仁、汪鲁门等人相继在这里以及陈家港、天生港附近，铺筑盐滩产盐，取名公济公司、大原公司、庆日新公司、裕通公司、大有公司，历史上号称"济南场七公司"。盐的产量大增，使淮北盐的产量超过淮南产盐量，揭开了近代淮盐生产历史新篇章。

清宣统三年（1911），公济公司在天生港建立海运处，专门管理所产之盐的海运事务，并建成一座小型码头，可停靠百吨左右的木帆海船。民国四年（1915），张謇来大阜公司巡视生产经营，并到灌河口的天生港考察，因见此港形似燕尾，建议并被当局核准将天生港更名为燕尾港。

张謇在经营盐业过程中，深悉专商引岸之弊害，备受困扰，故孕育着改革盐务的思想。在他所著的《张季子说盐》中说："法不坏，政之垄，我国今日不唯盐，而盐其一也"，力主废除专商垄断。他执政两淮盐政总理时，曾发表《就场征税废止引岸宣言》，后遭两淮盐商的群起抵制，未能实行。

## 九、盐乡武状元——卞赓

卞赓（1850—1906），字虞卿，乳名卞三，清末武状元，灌云县东辛

乡中正街人，家境殷实，富裕小康。

卞赓幼年不喜文墨，酷爱耍刀弄棒，曾拜山东武术团王师傅为师。18岁经过州试选拔后，到省城参加癸卯科武举秋闱乡试，一举得中头名武解元。后来，他千里迢迢赴江西鄱阳县，拜访光绪二十年甲午科武状元张鸿翥，求他指点殿试考状元的经验，并在清朝邮政部主政沈云沛的指点下，拜东海平明人朱路为师，即末代皇帝溥仪的启蒙老师，学习国学。光绪三十年（1904）甲辰科会试，卞赓以18魁之首，参加殿试，被点中状元。皇帝赏赐他殿试中使用的360斤大刀和戴花翎，授头等带刀侍卫，加三级，镇守神武门。他治军严谨，对百姓秋毫无犯，深受军民爱戴，素有"二号关天培"声誉。

卞赓像

卞赓（1850—1906），字虞卿，淮北盐场人，清光绪三十年（1904）甲辰科武状元，也是封建社会实行科举制度最后一名武状元（冯家道提供）

卞赓中状元后，回中正建状元府。状元府的遗址就在现在精勤书院隔壁（现精勤小学院内），后被毁，只遗留下了一对石鼓和一些石柱，现在都保存在精勤小学的院内。卞赓去世后，棺椁与那把重360斤的大刀从南方运送回家乡，浮厝在地藏庵，接受家乡亲友拜祭。那把大刀后毁于"文化大革命"期间。

# 第四节　西风东渐话盐运

大运河是我国中外国际文化交流的桥梁，而淮盐则是其主要的媒介。随着淮盐在大运河上的流动，它逐步成为海外人士来华脑海中的印痕，流淌在笔尖下的记录。大运河上水波逶迤，舳舻千里，运河间来往穿梭的盐船，将当时国家的经济繁荣景象点缀在大运河上。

游走四面八方的盐船、盐工、盐商宛如一幅幅风俗画，装点着大运河这条人间巨龙，为海外来客的妙笔生花增添了许多叙述的话题。中亚高僧僧伽；日本高僧圆仁、成寻、策彦周良；古新罗文人崔致远、海商郑年、崔晕；朝鲜官员权近、崔溥；古琉球使臣郑文英、意大利探险家马可·波罗、传教士利玛窦、荷兰画家尼霍夫、英国使臣马戛尔尼、美国医生、传教士林嘉美、钟爱华、慕赓博士、美国文学家赛珍珠、日本著名作家芥川龙之介等，均在大运河之畔履迹留痕，留下众多文化印迹。

隋唐时期，中外文化、经济、政治交流频繁，随着交通航运功能的不断提升，京杭大运河成为来华域外人士南北交通的必选之路。中日两国密切交往使得史家留墨，诗人歌咏，为源远流长的中日友好关系增添了辉煌的篇章。在这一时期文化交流的灿烂

日本圆仁和尚《入唐求法巡礼行记》

群星中，圆仁法师无疑是令人瞩目的一颗明星。作为日本佛教史上著名的"入唐八家"之一的圆仁，其剃度师广智是法门巨匠鉴真（688—763），为日本律宗始祖，也是日本中医始祖的徒孙。延历二十八年（809），十五岁的圆仁投入日本天台宗始祖最澄门下，勤学苦修，行解并重，成绩卓异。806年，天台宗得到日本朝廷认可，允许从延历二十六年（807）起，每年度"止观"和"遮那照"各一人。弘历三年（813），十九岁的圆仁以"遮那照"得度，标志着他通过了天台宗高级学位的考核。又过了九年，最澄归西，临终时嘱咐其高足圆仁："为了守护佛法，您一定要渡海赴唐，千难万险亦在所不辞！"最澄示寂后，比睿山设大乘圆顿戒坛，圆仁担任教授师，登坛传宗弘教。

日本承和二年（835），日本朝廷组织第十九次遣唐使团。圆仁牢记恩师遗言，携带延历寺未决的天台宗教义三十条，以"请益僧"的身份加入遣唐使团。这是日本最后一次遣唐使团，使节是藤原常嗣，四艘船全部人员共六百五十人左右。唐使团先后三次开展对海远航，前两次均遭失败。838年7月8日，他们开始了第三次横渡。这一行不足四百人分乘三艘大船，先后从博多（今福冈粕屋郡志贺岛）起锚。圆仁被安排在大使所在的一号船，途中三艘船漂流失散。一号船于7月26日抵达今江苏扬州海陵县桑田乡东梁丰村。在四艘船中，三号船在首次渡海中毁坏，未能再航行。而四号船于8月18日带着斑斑伤痕艰难地驶抵海陵县岸边。二号船也终于抵达古海州沿岸。圆仁在扬州住了半年，挂单于开元寺，从沙门宗睿学习梵文，又从全雅受密宗灌顶及两部曼荼罗、诸尊仪轨、佛舍利等。圆仁在唐九年，足迹遍及今天的江苏、山东、河北、山西、陕西、河南、安徽七省，经历了文宗、武宗、宣宗三朝。

他用日记体裁记述了这九年的见闻经历，出版了《入唐求法巡礼行记》。据其书所载："使团一行四船，数百人。"他当时走海陵地域内的盐运河这条水路，对大运河上繁忙的运盐景象甚为称奇，做了详尽描述并记之："半夜发行。盐官船积盐，或三四船，或四五船，双结续编，不绝数十里，相随而行。乍见难记，甚为大奇。"可见当时一艘艘运盐船熙熙攘攘，在河中穿行运输的繁忙景色，划桨声、叫卖声、水流声别样韵味。

僧伽大师和玄奘法师是同时代人。著名的玄奘法师跋山涉水，历经千辛万苦去西天取经；三十多年后，西方的僧伽大师翻越葱岭，奔赴东土大唐弘法传教。玄奘法师精研佛法，在佛经翻译上做出了伟大的贡献；而僧伽大师则致力于弘法传教救苦救难的实践。可以说，玄奘法师和僧伽大师是闪耀在大唐佛国天空中的一对双子星座。

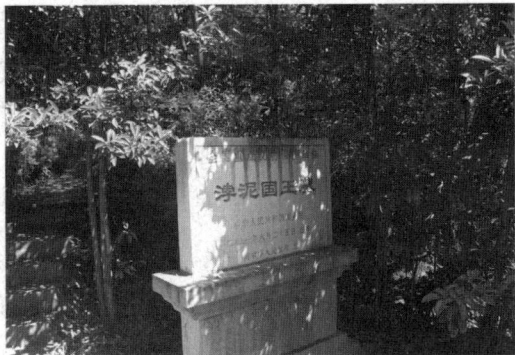

南京浡泥国王墓（摄影：赵鸣）

僧伽大师的生平事迹最早见之于唐李邕所撰的《大唐泗州临淮县普光王寺碑》。碑刻中比较系统地记载了宋代僧人赞宁奉敕编撰的《高僧传》及宋蒋之奇所著《泗州大圣明觉普照国师传》。宋《高僧传》记载："释僧伽者，葱岭北何国人也。自言俗姓何氏。""伽在本土少而出家，为僧之后誓志游方。始至西凉府，次历江淮，当龙朔初年也。"历史上的何国在古碎叶国之西，今乌兹别克斯坦纳沃伊州附近，与中国相隔千山万水。僧伽大师东来传法，沿着三十年前玄奘西去取经的路线，翻越了耸入云霄的葱岭雪峰，穿过了流沙滚滚的八百里瀚海，吃尽了千辛万苦，方于唐高宗龙朔初年（661）抵达长安，驻锡于终南山云居寺。在长安，僧伽大师深受僧侣们的敬重。当时长安佛教界的领袖、南山律宗的祖师道宣律师，将僧伽大师作为名列第一的大德高僧记入他所撰的《创立关中戒坛图经（并序）》中。

唐初，长安已是一个国际性的大都市，城市繁荣，民生安乐。这里寺院林立，高僧云集，佛教在这里得到了空前的发展。然而东南沿海一带却还是水乡泽国，尚未开化，黎民百姓以渔盐为生，生计艰难。志在济世救民的僧伽大师决定"南游江淮"。武则天万岁通天年间（696），僧伽大师来到山阳（即今淮安），后又到泗州，在江淮大地传教弘法，治水抗灾，医病救人，"自此始露神异"。景龙四年（710），僧伽示疾，唐中宗让他由宫廷出居荐福寺。僧伽"俨然坐亡"后，"帝惨悼黯然"，"敕有司给绢三百匹，俾归葬淮上，令群官祖送，士庶填阁"。由此可见，唐中宗对僧伽恩渥之厚。

唐朝后期，旅居中国的阿拉伯商人苏烈曼撰写了一部游记，名为《苏烈曼游记》。"这部书后由法国人莱奴德复译，并详加考证，前部即《苏烈曼游记》，后部为西拉甫市人阿布赛德哈散所述。"阿布赛德哈散记载了其友人依宾瓦哈伯在黄巢起义前北上觐见唐僖宗的经历。有人考证推论认为，依宾瓦哈伯北上的

在盐河的外国孩子（摄影：慕赓）

线路应该是"从江南运河镇江出长江，至瓜洲渡由瓜洲运河至扬州，然后走邗沟、通济渠（汴渠）经开封、洛阳，转入黄河，从洛水至洛阳。再由黄河水路至潼关，由渭河（关中漕渠）或陆路至长安"。依宾瓦哈伯之行是西方人在大运河上最早的旅行，书中提及长安的河道与水路"城东有小河自大河分出，供给所需用之水。河边植树成行，房舍布列。建筑雄壮，装饰华丽，人民不得进内。大街西面为商贾民居。有大市场通衢，售卖各种生活必需品"。

1254 年，马可·波罗出生于威尼斯一个富裕的商人家庭。17 岁时，他跟随父亲和叔叔来到中国游历逗留长达 17 年，并将他的见闻口述成一本书——《马可·波罗游记》。马可·波罗乘船沿运河途经东平段时，曾赞叹"这是一座雄伟壮丽的大都市"。提起东

高邮城马可·波罗雕像（摄影：赵鸣）

平，800 里水泊的壮观景象被人熟知。其实，大运河曾给这里带来空前的繁荣，留下一个巨大的文化遗产——州城。州城原为东平故城，自宋咸平三年（1000）立城，其兴衰与运河紧密相连，繁荣于金元之际。当时的州城风物繁华、百业兴隆，店铺鳞次栉比、作坊星罗棋布，运河上帆樯林立、舳舻相接，岸边车马喧嚣、货物堆积如山……难怪马可·波罗对州城

一带的富庶景象赞叹不已。"有一条深水大河流过城南，居民将河分成两条支流（运河），一支向东……大河上千帆竞发，舟楫如织，数目之多，简直令人难以置信。"这是 13 世纪意大利著名旅行家马可·波罗在其著作《马可·波罗游记》中对大运河东平段的一段描述，这也是大运河第一次被展示在世界面前。马可·波罗不吝笔墨地描述了一些城市的风貌，可以想到出生于意大利威尼斯的马可·波罗在这条大河上乘船旅行时，河上的壮阔波澜和两岸的繁华生气，一定令他想起了"因水而生，因水而美，因水而兴"的故乡威尼斯，马可·波罗的赞叹在情在理。

在《马可·波罗游记》中，还存有大量经典的关于淮盐的记录。他途经南通，留下了彼时南通的生动记录："通州城市面积不大，一切生活必需品的供应十分充足""通州东面相距三天路程的地方，就是海洋的中间地带，有许多盐场，生产大量的盐"。同样，《游记》第 66 章《淮安府》中写道："淮安府是大批商品的集散地。通过大河将货物运销各地。这里盐产量极其丰富，不但能够供应本城市的消费，而且还行销远近的地方。"如此重要的"大批商品的集散地"承运的盐是使得其繁荣的根本。

在马可·波罗之后，意大利罗马天主教修士鄂多立克也曾到中国旅行，他的口述游记《鄂多立克东游录》在欧洲广为流传。当年鄂多立克到达杭州后看到了大运河，后经南京，由扬州转入运河，沿京杭大运河到达北京。他将杭州与威尼斯对比，认为在规模、人口稠密方面，杭州远超威尼斯。元代另一位游历过中国运河的大旅行家是摩洛哥人伊本·白图泰，"他曾三过刺桐（泉州）、南下穗城（广州）、然后，北上汉八里克（元大都），途经镇江府、行在（杭州）"。

《马可·波罗游记》书中瑰丽迷人的东方文明激起了欧洲人对东方的强烈向往，影响了一批西方人，并对以后新航路的开辟产生了巨大影响。1792 年，英国向中国派遣了一个由马戛尔尼勋爵率领 700 人组成的"史上最大来华使团"。1793 年 10 月 7 日，英国使团在返程时被乾隆皇帝特许从北京出发沿着运河南下。在为期 33 天的运河之旅中，马戛尔尼使团留下了大量关于运河及沿岸社会风情的文字和图像记录。他们这样描述大运河："我们的帆船进入了皇家大运河，它是世界上最古老的运河。它流过高山，穿过谷地，还与众多河流湖泊相交""这是个天才的工程，它旨在使帝国的南北各省能够相互沟通"。除了文字记载之外，使团里的专职画师还用画笔记录了他们的运河之旅，这些展现大运河风貌的写生作品至今仍然保存在英国博物馆内。

明清时期，越来越多的外国人来到中国。他们首先接触的往往就是大运河，并怀着新奇的眼光审视、记录所见所闻。这些记载体现了当时中外文化的交流与碰撞，成为传播中国文化的重要载体。

扬州普哈丁慕（摄影：赵鸣）

大运河是一条中外文化交流走廊。交流时间之长，地域跨度之大，影响力度之深，是中国文化历史上值得书写的重要篇章。1488年，朝鲜人崔溥沿浙东运河、京杭运河前往北京，历时44天，成为明代走完大运河全程的第一个朝鲜人，他用中文写下的《漂海录》成为弥足珍贵的大运河史料。

明弘治元年（1488），一次偶然的海上事故催生了另一部关于中国运河的域外书写——《漂海录》。《漂海录》的作者是当时在朝鲜济州担任推刷敬差官的崔溥。那一年，在为父奔丧回家途中，崔溥及同船的42人突遭暴雨，漂至浙江台州海岸登陆，后抵宁波、杭州，随后沿京杭大运河的浙东运河直达北京。觐见明廷后，他又渡鸭绿江返国，行程8000余里，历时135天。在书中，崔溥细细观察运河两岸的景观，他对沿岸城市评价甚高，如评价苏州是"沃野千里，士夫渊薮"；评价常州是"湖山之美，亭台之设，自古称道"；镇江则是"东通吴会，西接汉沔，北达淮泗，南距闽浙，真四方都会之地也"。《漂海录》对运河沿岸城市作了系统而又完整的描述，再现了明中后期运河沿岸城镇特别是江南运河沿岸城镇商品经济和社会文化发达的盛况，而便利的运河交通则是产生这一盛况的重要原因。

日本僧人策彦周良曾于明嘉靖十八年（1539）与嘉靖二十七年（1548）先后两次率领日本遣明贸易使团入明，并将其在入明期间的见闻写成《入明记》一书。在不到十年的时间里，他先后四次全程经过江苏运河，留下了众多有关江苏运河交通设施、名胜古迹和风土民情的记载。他的《初渡记》《再渡记》，成为日本遣明使的宝贵资料，这两本记事性诗文集是中日关系史上的重要文献。在江苏大运河沿岸，策彦周良途经苏州、无锡、常州、淮安、扬州、镇江、宿迁、徐州等八个大运河城市，对所见之商业活动如商业信息、商货流通，特别是反映市井生活风貌的店铺、招牌等表现出浓厚的兴趣，随时随地记录，在所有类似记录中，提供了最为丰富具体的内容，绘就了栩栩如生的晚明社会生活画卷。其对运河交通和城市景观的记载，在展现明代中后期运河上粮食、淮盐漕运状况和城市发展状况。

明万历年间，著名的意大利耶稣会传教士利玛窦来华，从南京到北京，沿途经过了许多运河城市，包括扬州、淮安、徐州、济宁、临清等，并在其《利玛窦中国札记》中做了详细记载："万历十年至三十八年（1582—1610），每年南方各省要向皇帝运送各种在贫瘠的北京为生活舒适所缺少或需要的物品，水果、鱼、米，做衣服用的丝绸和六百种其他物品，这一切东西都必须在规定的日期运到，否则受雇运输的人将受重罚。"运河的航运功能则是利玛窦关注的重点，而他的描述，更强调了这种运输功能对统治阶级生活享乐所起的作用，运河也就成了统治阶级推行其统治意志的一个重要渠道。

赛珍珠的《大地》

　　在铁路没有通达的时代，大运河的漕运无疑是货物、人员重要的运输通道，很多医学传教士正是通过大运河来到运河沿线各个城市。清末、民国时期运河沿线地区的城市，包括今北京、天津，河北廊坊、沧州、衡水、邢台，山东德州（含河北馆陶县）、泰安、聊城、济宁、枣庄，江苏徐州、宿迁、淮安、扬州、镇江、常州、无锡、苏州，浙江嘉兴、湖州、杭州等20个城市，都先后设立了教会医院。在这些外国传教士和医务工作者中，许多人将自己看到的大运河沿线的社会状况作出了详尽的描述。

　　淮安仁慈医院是由美国南长老会创办的一所著名医院。1887年美国南长老会传教士赛兆祥（1852—1931），即美国著名作家赛珍珠之父，他和林嘉善在大运河畔的清江浦慈云寺开了一家西医门诊——仁慈医院。1912年，在十里长街东门内水渡口东北方向购得徐福仁家坟地，建两幢二层楼房和平房100余间，分南北两院落，南院为病房楼。次年迁诊所于此，正式命名为仁慈医院，成为江苏省最大的教会医院之一。

淮安清江浦的仁慈医院旧址（摄影：赵鸣）

　　江苏淮阴仁慈医院的钟爱华就是最有代表性的医学传教士之一。在《钟爱华传：洋医生的中国心》一书中，钟爱华叙述了如何来到清江浦以及后来的往返途径的过程。他于1916年12月4日经历了19天的海上颠簸之后到了上海。次日，钟氏夫妇在人带领下乘火车到达位于长江沿岸的城市镇江。第三天，他们渡过长江，转乘驳船，驶入大运河，开始了125英里的旅程。行程中，船在扬州城外停泊休息。这时的大运和可以通航，但是，由于水位或高或低、河水结冰、战争影响等因素，航行不太正常。第四天，他们终于见到了清江浦。在这里，大运河航道增宽了几百码，河上有两座古桥，在河的南岸，环绕在城市之外的是清江浦旧城的灰色石墙。他们来到了新大陆的家——"仁慈医院"。

近现代以来，随着摄影摄像技术的发展，关于大运河的域外书写不再局限于单纯的文字描述，而有了图像照片等佐证材料。民国时期，流溢在大运河的淮盐文化，反映大运河和淮盐文化的摄影作品显得十分珍贵和不多见。

1900 年，美国摄影师、旅行家、发明家詹姆斯·利卡尔顿从香港一路北上到达北京，留下了众多图片资料。在他有关苏州的照片中，《当地人用训练过的鱼鹰在大运河里捕鱼》聚焦于苏州人捕鱼的生活场景，是水乡生活的真实写真；在《儒家文化下的如画风景——苏州的运河和吴门桥》中，那些沿河洗衣物的穿长衫妇女，那些撑着小船脑后拖着一条长辫子的船夫，以及在桥面上走过的黑的身影，无疑都折射着历史的底影。1907年，英国画家托马斯·霍奇森·利德尔来华，创作了集画面与文字为一体的《帝国丽影》，托马斯对运河江南段上的桥、两岸的街道、古老的庙宇、利用鸬鹚捕鱼的渔夫，共同构成了运河宁静淡泊、岁月静好的风景画，今天读来，依然令人流连忘返，难以忘怀。

海州外盐河旧影（摄影：慕赓）

1908 年秋，日本人股野琢经朝鲜至中国游历，并将所见所闻记录在《苇杭游记》中。他游览的城市主要有釜山、汉城、平壤、沈阳、旅顺、大连、北京、汉口、长沙、南京、苏州、杭州、上海。股野琢一行所到之处，均受到日本驻当地人员的接待，到南京时还受到两江总督端方的热情招待。

1910 年前后，美国传教士、医生钟爱华和慕赓博士先后拍摄了一批关于大运河河岸工程、板闸、盐河、盐运的图，成为近代反映大运河盐文化不可再有、弥足珍贵的史料。

1921 年，日本著名作家芥川龙之介以大阪《每日新闻》视察员身份来中国旅行，先后游览上海、杭州、苏州、南京、芜湖、汉口、洞庭湖、长沙、郑州、洛阳、龙门、北京等地，回国后发表《上海游记》和《江南游记》。在芥川龙之介的笔下，运河的诗意文化形象更加突出，如他所述："初夏时节的姑苏城外运河沿岸的乡间小路也是很美的。白鹅浮游在运河上，架着一座座高耸的古老的石拱桥。路边树荫清凉的槐树、柳树，还有青青麦田中开着红色玫瑰的花棚，都一一清晰地倒映在水面上。""在薄日当空的长堤上，时而点缀着几点蔬菜的青绿，时而闪动着农夫的身影，感觉异常平凡亲切。"诗意的运河也激发了芥川龙之介澎湃的诗情和怀古之情，不由感慨："啊，往昔啊，美好的往昔！即使隋朝已亡，但在如云美眷的相拥之下，泛舟于运河之上的风流天子的富贵与荣华，如同壮丽的长虹一般横跨于历史的际空。"在他的笔下，运河已经不再是一条简单的通航的河流，而成为一个可以欣赏、触摸的审美对象。

两千多年来，大运河的域外书写从关注运河工程的伟大，到运河两岸风光的绮丽，再到运河诗意文化形象的塑造，京杭大运河的文化形象渐趋清晰。今天，在大运河上流淌着的每一滴水无疑都饱含着历史的传说，航行的每一条船都延续着运河的故事，更不用说令域外人士众口夸赞的优美自然风情和人文景观。当然，大运河的域外书写还远没有结束，今天的运河同样吸引着世界各地的游客前来游览和参观，他们将会继续丰富和续写大运河文化的传奇历史，为大运河文化形象增添新的质素。

## 文化链接：

### 一、《入唐求法巡礼行记》作者——圆仁

圆仁（793—864），俗姓壬生，日本国下野国（今栃木县）人。他幼

年丧父，礼大慈寺广智为师，后来，以请益僧身份随遣唐使到中国求法，归国后成为日本佛教天台宗山门派创始人，延历寺第三世座主。

今如东县城唐时为煎盐亭场。晚唐时日本国遣唐使团圆仁和尚一行，在长江口失风历险，曾遇盐官之助，在掘港亭国清寺宿息待行。图为掘港镇国清寺（摄影：赵鸣）

圆仁15岁登比睿山师最澄，学天台教义。21岁在东大寺戒坛受具足戒，24岁就最澄受圆顿大戒，旋于比睿山北谷结庵苦行，6年后始讲学于法隆寺和天王寺等处。838年，圆仁以请益僧身份随遣唐使到中国求法。839年农历七月，从淮南镇大江口入江，经掘港庭、郭补村、临河仓铺至如皋镇，后北上扬州。

他在扬州开元寺就宗睿学梵语，从全雅受金刚界诸尊仪轨等大法。嗣因在回国途中，遇风漂至山东文登县，遂挂锡于赤山法华院。后得机巡礼五台山，于大华严寺、竹林寺等地，从名僧志远等，习天台教义，抄写天台典籍，并受五会念佛法等。旋入长安，住资圣寺，结识名僧知玄，又从大兴善寺元政、青龙寺法全、义真等受密法，从宗颖习天台止观，从宝月学悉昙（梵语），前后历时10年。时值武宗禁佛，于宣宗大中元年（847）携带佛教经疏、仪轨、法器等回国，深得天皇信任。于比睿山设灌顶台，建立总寺院，弘传密教和天台教义；并在"常行三昧堂"，提倡净土念佛法门。854年，他为延历寺第三代座主，继承最澄遗志，大力弘扬大乘戒律，住寺10年，使日本天台宗获得很大发展。卒后，清和天皇赐慈觉大师谥号。

圆仁留在唐近十年，广泛寻师求法，曾到五台山巡礼，足迹遍及今江苏、安徽、山东、河北、山西、陕西、河南诸省，并留居长安近五年。他用汉文写的日记《入唐求法巡礼行记》，是研究唐代历史的宝贵资料。圆仁的记述涉及唐王朝皇室、宦官和士大夫之间的政治矛盾、他与李德裕、仇士良的会见、社会生活中的节日、祭祀、饮食、禁忌等习俗、所经过的地方的人口、出产、物价、水陆交通的路线和驿馆、新罗商人在沿海的活动和新罗人聚居的情况，等等，在其书中都留下了生动的第一手资料。

圆仁和尚也是第一位著写大运河上淮盐漕运的外国人。他写的《入唐求法巡礼行记》中对于大运河、海州港、扬州港和盐运等都有详尽记录，如："自（禅智）寺桥西行三里有扬州城……"成为弥足珍贵的记录大运河和淮盐漕运的史料，一直流传至今。

扬州古港是我国古代一个重要的漕、盐运大港，也是一个重要的对外贸易大港。其海外交通最早可追溯到东晋时期；而汉代的广陵港已具有一定规模的木船建造业。唐代，扬州港恃其临海、通运的优越地理位置，具备了发展成江、海、河运综合性中转大港口的条件，成为中国一个著名的外贸大港。那时，扬州港是对日本、新罗、高丽、百济等国家直接通商的口岸，并和南亚、西亚的林邑、昆仑、狮子国、波斯、大食等许多国家和地区有友好往来，大食、波斯的航商侨居者有数千人之众。在众多来扬的学问僧当中，日本的圆仁和尚对日本和扬州的海路交通留下了详尽记录。尽管随着江苏海岸线的迁徙，今天扬州港早已毫无踪迹，但是，扬州港创造的历史给我国大运河文化和海上丝绸之路铺垫下绚丽灿烂的底色。

## 二、首位向西方介绍中国的旅行家——马可·波罗

马可·波罗（1254—1324），生于威尼斯一个商人家庭，世界著名旅行家和商人。他的父亲尼科洛和叔叔马泰奥都是威尼斯商人。据称马可·波罗17岁时跟随父亲和叔叔前往中国，历时约四年，于1275年到达元朝的首都，与元世祖忽必烈建立了友谊。

《马可·波罗游记》，又名《马可·波罗行纪》《东方见闻录》，是意大利旅行家马可·波罗的代表作。他在中国游历了17年，曾访问当时中国的许多古城，到过西南部的云南和东南地区。回到威尼斯之后，马可·波罗在一次威尼斯和热那亚之间的海战中被俘，在监狱里口述旅行经历，由鲁斯蒂谦写出《马可·波罗游记》。这本书后来在欧洲广为流传，激起了欧洲人对东方的热烈向往，对以后新航路的开辟产生了巨大的影响。同时，西方地理学家还根据书中的描述，绘制了早期的"世界地图"。

元朝时，中外交往很频繁。《马可·波罗游记》的主要内容是关于马可·波罗在中国的旅游纪实，兼及途经西亚、中亚和东南亚等一些国家和地区的情况。全书以纪实的手法，记述了他在中国各地包括西域、南海等地的见闻，记载了元初的政事、战争、宫廷秘闻、节日，游猎等等，尤其

THE TRAVELS OF MARCO POLO

# 马可·波罗游记

马可·波罗／著　梁生智／译

中国文史出版社

《马可波罗游记》中记载："在漫长的海岸地带，有许多盐场，生产大量的盐。"书中记述的盐就是指天下之珍、一国之粹的神奇精灵——淮盐（冯家道提供）

详细记述了元大都的经济文化民情风俗，以及西安、开封、南京、镇江、扬州、苏州、杭州、福州、泉州等各大城市和商埠的繁荣景况。该书将地大物博、文教昌明的中国形象展示在世人面前，首次较全面地向欧洲人介绍了发达的中国物质文明和精神文明。

该书内容中最为显著的特点之一就是大量详细阐述了当时中国的货币、食盐生产与税收体制。特别是书中关于大运河沿线城市、盐业生产和盐漕运和盐税制度的记载，以及产盐区、盐运、淮安、海门和真州的描述，是不可多得的盐业历史佐证，直接或间接地为梳理和完善大运河上淮盐文化的内容发挥了巨大作用。

1282年，马可·波罗自大都沿着大运河南下前往扬州赴任，途中在淮安短暂停留。他这样描述道："淮安是一座特别大的城市……这座城市船舶众多，在黄色大河之上穿梭。这座城市是州府一级的治所，因此货物很多，都在此交易。由于这里濒临黄河，大批的商品在此集散，通过黄河运到各地销售。这里还产食盐，不仅可供本城使用，而且还可输往其他40座城市。大汗从这种贩盐的交易中取得了庞大的税款。"元代的淮安城北便是古淮河，南宋初年黄河夺淮入海，淮安便是黄河、淮河和运河交汇之处，而淮安以南，便通过里运河沟通扬州和长江。水运的便利造就了淮安商品贸易的兴起，尤以盐运最为发达，支撑起明清时代淮安和整条里运河的繁荣，马可·波罗文字中记录了这座商贸之城的发展。他曾经来到南通，并在《游记》中留下了彼时南通的生动记录："通州城市面积不大，一切生活必需品的供应十分充足""通州东面相距三天路程的地方就是海洋的中间地带，有许多盐场，生产大量的盐"。

马可·波罗的中国之行及其游记，被当作"天方夜谭"，在中世纪时期的欧洲被认为是神话传说。但《马可·波罗游记》以及"天圆地方"说却大大丰富了欧洲人的地理知识，打破了传统思想的束缚；同时，对15世纪欧洲的航海事业的兴起起到了巨大的推动作用。意大利的哥伦布、葡萄牙的达·伽马、鄂本笃，英国的卡勃特、安东尼·詹金森和约翰逊、马丁·罗比歇等众多的航海家、旅行家、探险家读了《马可·波罗游记》以后，纷纷东来，寻访中国，打破了中世纪西方神权统治的禁锢，大大促进了中西交通和文化交流。因此可以说，马可·波罗和他的《马可·波罗游记》给欧洲开辟了一个新时代。在1324年马可·波罗逝世前，《马可·波罗游记》已被翻译成多种欧洲文字，广为流传。现存的《马可·波罗游记》有119种文字的版本，在把中国文化艺术传播到欧洲这一方面，具有重要历史意义。

### 三、《入明记》作者——策彦周良

策彦周良（1501—1579），号怡斋，后称谦斋，日本室町幕府后期临济宗高僧，五山文学后期代表诗人。他博学多才，通晓汉文，于明嘉靖十八年（1539）与嘉靖二十七年（1548）先后两次率领日本遣明贸易使团入明，第一次为副使，第二次为正使，并将其两次入明期间的见闻分别写成《策彦和尚初渡集》与《策彦和尚再渡集》，合为《入明记》一书。这是日本十九次遣明出使中留下的为数不多的汉文日记之一，是了解明朝社会政治、经济、文化以及明代中日关系不可多得的珍贵史料。

策彦周良曾先后四次往返于江苏大运河，在当时江苏大运河

策彦周良《入明记》

沿岸的苏州、无锡、扬州、常州、镇江、徐州、宿迁、淮安等城市留下了众多有关运河交通设施、名胜古迹和风土民情的记载。他沿途所经，对所见之商业活动，如商业信息、商货流通等，特别是反映市井生活风貌的店铺、招牌等表现出浓厚的兴趣，随时随地记录。在所有类似记录中，提供了最为丰富具体的内容，绘就了栩栩如生的晚明社会生活画卷，对于研究明代江苏社会历史和运河文化提供了重要视角，具有重要史学价值。

## 四、用摄影记录盐运的美国医生——慕赓博士

慕赓博士，昵称劳恩（Loren），中文名慕赓杨，全名洛伦佐·西摩·慕赓（Lorenzo Seymour Morgan），是 20 世纪初来中国的美国医学传教士。他毕业于美国约翰·斯霍普金斯大学医学院，也是第一位到达连云港海州地区的医学博士。20 世纪初，他在行医治病的同时，拍摄记录了大量大运河沿岸的图片，是为数不多的早期记录大运河盐运和盐河的摄影者。

义德医院原貌（摄影：慕赓）

19 世纪初，基督教新教传教士开始来华传教。1867 年，美国基督教南长老会开始进入中国，直到 1952 年全面撤出中国内地。美南长老会第一个传教基地选择在浙江省会杭州，以后顺着京杭大运河逐步向北扩展，于 1883 年在镇江建立了传教站。镇江成为当时美南长老会的重要基地，到了 1905 年成为江北教区的中心。1908 年，江苏海州传教站正式建立。美南长

老会差派在清江浦（今淮安）传道的牧师米德安（Rev. Archie Dean Rice，1872—1919）夫妇、在清江浦仁慈医院行医的医学传教士慕赓博士夫妇和在宿迁传道的牧师闻声（Rev. John walker Vinson，1880—1931）夫妇来海州传教。牧师米德安负责建立并管理海州传教站，慕赓博士负责筹建医院进行医学传教，牧师闻声协助他们工作。慕赓于1909年4月22日抵达海州，同是医学博士的妻子露丝·班妮特（Ruth Bennett，1877—1955）一个月后也来到海州。

慕赓博士到达海州后，在海州西门外石狮巷17号租借当地人相金奎家一排8间民房开办西医诊所，这是海州地区西医之肇始。1912年，慕赓杨将南卡罗来纳州格林维尔县的实业家嘉尔翰所捐助的5000美元用于在海州创建一所医院，为"义德医院"。这也是连云港市第一人民医院的前身。在海州期间，慕赓除了创办西医诊所和在义德医院行医，还创建了基督教堂传教，此外，他还独自或协助创办了主日学校、乐德女校、福临（妇女）学校、义德医院高级护士学校等新式教育机构，为地方西医的发展喊出了先声。

在各类活动中，慕赓博士用他手中的相机将这些场景记录了下来。有些照片作为他工作报告的附件发表在《传教士调查报》上；有的照片制作成明信片邮寄给在美的家人等。20世纪90年代，慕赓的儿子卡雷尔（Carrel Bennett Morgan）将这些照片以及慕赓夫妇的其他家庭档案，包括家庭信件、友人信件、文章、报告、笔记、日记，个人简历以及他们收藏的书籍、地图、报纸、杂志、册页、数据图表、文物、纪念品和艺术品等捐赠给了耶鲁大学神学院图书馆。耶鲁大学神学院图书馆在特藏馆内专门为这些材料做了编目，并把照片分享给了南加州大学图书馆海外传教影像档案馆。

这些照片根据内容可以归纳为五个部分。一是医院行医场景：包括医院建筑、护士、病人等；二是家庭生活：包括家庭成员、西方传教士同工的生活和海滨度假等；三是社会生活：包括传教生活、海州地区民俗民风、城乡生活场景以及慕赓杨参与救助1914年德国飞机降落海州事件、参加1926年军阀白宝山修桥筑路庆典活动等；四是百姓疾苦：主要包括1910年左右发生在海州地区的饥荒情况；五是海州城乡全景：包括海州地区城乡风貌，如海州古城、佛教建筑、山野风景等。特别是他拍摄的当时盐河、盐运、盐业生产和盐工生活的照片，成为20世纪初记录大运河淮盐文化中弥足珍贵的历史图片，这些图片现在保存在耶鲁大学神学院图书馆。

# 结束语：跨越南北的大运河淮盐水文化网

　　盐为百味之首，鲜之美味的提升之物。离开了盐，任何食物都将变得索然无味！在我国盐有多种，海盐、湖盐、井盐、矿盐……分布在全国各地，而海盐则主要集中在沿海地区。

　　淮盐是我国六大海盐之一，集中在淮河两岸的海滩。淮河以南称为淮南盐，淮河以北就是淮北盐，统称"淮盐"。随着海岸线的变迁和淮盐的商贸交易，不断流布变化，几经辉煌，成就了中国历史上厚重的文化现象和繁荣的文化事项。盐商、盐民、盐业、盐运、盐税、盐城、盐曲、盐艺，……盐文化，不知有多少讲不完、说不尽的故事。

　　在我国历朝历代，盐都是关系国计民生的重要商品。从春秋管仲的"观山海之利"，到汉代的桓宽的《盐铁论》，再到后来的隋唐、宋元、明清等历朝历代，盐的交易都是被国家把控的。离开了盐税，国库将失之东隅，空空如也。而淮盐则是当时朝廷国库的支柱性收入，占据全国财税收入的三分之二，不可不说地至关重要。

　　在盐的流动中，盐运显得至关重要。中国大运河全长3000多千米，横跨长江、黄河、淮河、海河、钱塘江，而其始发之处的胥河、邗沟，正是汉代吴王刘濞"煮海为盐"的处女地——江苏海陵县（现在的扬州、泰州一带）。尽管，春秋战国时期，吴王阖闾为了争霸群雄，逐鹿中原，开挖邗沟，运送兵马、粮草。后来，随着秦汉统一中华，战事缓和，当年的邗沟成为一条运送江淮地区淮盐和吴越地区粮食、丝织品的商贸大通道。各条横跨在江苏境内的运盐河均由当时的朝廷出钱开挖，逐步打通，接入邗沟，与后来的京杭大运河联为一体，构成了当年淮盐西送中原、北上京津的运盐网络，并且加持和催生了大运河的流动和发展，成就了大运河的诸多文化事项和历史辉煌。

礼序乾坤，乐和天地。大运河上流淌着厚重的淮盐历史。今天我们重新梳理盐业的发展历史，不难发现大运河与淮盐发展的和谐共振，显现出一条漫漫流动的淮盐文化水道。社会认同的大运河滥觞始于邗沟的开挖，具有 2500 年的历史，而淮盐则起于商周，有近 3000 年的历史，因此，说邗沟是我国首条盐河的确不为过。从连云港板浦尤庄盐业遗址中，我们不仅可以发现早在商周时期沿海先民拓疆扩土、开垦滩涂、煮海为盐的生产场景，还似乎看到早于邗沟的盐运痕迹和至今鲜为人知的海盐流动。时至东汉初年，吴王刘濞在邗沟的基础上开挖了海陵地区的运盐河，与原来的邗沟融为一体，带动盐业生产的繁盛，成就了当时江苏苏南地区经济社会的发展。隋唐大运河形成后，江苏地区的盐运更是风生水起，水涨船高，形成了南北对接的盐运格局。苏北板浦地区的淮北盐和海陵、盐城、南通地区的淮南盐都是通过开挖的盐河、运盐河、串场河、通吕运河等漕运渠道北衔淮河、黄河、海河；南接长江、钱塘江，将淮盐运送到四面八方。假如，没有大运河以及诸多微运河的漕运，淮盐可能只能存放于荒野的坨地，成为漫天的云片、充饥的画饼而已。

大运河是我国古代劳动人民建造的一项辉煌水利工程，同时也是一条蕴含盐味的文化走廊。行走于运河上的船只将淮盐从狂野寂寞的海滨运至繁华奢靡的城市，输送给达官贵人和盐商们不尽的财富，两者的互动和融汇才能成就都市的繁华。盐船走到哪里，城镇就建到哪里，财富就汇聚到哪里。我们在大运河的每一个文化事项中，都可以评鉴出淮盐的滋味。不管是地理风物、桥道河闸、园林建筑等物态的文化遗址，还是戏曲音乐、琴棋诗画、佳肴美味等非物态的人文风韵，或是历史人物、海外来客的西风东渐，如同繁星浩瀚，莽莽苍苍，不竭不断……大运河与淮盐的情愫始终割舍不断，涓涓流长；淮盐的滋味渗透在运河的每一滴水中。

大运河是世界上开凿最早、使用最久、空间跨度和工程量最大的人工运河，代表了人类运河文明的巅峰水准。江苏的诸多城市都是我国淮盐的重要生产基地，存续着 3000 年的淮盐生产历史，其历史作用也是我国经济社会发展脉络中不可或缺的一段辉煌与灿烂。在江苏的大运河文化传承与建设中，诸多盐运河道都与大运河主干道密切相关，是当时分布在江淮大地上的微运河，密如蜘蛛网，构成了存续千年的江苏大运河网络。千年运河和千年淮盐共同造就了我国历史发展长河中的文化血脉，赓续千年，经久不衰，继续伴随着新时代的发展走向现代化。

文化是民族的血脉，是人民的精神家园。文化自信是更基本、更深层、更持久的力量，是建设社会主义文化强国、增强国家文化软实力、实现中华民族伟大复兴的中国梦的重要支撑。习近平总书记指出"统筹保护好、传承好、利用好"大运河文化带，同时，他还强调：中华优秀传统文化是中华民族生生不息、发展壮大的丰厚滋养。2012年淮盐制作技艺入选我国非物质文化遗产保护名录，2014年淮北盐民习俗入选江苏省非物质文化保护名录，此外，与淮盐有关的众多非遗文化项目也都相继入选地方文化遗产名录。2016年，我国大运河成功申报，入选世界文化遗产。

在江苏大地上，大运河与淮盐文化的握手和融汇丰富了世界大运河文化的宝库，增持了千年淮盐文化的厚重。此书不仅告诉人们：大运河的水中透射出淮盐文化的味道，散发出淮盐历史的芳香，更重要的是客观呈现大运河发展历史中与淮盐文化联姻的源流成果和不解之缘，以及淮盐文化、盐运文化在大运河文化带建设中的卓越地位和巨大作用。

新时代，新征程，新作为，前进的号角已经吹响。2022年12月，连云港市委成立了市级大运河工作领导小组，设立了大运河建设工作办公室，认真践行和推动大运河国家文化公园建设。2023年1月，连云港市下发了《连云港市大运河（淮盐）文化传承保护利用方案（2022—2025）》，以时不我待、踔厉奋发的新时代豪迈，全面主动融入国家大运河带建设。连云港市淮盐文化研究会、连云港市旅游协会不忘初心，奋发作为，扛起深化大运河与淮盐文化研究的责任，矢志不渝地推动淮盐文化的传承保护和旅游开发。我们坚信：千年运河与千年淮盐的客观呈现将有助于推动连云港市全面融入大运河国家文化公园建设，打造江苏大运河文化带建设的新样板，这就是本书的核心要义。

2024 年 3 月 29 日